1人でもできる

決算業務の実務ポイント

公認会計士・税理士
伊原 健人 著

税務研究会出版局

は し が き

　企業の決算業務を行う場合、単に決算整理を行うだけで貸借対照表や損益計算書が出来上がるわけではありません。決算整理後に消費税申告によって納付する税額を未払消費税等に計上したり、法人税申告によって納付する法人税等の額を未払法人税等に計上する必要がありますし、その後に税効果会計を適用する場合もあります。決算業務の中で、消費税や法人税の税額計算を行うことが不可欠となります。

　また、実務では中小企業と大企業（監査法人等の会計監査を受ける企業やその連結子会社）で異なる会計処理を行うことが多いことを理解しておく必要があります。例えば、中小企業では難しい会計基準を適用することはほとんど無く、税務に準じた会計処理をするのが一般的であるのに対して、大企業では税務の取扱いとは関係無く、すべての会計基準を適用することになります。

　実務で決算業務を一人で行う場合には、会計の知識や経験だけでなく、税務に関する知識と経験が必要になります。消費税申告書や法人税申告書を作成するスキルや、税効果会計を適用するスキル、また、中小企業と大企業で会計処理を使い分けるスキル、などが求められてきます。これらのスキルを身に付ければ、経理の実務家として最高のスキルを持ったことになります。

　本書は、自分一人で企業の決算業務を行うことができるようになることを目標にしています。決算整理から決算書の作成、また申告書の作成や提出までを一人で行うことができるようになるための実務書として位置付けています。実務では、税務業務を税理士等の外部専門家に委託するケースも多いと思いますが、この税務業務に関しても自分で行うことを想定しており、また、中小企業と大企業の会計処理の使い分けについても記載しています。

出版されている書籍は、決算書の作成や申告書の作成、税効果会計、というように、それぞれが別々のものとなっていることがほとんどですが、実務ではそれらが相互に連動しながら一連の作業として行われていきます。これをすべて一人で行うことが最も効率的であるといえます。また、決算に関する書籍は、一般的・抽象的な内容の記載にとどまっているものが多い印象がありますが、本書では、実務で実際に出てくる事項を取り上げて、可能な限り具体的に記載するようにしています。

　まず、第1章では、決算業務の概要を記載しています。決算整理から申告書の提出までの一連の業務の流れをつかんでいただきます。

　第2章では、決算整理事項について記載をしています。特に決算整理でポイントになる事項について、中小企業と大企業の一般的な会計処理を比較しながら、具体例を使って解説を行っています。

　第3章では、決算整理後に行う消費税業務について記載しています。この段階で消費税申告書を作成して消費税額を確定し、未払消費税等を計上します。

　第4章では、消費税処理後に行う法人税等の税額計算及び未払法人税等の計上について記載しています。この段階で法人税申告書を作成して税額計算を行いますが、大企業の場合は決算の締め日が早いために表計算等を使って法人税等の概算計算を行う場合もあります。損益計算書の当期純利益が未確定の段階で申告書の作成を行う点や、大企業で表計算を使って税額計算を行う場合には税効果会計を意識して税引前当期純利益をスタートにして所得計算を行う点がポイントとなります。

　第5章では、大企業で適用する税効果会計について記載しています。税効果会計は、法人税に関する高度な知識が求められます。別途、法人税の学習が必要になるかもしれません。

　第6章では、見込納付や申告書の提出の実務を記載しています。大企業では、申告書の提出前に納税を行う見込み納付を行っています。

　第7章では、法人税申告書の記載について簡単に解説しています。わかりやすいように記載例も載せています。

第8章では、第2章から第5章までの一連の決算業務を、具体的なケースを使って確認しています。申告書の記載例も載せていますので、具体的なイメージが湧きやすいと思います。

　なお、本書は決算業務全体を理解することに重点を置いていますので、会計基準の詳細な内容や申告書作成に関する詳細な内容までは記載しておりません。これらの詳細な内容については、別途、専門的な書籍にて確認をお願い致します。

　経理実務担当者ができる限り実務で利用しやすいように、抽象的な表現に留まらず、なるべく具体的にわかりやすく記載するように努めました。決算業務を行うときに机の上に置いて参考書として利用していただき、少しでも実務に役立つことを祈っております。

　最後に、本書の出版にあたっては、株式会社税務研究会出版局の田中真裕美様に構成内容や記載内容について多大なるアドバイスと協力をいただいたことにより、よりわかり易い内容となったことに深く感謝申し上げます。

　令和7年2月

公認会計士・税理士　伊原健人

目　　次

第1章	会社決算の概要	1

(1) 企業規模別の決算書作成の状況 ……………………… 3

(2) 経理部門の人材 …………………………………………… 3

(3) 会計事務所の関与状況 ………………………………… 4

(4) 決算の概要 ………………………………………………… 5

(5) 決算スケジュール ……………………………………… 12

(6) 決算内容と申告書における税務調整 …………………… 13

(7) 決算作業とスキル ……………………………………… 14

(8) 企業規模別の決算・税務業務 ………………………… 15

第2章	決算整理の実務上のポイント（税金以外）	17

1 現金預金 …………………………………………………… 19

2 売掛債権 …………………………………………………… 20

(1) 決算月の売掛金等（売上高）の計上 …………………… 20

(2) 工事進行基準の適用 …………………………………… 22

(3) 滞留債権の把握及び対応 ……………………………… 23

3 棚卸資産 …………………………………………………… 33

(1) 棚卸資産の評価方法 …………………………………… 33

(2) 簿価の切下げ（評価損） ……………………………… 36

(3) 不明在庫がある場合 …………………………………… 38

Ｖ

4 その他の流動資産 ………………………………………………………… 41

(1) 前払費用 ……………………………………………………………… 41

(2) 代表者への貸付金 …………………………………………………… 44

5 有形・無形固定資産 ……………………………………………………… 48

(1) 減価償却 ……………………………………………………………… 48

(2) 償却限度額と異なる減価償却費を計上する場合 ………………… 51

(3) 少額減価償却資産の取扱い ………………………………………… 54

(4) 減損損失の計上 ……………………………………………………… 58

6 投資その他の資産 ………………………………………………………… 63

(1) 投資有価証券の時価評価 …………………………………………… 63

(2) 投資有価証券の減損 ………………………………………………… 66

(3) 長期前払費用 ………………………………………………………… 70

(4) 差入保証金 …………………………………………………………… 75

(5) 外貨建貸付金 ………………………………………………………… 79

7 未払金・未払費用 ………………………………………………………… 84

(1) 未払経費の取扱い …………………………………………………… 84

(2) 未払経費の概算計上 ………………………………………………… 85

(3) 代表者からの借入がある場合 ……………………………………… 88

(4) 未払社会保険料（賞与引当金対応分） …………………………… 89

(5) 未払賃借料（フリーレント） ……………………………………… 93

(6) 決算賞与 ……………………………………………………………… 97

8 引当金 ……………………………………………………………………… 100

9 資産除去債務 ……………………………………………………………… 106

10 　**純資産** ··· 110

　（1）　資本金 ··· 110

　（2）　資本準備金・その他資本剰余金 ················· 112

　（3）　自己株式 ··· 112

　（4）　減資 ··· 113

　（5）　欠損填補 ··· 114

11 　**損益項目** ··· 115

　（1）　役員給与 ··· 115

　（2）　交際費等 ··· 120

　（3）　寄附金 ··· 126

　（4）　受取配当金 ·· 127

第3章　**消費税の取扱い** ································· **131**

　（1）　納税義務（課税事業者、インボイス登録） ·········· 132

　（2）　税抜経理・税込経理方式 ·························· 133

　（3）　消費税コードの設定 ······························· 134

　（4）　中間納付額の処理 ································· 135

　（5）　消費税コードの確認作業 ·························· 139

　（6）　確定申告による納付税額の算定 ················· 140

　（7）　未払消費税等の計上 ······························· 140

　（8）　法人税等の計算以外の決算数値の確定 ········· 142

第4章　**法人税等の算定と未払法人税等の計上** ·········· **143**

　（1）　法人税等の算定方法 ······························· 145

　（2）　法人税等の算定（申告書を作成する場合） ·········· 148

　（3）　法人税等の算定（エクセル等の表計算による場合） ··········· 156

⑷ 未払法人税等の計上 ･･････････････････････････････････････ 159

⑸ 納税充当金の繰入に伴う申告書の修正 ･････････････････ 160

第5章 税効果会計の適用 ･････････････････････ 167

⑴ 税効果会計適用の流れ ････････････････････････････････ 168

⑵ 税効果会計の対象となる税金 ････････････････････････ 169

⑶ 法定実効税率の算定 ･･････････････････････････････････ 171

⑷ 一時差異の把握（申告書別表5⑴から把握）･･･････････ 174

⑸ 繰延税金資産・負債の算定 ･･････････････････････････ 178

⑹ 繰延税金資産の回収可能性の検討 ････････････････････ 178

⑺ 税効果仕訳 ･･ 179

⑻ 法人税等の負担率と法定実効税率の差異の分析 ･･･････ 182

⑼ 税効果仕訳後の申告書の修正（完成）･････････････････ 183

第6章 納付と申告書の提出 ････････････････････ 187

⑴ 納付（納税）･･･ 188

⑵ 提出期限（法人税、地方税、消費税）･････････････････ 189

⑶ 申告時の提出書類 ････････････････････････････････････ 197

⑷ 電子申告の義務化 ････････････････････････････････････ 203

第7章 法人税申告書の作成実務 ･･･････････････ 205

⑴ 法人税申告書作成の概要 ････････････････････････････ 206

⑵ 地方税（事業税・住民税）申告書作成の概要 ･････････ 210

⑶ 法人税申告書（別表）の作成 ････････････････････････ 211

　① 【別表2】同族会社等の判定に関する明細書 ･･････････ 211

　② 【別表5⑵】租税公課の納付状況等に関する明細書 ･･･････ 215

VIII

③ 【別表6⑴】所得税額の控除に関する明細書 ·················· 219

④ 【別表8⑴】受取配当等の益金不算入に関する明細書 ······ 222

⑤ 【別表11⑴】個別評価金銭債権に係る貸倒引当金の
損金算入に関する明細書 ································· 225

⑥ 【別表11（1の2）】一括評価金銭債権に係る貸倒引当金の
損金算入に関する明細書 ································· 228

⑦ 【別表14⑵】寄附金の損金算入に関する明細書 ·············· 232

⑧ 【別表15】交際費等の損金算入に関する明細書 ·············· 235

⑨ 【別表16⑴⑵】減価償却資産の償却額の計算に関する
明細書 ··· 238

⑩ 【別表16⑺⑻】 ··· 242

⑪ 【別表16⑹】繰延資産の償却額の計算に関する明細書 ······ 246

⑫ 【別表4】所得の金額の計算に関する明細書 ·················· 250

⑬ 【別表7⑴】欠損金の損金算入等に関する明細書 ············ 256

⑭ 【別表1】各事業年度の所得に係る申告書 ····················· 259

⑮ 【別表5⑴】利益積立金額及び資本金等の額の計算に
関する明細書 ··· 264

⑷ 地方税申告書の作成 ··· 271

第8章　具体的なケース ································· 277

1 大企業の場合 ·· 278

⑴ **決算整理（納税充当金以外）** ······························· 279

⑵ **消費税の処理** ·· 283

⑶ **法人税等の算定** ··· 287

⑷ **税効果会計の適用** ··· 292

⑸ **決算数値の確定** ··· 295

⑹ **税率差異の分析** ··· 296

IX

⑺ **法人税申告書の作成** ──────────────────── 297

2 **中小企業の場合** ───────────────────────── 311

⑴ **決算整理（納税充当金以外）** ──────────── 312

⑵ **消費税の処理** ─────────────────────── 315

⑶ **法人税申告書の作成** ──────────────── 316

⑷ **未払法人税等の計上** ──────────────── 324

⑸ **税効果会計の適用** ─────────────────── 325

⑹ **法人税申告書の完成** ──────────────── 325

　本文中、主に大企業が行う作業については **大**、中小企業が行う作業には **中小** のマークをつけています。

―――――――――　凡　　例　―――――――――

本書中に引用する法令等については、次の略称を使用しています。

　法………法人税法

　令………法人税法施行令

　基通……法人税基本通達

　※　本書は、令和 7 年 1 月 1 日現在の法令等に基づいています。

第1章

会社決算の概要

第1章　会社決算の概要

　会社は事業年度（会計期間）終了後に決算作業を行って決算書を作成します。決算の目的としては、①定時株主総会に提出するため、②有価証券報告書を作成するため、③税務申告を行うため、④金融機関に提出するため、など様々な理由がありますが、決算作業を行って目的の期限までに決算書を作成します。

　決算書の作成は、上場会社においては決算発表期限（実際にはもっと早い時期に作成が行われる。）までに、中小企業の場合は、原則として期末から2ヶ月以内に税務申告と納付を行う必要がありますので、期限内に申告書を提出できるように作成します。

　決算実務は、大企業と中小企業では異なる部分が多くなりますが、本書では、おおむね下記のように区分して考えていきます。

【大企業】……上場会社のような会計監査を受ける企業（連結子会社を含む。）

【中小企業】…上記大企業以外の企業（非上場の一般的な中小企業）

　なお、決算実務に関しては、大企業と中小企業では、次のような特徴があると考えられます。

【大企業の特徴】

　・会計監査を受ける必要がある。

　・会社法や金融商品取引法に基づく決算報告書を作成する。

　・連結決算を行って決算発表を行う。

　・決算数値の確定時期が早い。

【中小企業の特徴】

　・決算書の作成は税務申告が主な目的となる。銀行借入がある場合は、銀行に提出する必要がある。

　・中小企業では親族で株式を保有していることが多いため、株主総会の重要性が低い場合が多い。

　・法人税申告書の申告期限に間に合うように決算作業を進める。

第1章　会社決算の概要

(1)　企業規模別の決算書作成の状況

　実務では、企業規模によって経理業務はかなり異なっています。一般的な傾向としては、下記のような状況にあると思われます。

　小規模な企業の場合（従業員数が数人程度の場合）には、日常的には会計処理は行わず、決算時に1年分をまとめて処理するということが考えられます。社内に経理業務を行うことができる人材がいないことが多く、会計事務所に会計データの入力から決算書の作成や申告までのすべての業務を委託している場合が多いと思われます。

　少し企業の規模が大きくなると、月次で会計処理を行っておき、決算時には決算整理を行って決算数値を確定させる方法に変わってきます。月次の会計処理で売上高や経費の計上などを行っていきますが、減価償却費の計上や未払経費の計上などは、月次決算で行う企業もあれば、月次決算では行わない企業もあり、企業によって様々といえます。

　大企業になると、月次で損益を正確に把握するために、発生主義で月次決算を行い、決算時のみ行う作業は少なくなります。また、四半期ごとや半期ごとに決算を行う場合があり、税金計算や税効果の処理も四半期や半期ごとに行うことになり、本決算時に特別に行う作業はさらに少なくなります。

　一般的には、企業の規模が大きくなるほど月次決算をしっかり行うことになると考えられます。上場企業のような大企業になると、毎月、連結決算まで作成するようになります。

(2)　経理部門の人材

　近年、人材不足が話題となっていますが、経理部門の人材についてもその傾向は顕著といえます。経理業務は、会計・税務という専門分野での業務になりますので、まったく知識がない人がすぐに業務ができるかというと、簡単な業務を除いては難しいといえます。

　経理業務を行う場合、まず簿記の知識が必要となりますので、日商簿

3

記の3級や2級の資格を持っていたり、少なくとも簿記の学習をしたことがあるということが前提になってきます。実務では、そこに税務の知識（法人税や消費税）が追加で必要になってきます（例えば、仕訳を起票するときには、消費税の知識が必要になる。）ので、経理業務ができるという人の数が限られてしまいます。

一般的な傾向として、下記のような状況にあると思われます。

小規模な企業の場合、数少ない社員の中に経理業務を行うことができる人が含まれているケースは少ないと考えられます。一般的には、企業の本業をスムーズに進めることを優先しますので、いわゆる管理業務（総務、人事、経理など）は後回しにされてしまう傾向があります。したがって、小規模な企業の場合、自社で経理業務を行うことが難しいケースがほとんどで、会計処理は会計事務所に委託することが多くなります。

大企業の場合は、経理業務を行う人材を豊富に抱えることができるようになります。通常の経理業務だけでなく、税務の知識や連結決算の知識なども必要とされますが、これらの業務は社内で行うことを基本として、それが難しい場合に外部の会計事務所等に委託することもあります。例えば、税務申告書の作成は社内で行うが、外部の税理士に内容をチェックしてもらう、といったことが考えられます。

⑶　会計事務所の関与状況

企業が会計事務所に業務を委託していることが少なくありません。会計事務所とは、税理士事務所や税理士法人、公認会計士事務所などを指します。会計事務所に依頼する業務内容は、企業によって異なりますが、一般的には企業の規模によって下記のようになると思われます。

①　小規模企業

小規模企業では、社内に経理ができる人材がいない場合がほとんどですので、会計事務所にすべてをお願いしているケースが多いと思われます。会計データの入力から決算作業、税務申告までの一連の業務をすべ

第1章　会社決算の概要

て依頼します。その他に、給与計算や源泉税の納付額の集計、年末調整や法定調書の作成・提出なども依頼します。すべての業務を会計事務所にお願いする他に、選択の余地がないためです。

② **中堅企業**

中堅企業では、経理に関する業務のうち社内で可能な業務は社内で行い、社内では難しい業務を会計事務所に依頼します。例えば、月次の会計データの入力は社内でできるが、決算業務や申告書の作成は会計事務所にお願いするケースや月次や決算業務までは社内で行い、申告書の作成は会計事務所にお願いする、といった具合です。

③ **大企業**

上場会社のような大企業になると、基本的には社内ですべての業務を行います。ただし、申告書の作成や申告書のチェックのみを会計事務所にお願いするケースがあります。また、会計事務所には税務相談のみをお願いする場合もあると思われます。

基本的に社内ではできない業務を会計事務所に委託することになりますので、企業規模が小さければ委託する業務は多くなり、企業規模が大きければ委託する業務は少なくなります。

⑷　**決算の概要**

決算報告書の作成目的や期限は様々ですが、決算内容は、上場企業などの会計監査人の監査を受ける大企業（連結子会社を含む。）と、それ以外のいわゆる中小企業の場合とに大きく分けて考えることができます。

大まかな決算から申告までの流れは次のようになります。

第1章 会社決算の概要

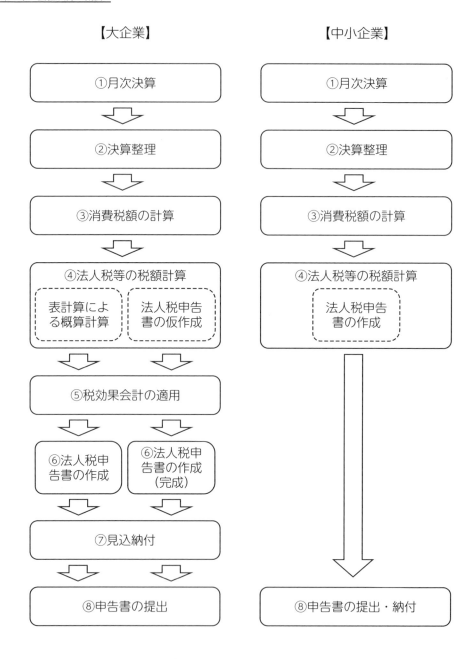

第1章　会社決算の概要

① **月次決算**　　　　　　　　　　　　　　　　　　　　　大 中小

　企業は日常取引について会計処理を行い、決算時に決算処理を行って決算数値を確定させていきます。ただし、決算数値を確定させるまでの方法は、企業によってかなり異なると思われます。

　先にも記載したとおり、小規模な企業の場合には、日常的には会計処理は行わず、決算時に1年分の処理をまとめて行うということが考えられます。つまり月次で処理は行われませんので、月次決算というのも行われません。社内に経理業務を行うことができる人材がいないことが多く、会計事務所に会計データの入力から決算書の作成や申告書の作成・提出までのすべての業務を委託する場合が多いと思われます。

　少し企業の規模が大きくなると、月次で会計処理を行って、決算期末後に決算処理を行って決算数値を確定させる方法に変わってきます。月次の会計処理では売上高や経費の計上などを行っていきますが、減価償却費の計上や未払経費の計上などは、月次決算で行うケースもあれば、月次決算では行わないケースもあり、企業によって様々となります。

　大企業では、月次で損益を正確に把握するために発生主義で月次決算を行います。毎月、期末決算に近いレベルで月次決算を行うイメージです。また、毎月、連結決算も行うようになります。

	大企業	中小企業
月次決算	減価償却費や未払経費の計上などを行い、発生主義で処理を行っている。	小規模企業では月次処理を行わず、決算時にすべての処理を行うことが多い。月次処理を行っている場合でも、減価償却費や未払経費の計上をどこまで行うかは、企業によって様々である。

② **決算整理**　　　　　　　　　　　　　　　　　　　　　大 中小

　毎月、月次決算を行い、年度の決算時に決算整理として、経過勘定項目の整理、減価償却費の計上、引当金の繰入などの処理を行います。大企業では、収益認識会計基準など難解な会計基準も含めて、すべての会計基準を適用します。一方、中小企業では、税務の取扱いに準じた会計

7

処理を行う傾向がありますので、難解な会計基準はほとんど適用しません。

	大企業	中小企業
決算整理	収益認識会計、金融商品会計、退職給付会計、税効果会計など、すべての会計基準を適用する。	税務に準じた会計処理を行う傾向があるため、税務で認められない会計処理は、基本的に行わない。

　なお、実務においては、会計と税務の両方を意識して会計処理を考えることが必要になります。ある会計処理をした場合に、その処理が税務で認められるか否かを考えます。

　中小企業では、基本的に税務で認められる会計処理はしますが、税務で認められない会計処理は行わない傾向にあります。一方、大企業では、税務の取扱いに関係なく必要な会計処理は行いますので、その会計処理が税務で認められない場合は、申告書で税務調整が必要になる点を常に意識していきます。

	大企業	中小企業
税務で認められない会計処理	必要な会計処理を行う。したがって、税務で認められない処理の場合には、税務調整が必要になる点を常に意識しておく。	税務で認められない会計処理は、基本的には行わない。したがって、税務調整は少ない。

　なお、本書では、消費税に関する処理（下記③）、未払法人税等の計上（下記④）、税効果会計の適用による繰延税金資産・負債の計上（下記⑤）は、通常の決算整理としては取り扱わず、別途項目として記載しています。

③　消費税額の計算　　　　　　　　　　　大　中小

　決算整理終了後に、会計ソフトが自動集計してくれる消費税の申告基礎データを使って、確定申告で納付する消費税額を算出します。可能であればこの段階で消費税申告書を作成して確定申告で納付する税額を確定させるのが望ましいといえます。なお、会計ソフトに消費税申告書を自動的に作成する機能が付いている場合も多いと思われますので、その

第1章　会社決算の概要

場合にはその機能を利用して税額を把握します。

　仮受消費税と仮払消費税を相殺して、確定申告で納付する消費税額を未払消費税等（又は未収消費税等）に計上します。

④　法人税等の税額計算　　　　　　　　　　　　　　　　大　中小

　消費税の処理後に、今期の利益（所得）に対する法人税等の額を計算し、中間納付額を控除した金額を未払法人税等として計上します。その際に、エクセル等の表計算を使って法人税等の額を概算計算して未払法人税等として計上する場合もあれば、この段階で法人税申告書を仮作成して確定申告で納付する税額を算出し、未払法人税等に計上する場合もあります。

　大企業では、決算を確定させる時期が早く、決算作業中に法人税申告書を作成している時間的余裕がない場合も多いため、エクセル等の表計算を使って概算計算するケースも多くなると思われます。その場合には、未払法人税等に計上する金額と実際に納付する法人税等の額が異なりますので、翌期において差額の調整処理が必要となります。

	大企業	中小企業
法人税等の税額計算	決算数値の確定時期が早いため、税務申告ソフトを使用した税額計算の他、表計算を使って概算計算して未払法人税等に計上する場合も多い。	確定申告期限までの間に、税務申告ソフトを使って法人税申告書を作成して正確な税額を算出し、未払法人税に計上する。

⑤　税効果会計の適用　　　　　　　　　　　　　　　　　　大

　大企業ではすべての会計基準を適用します。会計基準の中には、税務と異なる取扱いになっているものも多く、会計と税務の間で多くの乖離が生じてきます。そこで、その乖離を調整するために、法人税等の額の計上後に税効果会計を適用します。「繰延税金資産」又は「繰延税金負債」を計算して貸借対照表に計上し、損益計算書には「法人税等調整額」を計上します。

　なお、中小企業では、税効果会計は一般的には適用していません。中

9

第1章　会社決算の概要

小企業では、税務の取扱いに準じた会計処理を行っている場合が多いため、会計と税務の乖離はほとんどありません。したがって、税効果会計を適用する意味がないことになります。

　税効果会計は、法人税の所得計算・税額計算後に適用しますので、決算の中でも最後に行う会計処理となります。税効果会計の適用によって「繰延税金資産」又は「繰延税金負債」と「法人税等調整額」が計上されて決算数値は確定することになります。中小企業では、一般的に税効果会計を適用しませんので、「④　法人税等の税額計算」において未払法人税等を計上することで決算数値は確定します。

	大企業	中小企業
税効果会計	会計と税務の乖離が多く、税効果会計を必ず適用する。	会計と税務の乖離はほとんど無く、税効果会計は一般的に適用しない。

⑥　法人税申告書の完成　　　　　　　　　　大　中小

　④の段階で、エクセル等の表計算を使って税額計算を行っている場合には、決算数値の確定後に法人税申告書を作成します。

　一方、④の段階で法人税申告書を既に仮作成している場合には、④の未払法人税等の計上（いわゆる納税充当金の繰入）や⑤の税効果仕訳によって当期純利益が変わってしまっていますので、最終の決算数値に合わせて作成していた申告書を修正して完成させる必要があります。なお、④⑤の仕訳によって損益計算書の当期純利益が変わっていますが、法人税申告書の所得金額は変動しません。

　また、消費税申告書の作成が未了の場合には、まず消費税申告書を先に作成して消費税差額を把握し、その後に法人税申告書を作成します（消費税差額を所得計算に織り込むため）。

⑦　見込納付　　　　　　　　　　　　　　　　　大

　法人税申告書は、定時株主総会において株主から決算の承認を受けた後に提出することとされています。

　法人税申告書の提出期限は、原則として期末から2ヶ月以内とされて

10

おり、中小企業では、それに合わせて定時株主総会を開催し、申告書の提出と納税は2ヶ月以内に済ませます。

　大企業の場合には、定時株主総会が期末から2ヶ月以内に行われないのが一般的になります。3月決算の上場企業の場合ですと6月下旬に定時株主総会が行われています。これは監査法人等の会計監査を受けるために、スケジュール上、期末から2ヶ月以内に定時株主総会を開催することが難しいためです。この場合、事前に1ヶ月の申告期限の延長の手続きを取っておき6月の定時株主総会後に申告書を提出します（申告書の提出は必ず株主総会後になる。）。

　なお、消費税申告書の提出は決算の承認とは関係がありませんが、実務的には法人税申告書と一緒に提出します。

　一方で税金の納付期限は、期末から2ヶ月以内とされていますので、その期限を過ぎてから納付すると利子税や延滞金といった附帯税が課されることとなります。実務では、それを避けるために、まだ申告書の提出をしていませんが、期末から2ヶ月以内（3月決算の場合は5月中）に税金の納付を行っており、これを「見込納付」といいます。申告期限の延長を行っている場合、実務上では、一般的にこの見込納付が行われています。

　なお、見込納付した税額と法人税申告書で算出した確定申告税額に差額が生じた場合には、その差額を納付（又は還付）します。

	大企業	中小企業
申告書の提出 （3月決算の場合）	6月下旬 （定時株主総会は6月）	5月下旬 （定時株主総会は5月）
見込納付	5月中に行う	―

⑧　申告書の提出　　　　　　　　　　　　　　大　中小

　法人税申告書は、「確定した決算に基づいて」作成することとされています。定時株主総会において株主から決算の承認を受けると決算数値は「確定した決算」となります。そして、その確定した決算を基に作成

第1章　会社決算の概要

した法人税申告書を提出することになります。実務では、定時株主総会前に事前に申告書を提出できるように準備しておき、株主総会で決算が承認されたことを確認して提出します。

　なお、申告書提出時には、決算報告書や勘定科目内訳書など所定の添付書類の提出も必要です。

⑨　電子申告の義務化 　　　　　　　　　　　　　　　　　　　　大

　期首の資本金が1億円を超える法人等は、e-Tax（電子申告）が義務化されています。紙の申告書を提出することは認められていません。電子申告義務化法人では、申告書のみならず、決算報告書や勘定科目内訳書なども電子データで提出する必要があります。

　なお、現在は、電子申告義務化法人には該当していない企業（いわゆる中小企業）でも、電子申告しているのが一般的です。特に、中小企業の場合で申告書の作成や提出を会計事務所が行っている場合には、会計事務所が使用している税務申告ソフトから税理士として代理送信を行っている場合が多くなります。

(5)　決算スケジュール

　決算作業のスケジュールは、一般的に、大企業と中小企業では大きく異なってきます。大企業の場合（特に上場企業では）、業種によっても異なると思われますが、おおよそ10営業日くらいまでには子会社も含めて決算数値を確定させることが多いように思われます。この間に、法人税等の税額計算や税効果の計算も行う必要がありますので、日程的にはかなり厳しいものとなります。

　一方、中小企業の場合は、法人税の申告期限（期末から2ヶ月以内）を念頭に置いて決算作業を行っていきますので、通常は、1ヶ月から1ヶ月半程度を目安にして決算作業を行うと思われます。

12

	大企業	中小企業
決算スケジュール	子会社等も含めて、一般的には期末から10営業日程度で決算数値を確定させる。	1ヶ月から1ヶ月半を目安に決算数値を確定させる。

　大企業では決算を締める時期が早いため、税額計算はエクセル等の表計算を使った概算計算をしたり、請求書の到着を待っていられないため、経費などの未払計上も一部概算で行ったりと、スケジュールを優先した処理を行っていく傾向があります。この場合、確定額と概算額との差額が生じるため、税務申告や翌期の会計処理での調整が想定されますし、消費税の取扱いなどにも留意が必要です。

　中小企業の場合は、税務の取扱いに準じた会計処理をする傾向があり、また決算書には申告書の税額と同額を未払法人税等に計上するのが一般的です。決算スケジュールはそれほど厳しくありませんので、未払経費等の計上も請求書の到着を待って確定額で計上します。概算で計上することは通常はありません。

	大企業	中小企業
決算スケジュールへの対応	決算確定が早いため、経費の計上などを概算で行う場合がある。	決算確定に時間的余裕があるため、経費の計上は請求書等の到着を待って確定額で行う。

(6)　決算内容と申告書における税務調整

　大企業と中小企業では、決算内容に大きな違いがあります。大企業では様々な会計基準をすべて適用する必要があります（適用していない場合は会計監査人から適正意見がもらえない。）が、中小企業では、税務で認められない会計処理は基本的に行わないという特徴があります。

　したがって、大企業では、会計と税務の取扱いが異なる場合がたくさん発生してくるため、申告書においてそれらの不一致部分の調整を行う必要があるのに対して、中小企業においては、会計処理は税務の取扱いに合わせていますので、申告書において会計と税務の不一致の調整をす

第1章　会社決算の概要

るということはあまり多くありません。

　このため、大企業の法人税申告書は非常に難しくなる傾向があるのに対して、中小企業の申告書はシンプルなものになります。

	大企業	中小企業
会計処理の特徴	すべての会計基準を適用する。	基本的に税務の取扱いに準じた会計処理を行う。

	大企業	中小企業
申告書の特徴	会計と税務の取扱いが異なるケースが多く、法人税申告書において多数の税務調整が発生する。 法人税申告書の作成は難しくなる傾向にある。	基本的に税務の取扱いに準じた会計処理を行っている。 申告書はシンプルなものとなることが多い。

⑺　決算作業とスキル

　決算作業を行うに当たっては、会計基準の他に、法人税や消費税などの税務の知識、また会社法や金融商品取引法など、様々な知識が必要となってきます。大企業の場合、決算担当者にはこれらのすべての知識が求められます。一方、中小企業の場合は、税務の取扱いに準じた会計処理を行いますので、簿記に加えて一部税務に関する知識が必要となります。

　実務においては、税務業務を外部の税理士に委託するケースが多くなります。特に中小企業ではその割合は高く、かなりの割合の企業が税理士に業務を委託しています。税務業務を行うには、税に関する深い知識と経験が必要であり、また毎年のように税制改正が行われ、専門性が非常に高いためです。中小企業では、税務の知識と経験を持った人材を雇用するのは難しい状況にあるといえます。

　大企業の場合は、中小企業に比べると高度な人材が社内にいると考えられますが、それでもすべての税務業務を社内で完結するのは難しいた

14

め、申告書の作成を税理士に委託するケースや、申告書の作成は社内で行い、外部の税理士にチェックをしてもらうケースなどを見かけます。

　また、大企業の場合、すべての会計基準を適用していきますので、会計と税務の取扱いが乖離するケースがたくさん生じ、所得計算において、たくさんの調整項目が発生してくることになります。また、この差異を調整するために税効果会計を適用していきますが、税効果会計では、会計と税務の両方の知識が求められることになりますので、担当者には非常に高度なスキルが求められることになります。

	大企業	中小企業
決算に求められるスキル	高 （すべての会計基準を適用）	低から中 （税務に準じた処理を行う）
税務の知識	必要 （外部税理士に委託する場合がある）	基本的に無くても可能 （税務は外部税理士に委託）

⑻　企業規模別の決算・税務業務

　決算業務や税務業務を社内で行うことが難しい場合には、外部の会計事務所（税理士、税理士法人、公認会計士など）に業務を委託します。特に税務業務は専門性が高いため、会計事務所に委託することが多くなると考えられます。

　基本的には、企業の規模が大きいほど社内に会計・税務に関する高度な知識とスキルを持った人材がいる可能性が高く、一方で、企業規模が小さくなると、そういった人材が社内にいる可能性は低くなります。したがって、豊富な人材がいる大企業ではかなりの業務を社内で行い、外部の会計事務所に委託する部分は少なくなりますが、企業規模が小さい場合は、社内で行うことが難しいために外部の会計事務所に委託する業務が多くなります。

　例えば、社長1人で会社を運営している場合、社長に会計・税務に関する知識がない限り、ほぼすべての業務を外部の会計事務所に委託する

第1章　会社決算の概要

　ことになってしまいます。請求書や領収書の整理から会計データの入力、給与計算などの日常業務から、決算・申告業務まで、すべて会計事務所にお願いすることになります。

　逆に、上場しているような大企業の場合は、決算・申告書の作成も社内で行って、会計事務所には作成した申告書をチェックのみをしてもらうという程度になります。また税務相談のみという場合もあり得ます。

　企業の規模別の業務の委託状況は、私の経験では、下記のようなイメージになりますので、実務の参考にしていただきたいと思います。もちろん、企業によって状況は異なります。

【企業規模別の状況】

	小規模企業	中堅企業	大企業
請求書、領収書の整理	社内 会計事務所	社内	社内
会計データの入力	会計事務所	社内	社内
給与計算	会計事務所	社内 会計事務所	社内
決算業務	会計事務所	社内 会計事務所	社内
申告書作成業務	会計事務所	会計事務所	社内 会計事務所

第 2 章

決算整理の実務上のポイント（税金以外）

第2章　決算整理の実務上のポイント（税金以外）

　会社は月次決算の終了後に年度の決算整理作業を行います。決算特有の処理を行う必要があるためです（大企業では四半期決算又は半期決算でも行う。）

　決算整理では減価償却費の計上、引当金の繰入、経過勘定項目の整理、売上や仕入、経費等の計上や確認を行います。大企業では、これらの他に、様々な会計基準を適用していきます。

　貸借対照表については、勘定科目の内訳明細書を作成する必要があるため、決算作業の中で決算日時点の各勘定科目の残高の内訳を確認していきます。これは貸借対照表が正しく作成されていれば、損益も正しく計算されるという考えに繋がっています。

　ここでは、主要な勘定科目における決算整理の主なポイントについて確認していきます。決算整理を行うに当たっては、会計処理とそれに対応する税務の取扱い、さらには税効果会計の取扱いを連動させながら考えていくことが大切です。

1 現金預金

　帳簿上の現金預金の勘定残高について、実際の現金残高や預金口座残高と一致していることを確認します。それ以外に、下記のような点に留意が必要です。

決算時のポイント

① 現金については、現金出納帳の残高や決算期末日時点の現金を実際にカウントした現金残高表（金種ごとの明細）との一致を確認する。
② 預金については、預金口座ごとの残高との一致を確認する。また、必要に応じて残高確認書を入手する。
③ 外貨建ての現金預金については、期末レートに換算替えを行う。
④ （低金利の時代ですが）定期預金の預金利息について未収利息を計上する。

　なお、大企業の場合には、会計監査を受けるため監査法人等の残高確認手続が行われます。これは、企業自らが残高証明書を入手するのではなく、会計監査の手続きとして監査法人等が行う残高確認手続を企業の担当者が補助していきます。

大企業の場合

　監査法人等の会計監査を受ける場合は、監査法人等が期末日現在の残高確認を行う。

第2章　決算整理の実務上のポイント（税金以外）

2　売掛債権

受取手形、売掛金、営業未収入金、電子記録債権などの売掛債権について、期末直前の売上高の計上もれや長期滞留債権の取扱いなどに留意しながら残高を確定します。また、いわゆる不良債権について流動から固定への振替えや、貸倒引当金の計上、貸倒処理などについて検討します。

(1)　決算月の売掛金等（売上高）の計上

例えば3月決算の場合、3月分の売上高と売掛金がもれなく計上されていることを確認します。月次決算を毎月発生ベースで行っている場合にはこの作業は決算整理では不要な場合もあります。なお、月次決算において、例えば毎月20日締めで請求書を発行しており、その請求書ベースで月次の売上高を計上しているような場合には、決算月の20日締め後の10日間の売上高を、決算整理において別途計上する必要があります。

大企業の場合、決算確定時期が比較的早いことから、決算を確定させる時点では決算月の売上高が完全には確定できない場合も考えられ、一部の売上高を計上できない場合や概算で売上高を計上せざるを得ないような場合が考えられます。この場合の対応としては、決算への影響を考慮した上で売上高の一部を未計上としたり、概算額で売上高を計上して決算数値を確定させて、消費税申告書や法人税申告書において売上高の調整を行うことが考えられます。

なお、中小企業の場合は、比較的決算スケジュールに余裕がありますので、決算作業において売上高を確定させます。申告書で売上高の調整をすることは、通常ありません。

20

（売上高の確定）

【大企業】	【中小企業】
決算確定の時期が早いため、決算月の売上高の一部が確定しないケースがあり得る。 （会計処理） ① 未確定分は計上しない 　（重要性が低い場合） ② 概算で計上する 　売掛金×× ／ 売上高××	決算整理において、すべての売上高を確定させて計上する。

　なお、大企業の場合、法人税申告書で調整した金額は、税効果会計上の一時差異に該当することになります。また、法人税の他に、消費税の取扱いにも留意する必要があります。

（具体例）…売上高を申告書で追加計上するケース　　　　　　　　　　大

　決算整理作業の時点では、決算月の売上高の一部が把握できなかったため売上高の計上をしていない。後日、決算で計上していない売上高が10,000（＋消費税1,000）であることが確定した（決算に与える影響が小さいことから、売上高は未計上のままとなっている。）。

この場合、下記のような対応を行います。

【決　算】売上高の一部は未計上とする（影響小）

【法人税】「売上高計上もれ　10,000（加算・留保）」の加算調整を行う

【消費税】課税売上高に10,000を追加する

【税効果】別表5(1)の売掛金10,000（純額）が将来減算一時差異に該当する

（会計処理）

未処理

第2章　決算整理の実務上のポイント（税金以外）

（別表4 ）所得計算

	総額	留保	社外流出
当期利益	0	0	
売上高計上もれ	10,000	10,000	
所得金額	10,000	10,000	

（注）　売上高を計上していないため、当期利益はゼロとしている。

（別表5 (1)）

	期首	減	増	期末
売掛金			10,000	10,000
繰越損益金			0	0

（税効果）実効税率：30%

売掛金（純額）　10,000×30％＝3,000

繰延税金資産　3,000　 /　法人税等調整額　3,000

(2)　工事進行基準の適用

　建設業やソフトウェア開発業など、一定の業種では、業務の進捗に応じて収益を認識するいわゆる工事進行基準を適用している場合がありますので、会社の処理方針に従って、進捗率に基づいて収益を認識します。

(3) 滞留債権の把握及び対応

　売掛金の回収スケジュールから外れた（約束された期日までに入金されない）債権を把握してその内容や理由を確認するとともに、不良債権になっている場合には、必要に応じて貸倒引当金の計上を検討し、さらに回収不能となっている場合には貸倒損失の計上を行います。

① 滞留債権の把握

　例えば、4月の売上高は翌月の5月末に入金する、といった売掛債権の回収スケジュールから外れた債権については、営業担当者にヒアリングするなどして未回収となっている状況を把握します。売上高の誤計上、売掛先の支払能力がない場合、売掛先からのクレームがあって支払いがされていないなど、滞留している原因を把握します。

　そして、その状況に応じて、売上の取消しや、滞留債権に貸倒引当金を計上する、又は回収が見込めない場合は貸倒損失とするなどの処理を行います。

② 不良債権に対する貸倒引当金の計上

　不良債権が発生した場合、大企業では回収が見込めない部分の金額について個別に貸倒引当金を繰り入れます。一方、中小企業の場合は、法人税において個別貸倒引当金の繰入が認められる場合に繰入限度額相当額の引当金の繰入を行いますが、法人税において繰入が認められない場合には引当金の繰入を行わないのが一般的です。中小企業では、法人税の取扱いに準じた会計処理をするためです。

第2章　決算整理の実務上のポイント（税金以外）

（不良債権への対応）

【大企業】	【中小企業】
回収に問題のある債権については個別に貸倒引当金を計上する。 （会計処理） 　貸倒引当金繰入　×× 　　　／　貸倒引当金　×× 法人税で繰入が認められない場合には、所得計算において加算調整を行う。	一般的に、法人税において個別貸倒引当金の繰入が認められる場合に、引当金繰入限度額と同額を計上する。 所得計算における税務調整は発生しない。

　なお、大企業の場合は、法人税で貸倒引当金の繰入が認められるか否かに関係なく繰入をしますが、認められない場合に所得計算上で調整した金額は、税効果会計上の一時差異に該当することになります。

（具体例）…滞留債権に個別に貸倒引当金を計上するケース

　滞留債権について内容確認を行ったところ、売掛金10,000について売掛先からの回収が見込めないことが判明し、売掛金と同額の貸倒引当金の繰入を行うこととした。なお、法人税では貸倒引当金の繰入は認められない。

この場合、下記のような対応を行います。　　　　　　　　　　　　　　大

【決　　算】貸倒引当金10,000を繰り入れる

【法人税】「貸倒引当金繰入額否認　10,000（加算・留保）」の加算調整を行う

【税効果】別表5(1)の貸倒引当金10,000が将来減算一時差異に該当する

（会計処理）

　　　貸倒引当金繰入額　10,000　／　貸倒引当金　10,000

24

（別表4） 所得計算

	総額	留保	社外流出
当期利益	△10,000	△10,000	
貸倒引当金繰入額否認	10,000	10,000	
所得金額	0	0	

（注） 貸倒引当金の繰入をしているため、当期利益は△10,000としている。

（別表5⑴）

	期首	減	増	期末
貸倒引当金			10,000	10,000
繰越損益金			△10,000	△10,000

（税効果）実効税率：30%

貸倒引当金　10,000×30%＝3,000

繰延税金資産　3,000　/　法人税等調整額　3,000

　なお、この具体例の場合、法人税で引当金の繰入が認められないため、中小企業では、一般的に貸倒引当金の繰入を行いません。

　仮に法人税で貸倒引当金の繰入が認められる状況にある場合、中小企業を前提とした処理は下記のようになります。

（中小企業を前提とした場合） 中小

【決　算】貸倒引当金10,000を繰り入れる

【法人税】特に調整は生じない

【税効果】一時差異は発生しない

第2章　決算整理の実務上のポイント（税金以外）

（会計処理）

貸倒引当金繰入額　10,000　/　貸倒引当金　10,000

（別表4）所得計算

	総額	留保	社外流出
当期利益	△10,000	△10,000	
貸倒引当金繰入額否認	―	―	
所得金額	△10,000	△10,0000	

（注）　貸倒引当金の繰入をしているため、当期利益は△10,000としている。

（別表5(1)）

	期首	減	増	期末
貸倒引当金			―	―
繰越損益金			△10,000	△10,000

（税効果）実効税率：30%

―

(参考)法人税において個別貸倒引当金の繰入が認められる場合(令96①)

　中小法人等は、下記の場合に個別貸倒引当金繰入額のうち繰入限度額までの金額を損金の額に算入する。

― 　次に掲げる事由に基づいてその弁済を猶予され、又は賦払により弁済されること　当該金銭債権の額のうち当該事由が生じた日の属する事業年度終了の日の翌日から5年を経過する日までに弁済されることとなっている金額以外の金額（担保権の実行その他によりその取立て又は弁済（以下この項において「取立て等」という。）の見込みがあると認められる部分の金額を除く。）

イ　更生計画認可の決定

ロ　再生計画認可の決定

ハ　特別清算に係る協定の認可の決定

ニ　再生計画認可の決定に準ずる事実等に規定する事実が生じたこと。

ホ　イからハまでに掲げる事由に準ずるものとして財務省令で定める事由

二　債務超過の状態が相当期間継続し、かつ、その営む事業に好転の見通しがないこと、災害、経済事情の急変等により多大な損害が生じたことその他の事由により、当該金銭債権の一部の金額につきその取立て等の見込みがないと認められること　当該一部の金額に相当する金額

三　次に掲げる事由が生じていること　当該金銭債権の額の100分の50に相当する金額

イ　更生手続開始の申立て

ロ　再生手続開始の申立て

ハ　破産手続開始の申立て

ニ　特別清算開始の申立て

ホ　イからニまでに掲げる事由に準ずるものとして財務省令で定める事由

四　債務者である外国の政府、中央銀行又は地方公共団体の長期にわたる債務の履行遅滞によりその金銭債権の経済的な価値が著しく減少し、かつ、その弁済を受けることが著しく困難であると認められること　当該金銭債権の額の100分の50に相当する金額

③　回収不能債権の貸倒処理

　大企業では、回収不能と判断した債権については貸倒損失として処理します。ただし、回収不能と判断した場合でも、貸倒損失として処理はせずに債権の100％相当の貸倒引当金を計上することによって実質的に債権評価をゼロとする処理を行う場合も見受けられます。この処理は、法人税において貸倒損失として認められない場合に見受けられます。

第2章　決算整理の実務上のポイント（税金以外）

　一方、中小企業の場合は、法人税において貸倒損失の計上が認められる場合には貸倒処理を行い、法人税で貸倒損失の処理が認められない場合には貸倒処理をしないというのが一般的です。中小企業では、法人税の取扱いに準じた会計処理をするのが一般的なためです。

（貸倒損失）

【大企業】	【中小企業】
回収不能と判断した債権については貸倒処理を行う。 （会計処理） 　貸倒損失　××／売掛金　×× 法人税で貸倒損失が認められない場合には、所得計算において加算調整を行う。	一般的に、法人税において貸倒処理が認められる場合に貸倒損失として処理をする。 そのため、所得計算における税務調整は発生しない。

　なお、大企業の場合は法人税で貸倒損失が認められるか否かに関係なく貸倒処理を行いますが、法人税で認められない場合に所得計算上で加算調整した金額は、税効果会計上の一時差異に該当することになります。

（具体例）…貸倒損失を計上するケース

　滞留債権について内容確認を行ったところ、売掛金10,000については今後の回収は不能と判断して貸倒損失として処理することとした。この売掛金については法人税で貸倒損失としては認められない。消費税については考慮しないこととする。

この場合、下記のような対応を行います。　　　　　　　　　　　　大

【決　　算】売掛金10,000を貸倒損失として処理する

【法 人 税】「貸倒損失否認　10,000（加算・留保）」の加算調整を行う

【税 効 果】別表5(1)の売掛金10,000が将来減算一時差異に該当する

28

2 売掛債権

（会計処理）

貸倒損失　10,000　／　売掛金　10,000

（別表 4 ）所得計算

	総額	留保	社外流出
当期利益	△10,000	△10,000	
貸倒損失否認	10,000	10,000	
所得金額	0	0	

（注）　貸倒損失を計上しているため、当期利益は△10,000としている。

（別表 5 (1)）

	期首	減	増	期末
売掛金			10,000	10,000
繰越損益金			△10,000	△10,000

（税効果）実効税率：30%

売掛金　10,000×30％＝3,000

繰延税金資産　3,000　／　法人税等調整額　3,000

　なお、この具体例の場合、法人税で貸倒損失が認められないため、中小企業では、一般的に貸倒処理を行いません。仮に法人税で貸倒損失が認められる状況にある場合には、中小企業を前提とした処理は下記のようになります。

29

第2章　決算整理の実務上のポイント（税金以外）

（中小企業を前提とした場合）　中小

【決　　算】売掛金10,000を貸倒損失として処理する

【法人税】特に調整は生じない

【税効果】一時差異は発生しない

（会計処理）

貸倒損失　10,000　/　売掛金　10,000

（別表4）所得計算

	総額	留保	社外流出
当期利益	△10,000	△10,000	
貸倒損失否認	―	―	
所得金額	△10,000	△10,000	

（注）　貸倒損失を計上しているため、当期利益は△10,000としている。

（別表5(1)）

	期首	減	増	期末
売掛金			―	―
繰越損益金			△10,000	△10,000

（税効果）実効税率：30%

―

（参考）法人税において貸倒損失が認められる場合

　【基通9-6-1】金銭債権の全部又は一部の切捨てをした場合の貸倒れ

　　法人の有する金銭債権について次に掲げる事実が発生した場合には、

30

その金銭債権の額のうち次に掲げる金額は、その事実の発生した日の属する事業年度において貸倒れとして損金の額に算入する。

(1) 更生計画認可の決定又は再生計画認可の決定があった場合において、これらの決定により切り捨てられることとなった部分の金額

(2) 特別清算に係る協定の認可の決定があった場合において、この決定により切り捨てられることとなった部分の金額

(3) 法令の規定による整理手続によらない関係者の協議決定で次に掲げるものにより切り捨てられることとなった部分の金額

　イ　債権者集会の協議決定で合理的な基準により債務者の負債整理を定めているもの

　ロ　行政機関又は金融機関その他の第三者のあっせんによる当事者間の協議により締結された契約でその内容がイに準ずるもの

(4) 債務者の債務超過の状態が相当期間継続し、その金銭債権の弁済を受けることができないと認められる場合において、その債務者に対し書面により明らかにされた債務免除額

【基通９－６－２】回収不能の金銭債権の貸倒れ

　法人の有する金銭債権につき、その債務者の資産状況、支払能力等からみてその全額が回収できないことが明らかになった場合には、その明らかになった事業年度において貸倒れとして損金経理をすることができる。この場合において、当該金銭債権について担保物があるときは、その担保物を処分した後でなければ貸倒れとして損金経理をすることはできないものとする。

（注）　保証債務は、現実にこれを履行した後でなければ貸倒れの対象にすることはできないことに留意する。

第2章　決算整理の実務上のポイント（税金以外）

【基通9－6－3】一定期間取引停止後弁済がない場合等の貸倒れ

　債務者について次に掲げる事実が発生した場合には、その債務者に対して有する売掛債権（売掛金、未収請負金その他これらに準ずる債権をいい、貸付金その他これに準ずる債権を含まない。以下9－6－3において同じ。）について法人が当該売掛債権の額から備忘価額を控除した残額を貸倒れとして損金経理をしたときは、これを認める。

(1)　債務者との取引を停止した時（最後の弁済期又は最後の弁済の時が当該停止をした時以後である場合には、これらのうち最も遅い時）以後1年以上経過した場合（当該売掛債権について担保物のある場合を除く。）

(2)　法人が同一地域の債務者について有する当該売掛債権の総額がその取立てのために要する旅費その他の費用に満たない場合において、当該債務者に対し支払を督促したにもかかわらず弁済がないとき

　（注）　(1)の取引の停止は、継続的な取引を行っていた債務者につきその資産状況、支払能力等が悪化したためその後の取引を停止するに至った場合をいうのであるから、例えば不動産取引のようにたまたま取引を行った債務者に対して有する当該取引に係る売掛債権については、この取扱いの適用はない。

　法人税では、基本通達において貸倒損失に関して上記の3つの取扱いを示しています。実務的には、上記3つのいずれかに当てはまれば、法人税において貸倒損失が認められることになります。

32

3 棚卸資産

　棚卸資産とは、商品、製品、半製品、原材料、仕掛品等の資産をいいます。

　棚卸資産は、大企業では受払簿を付けて帳簿上の保有数量を把握していますが、中小企業、特に規模が小さい企業では、日常では受払簿を付けていないケースも考えられます。

　決算期末においては、実地棚卸を行って保有数量を確定させ、その数量に単価を乗じて期末棚卸高を確定します。その他、低価法の適用や棚卸資産の減損（評価損）の検討などを行います。

(1) 棚卸資産の評価方法

　棚卸資産の評価に関する会計基準では、棚卸資産の評価方法には、下記のような方法があります。

---

　① 個別法
　② 先入先出法
　③ 平均原価法
　④ 売価還元法

　一方、法人税では、評価方法には原価法と低価法があり、原価法には下記のような方法があります。

---

　① 個別法　　　　　⑤ 売価還元法
　② 先入先出法　　　⑥ 最終仕入原価法（法定評価方法）
　③ 総平均法
　④ 移動平均法

33

第2章　決算整理の実務上のポイント（税金以外）

　法人税では最終仕入原価法（期末から最も近い時において取得したものの1単位当たりの取得価額をその1単位当たりの取得価額とする方法）が認められています。小規模な企業の場合、在庫の受払簿を付けることが難しいことが想定されるため、法人税では最も簡便な方法として認められています。実際に、中小企業で最終仕入原価法を採用している企業は多いと思われます。

　ただし、この方法は、会計で認められている方法ではありませんので、大企業では基本的に採用することができません。最終仕入原価法は、取得のための支出額（取得原価）を売上原価と期末棚卸資産に配分する方法とはなっていないため、会計理論的に認められる方法ではありません。あくまで帳簿を付けることができない中小企業のために用意されている方法という位置付けです。なお、大企業においても、期末棚卸資産に重要性が乏しい場合に適用しているケースが散見されます。

| 最終仕入原価法 | → 会計 | ：原則として採用不可 |
| | → 税務 | ：法定評価方法（原則） |

　税務上は、これらの評価方法の中から選択した方法を届け出ることとされています（35ページ参照）。届出をしなかった場合には、法定評価方法である最終仕入原価法による原価法で評価を行います。

3 棚卸資産

（棚卸資産の評価方法の届出書）

棚卸資産の評価方法の届出書

※整理番号 _____

税務署受付印

令和　年　月　日

納　税　地	〒　　　　電話（　）　－
（フリガナ）	
法　人　名　等	
法　人　番　号	
（フリガナ）	
代　表　者　氏　名	
代　表　者　住　所	〒
事　業　種　目	業

税務署長殿

棚卸資産の評価方法を下記のとおり届け出ます。

記

事業の種類（又は事業所別）	資　産　の　区　分	評　価　方　法
	商　品　又　は　製　品	
	半　　製　　品	
	仕掛品（半成工事）	
	主　要　原　材　料	
	補　助　原　材　料その他の棚卸資産	

参考事項	1　新設法人等の場合には、設立等年月日　　　　　　　　　　　　令和　年　月　日 2　新たに他の種類の事業を開始した場合又は事業の種類を変更した場合には、開始又は変更の年月日 　　　　　　　　　　　　　　　　　　　　　　　　　　　　　　　令和　年　月　日 3　その他

税　理　士　署　名	

※税務署処理欄	部門	決算期	業種番号	番号	整理簿	備考	通信日付印	年　月　日	確認

（規格Ａ４）

06. 06 改正

第2章　決算整理の実務上のポイント（税金以外）

(2)　簿価の切下げ（評価損）

　決算期末には実地棚卸を行って期末保有数量を確定させます。受払簿を付けている場合でも実地棚卸を行います。棚卸を行う際には、保有数量だけでなく長期滞留している在庫がないかについても留意します。

　長期滞留在庫については、単に売れ残ってしまっている場合のほか、納品先からの要請で一定数量の在庫を長期間保有しているケースもあり得ます。この場合、合意した適正価格で買い取ってはもらえるものの、保有数量に対して出荷数量が非常に少ないというケースもあります。

　この場合、会計上で収益性の低下が懸念されるため、大企業の場合には収益性の低下による簿価の切下げを検討することになります。一方で、少量ずつでも利益を出して販売しているものであれば、法人税では棚卸資産の評価損は認められないと考えられます。中小企業の場合は税務の取扱いに準じた処理を行っているため、一般的には評価損の計上は行いません。

（棚卸資産の簿価切下げ（過剰在庫の場合））

【大企業】	【中小企業】
収益性が低下した場合には簿価の切下げ処理を行う。 （会計処理） 　売上原価　××　／　棚卸資産　×× 法人税で損金として認められない場合には、所得計算において加算調整を行う。	法人税において評価損は認められないため、評価損の計上は行わない。 そのため、所得計算における税務調整は発生しない。

　なお、大企業の場合には、法人税で評価損が認められないために所得計算上で調整した金額は、税効果会計上の一時差異に該当することになります。

3　棚卸資産

（具体例）…棚卸資産の簿価切下げを行うケース

　　期末にA商品を100個（@1,000）保有しているが、過去の実績から年間10個程度しか出荷されていない。検討した結果、今後3年間で見込まれる出荷数量10個×3年＝30個以外は、収益性がないと判断して簿価の切下げ処理（@1,000×（100個－30個）＝70,000）を行うこととした。

この場合、下記のような対応を行います。　　　　　　　　　　　　大

【決　　算】商品70,000について簿価の切下げ処理を行う

【法 人 税】「商品計上もれ　70,000（加算・留保）」の加算調整を行う

【税効果】別表5(1)の商品70,000が将来減算一時差異に該当する

（会計処理）

売上原価　70,000　/　商品　70,000

（別表4）所得計算

	総額	留保	社外流出
当期利益	△70,000	△70,000	
商品計上もれ	70,000	70,000	
所得金額	0	0	

（注）　簿価の切下げ処理をしているため、当期利益は△70,000としている。

（別表5(1)）

	期首	減	増	期末
商品			70,000	70,000
繰越損益金			△70,000	△70,000

37

第2章　決算整理の実務上のポイント（税金以外）

> **（税効果）実効税率：30％**
>
> 　商品　70,000×30％＝21,000
>
> 　　　　繰延税金資産　21,000　／　法人税等調整額　21,000

　なお、この具体例の場合、法人税では評価損の計上は認められないため、中小企業では、一般的に評価損の計上を行いません。

(3)　不明在庫がある場合

　大企業では考えられないことですが、中小企業の場合、在庫として帳簿に長年計上されているにもかかわらず、内容や所在がわからず、帳簿から落とさざるを得ない場合が考えられます。このような場合、帳簿から落とした不明在庫の金額は、決算書では売上原価などに含めて処理をすることになりますが、一方で、法人税では損金として認められませんので留意が必要です。

> **（不明在庫を処理する場合）**

【大企業】	【中小企業】
在庫の管理を厳密に行っているため、不明在庫は発生しない。	不明在庫が長年帳簿に計上されているケースがあり得る。在庫が確認できない場合は帳簿から在庫を落とす。法人税の所得計算において不明在庫相当額は損金とは認められないため、加算調整（社外流出）が必要となる。

3　棚卸資産

（具体例）…不明在庫を処理するケース

　　期末に実地棚卸を行って在庫数量の確認をしたところ、実際には保有が確認できない商品50,000が帳簿に載っていることが判明した。詳細を確認したところ長年にわたって帳簿に計上されたまま現在に至っており、計上の経緯も不明であるため、帳簿から落として売上原価として処理することとした。

この場合、下記のような対応を行います。　　中小

【決　算】商品50,000を売上原価に振り替える

【法人税】「売上原価否認　50,000（加算・流出）」の加算調整を行う

【税効果】永久差異に該当し、法定実効税率との差異となる

（会計処理）

売上原価　50,000　／　商品　50,000

（別表4）所得計算

	総額	留保	社外流出
当期利益	△50,000	△50,000	
売上原価否認	50,000		50,000
所得金額	0	△50,000	50,000

（注）　不明在庫を売上原価で処理しているため、当期利益は△50,000としている。

（別表5(1)）

	期首	減	増	期末
繰越損益金			△50,000	△50,000

39

第2章　決算整理の実務上のポイント（税金以外）

（税効果）実効税率：30%

永久差異に該当する

　法人税では、内容が不明の原価や費用を損金算入することはできません。帳簿に長年計上されている在庫が、仮に過年度において売上原価に計上されるべきものであった場合には、過年度に遡って申告内容を修正する必要があります。手続きとしては更正（減額）の請求を行うことになります。どの年度の売上原価となるのか不明な場合には、このケースのように所得計算において損金不算入として加算・流出の調整をせざるを得ません。

④ その他の流動資産

　現金預金、売掛債権、棚卸資産以外のその他の流動資産としては、未収入金、前払費用、仮払金などがあります。決算においては、いずれも各勘定残高の内容を確認していく必要があります。

(1)　前払費用

　会社がオフィスを賃借する場合に、契約にもよりますが、家賃は一般的に当月分を前月末までに前払いします（前家賃）。決算月の月末に支払う家賃は翌期（翌月）分になりますので、原則として1ヶ月分の前払費用が計上されます。

　大企業では基本的に発生ベースで会計処理をしますので、この場合は前払費用に計上しますが、中小企業の場合には、前払費用に計上するケースと支払時の費用（家賃）として処理するケースがあります。

（家賃の前払いをする場合）

【大企業】	【中小企業】
発生主義によって会計処理するため、翌期分の支払家賃は前払費用に計上する。 （会計処理） 地代家賃　××／前払費用　×× 前払費用　××／現金預金　××	発生主義によって前払費用に計上する場合と、支払時の費用として処理する場合がある。支払時の費用とすることも、継続適用を要件として、法人税で認められる。 （会計処理） 地代家賃　××／前払費用　×× 前払費用　××／現金預金　×× 又は 地代家賃　××／現金預金　××

　支払時の費用として処理するケースは、下記の法人税基本通達の取扱いを適用しています。短期（1年以内）の前払費用については、継続適

41

用を要件として、支払時の損金とすることが認められています。

【基通2-2-14】短期の前払費用

　前払費用（一定の契約に基づき継続的に役務の提供を受けるために支出した費用のうち当該事業年度終了の時においてまだ提供を受けていない役務に対応するものをいう。以下2-2-14において同じ。）の額は、当該事業年度の損金の額に算入されないのであるが、法人が、前払費用の額でその支払った日から1年以内に提供を受ける役務に係るものを支払った場合において、その支払った額に相当する金額を継続してその支払った日の属する事業年度の損金の額に算入しているときは、これを認める。

（注）　例えば借入金を預金、有価証券等に運用する場合のその借入金に係る支払利子のように、収益の計上と対応させる必要があるものについては、後段の取扱いの適用はないものとする。

（参考）質疑応答事例　短期前払費用の取扱いについて

【照会要旨】

　当事者間の契約により、年1回3月決算の法人が次のような支払を継続的に行うこととしているものについては、法人税基本通達2-2-14((短期の前払費用))を適用し、その支払額の全額をその支払った日の属する事業年度において損金の額に算入して差し支えありませんか。

　なお、次の事例1から5までの賃貸借取引は、法人税法第64条の2第3項に規定するリース取引には該当しません。

　　事例1：期間40年の土地賃借に係る賃料について、毎月月末に翌月分の地代月額1,000,000円を支払う。

　　事例2：期間20年の土地賃借に係る賃料について、毎年、地代年額（4月から翌年3月）241,620円を3月末に前払により支払う。

　　事例3：期間2年（延長可能）のオフィスビルフロアの賃借に係る賃料について、毎月月末に翌月分の家賃月額611,417円を支払う。

事例４：期間４年のシステム装置のリース料について、12ケ月分（４
　　　　　月から翌年３月）379,425円を３月下旬に支払う。

　事例５：期間10年の建物賃借に係る賃料について、毎年、家賃年額
　　　　　（４月から翌年３月）1,000,000円を２月に前払により支払う。

【回答要旨】

・事例１から事例４までについては、照会意見のとおりで差し支えあり
　ません。

・事例５については、法人税基本通達２－２－14の適用が認められませ
　ん。

（理由）

⑴　本通達の趣旨について

　本通達は、１年以内の短期前払費用について、収益との厳密な期間対
応による繰延経理をすることなく、その支払時点で損金算入を認めると
いうものであり、企業会計上の重要性の原則に基づく経理処理を税務上
も認めるというものです。

⑵　照会に対する考え方について

　事例１から事例４までについては、基本的には、これを認めることが
相当と考えられますが、一方では、利益が出たから今期だけまとめて１
年分支払うというような利益操作のための支出や収益との対応期間のズ
レを放置すると課税上の弊害が生ずると認められるものについては、こ
れを排除していく必要があります。

　このため、継続的な支払を前提条件とすることや収入との直接的な見
合関係にある費用については本通達の適用対象外とするということは、
従来と同様、当然に本通達の適用に当たって必要とされるのですが、こ
れに加え、役務の受入れの開始前にその対価の支払が行われ、その支払
時から１年を超える期間を対価支払の対象期間とするようなものは、何
らかの歯止めを置いた上で本通達の適用を認めることが相当と考えられ
ます。

⑵ 代表者への貸付金

　大企業の場合には、代表者への貸付けが行われることは少ないと考えられますが、中小企業の場合は代表者に対する貸付金が発生することがあります。大企業のようにコーポレートガバナンスがしっかりしている場合には、代表者に貸付けを行う場合には取締役会の承認を受けるなど適正な手続きを経て行われると思われますが、中小企業の場合は代表者がオーナーであることが多く、会社の資金と個人の資金をやりくりしながら経営をしている場合も多いため、会社の資金が個人へ貸し付けられることが現実に起きてきます。会社の資金が不足してしまう場合には代表者個人から随時資金の融通を受け、逆に代表者個人の資金が不足する場合には会社の資金を一時的に融通してしまうケースです。

　代表者に対して貸付けを行った場合には、適正な利率で貸付利息を計上する必要があります。貸付利息の計上を行わない場合、税務調査において貸付利息が認定されて追徴課税を受けることになります。

（代表者に貸付けを行う場合）

【大企業】	【中小企業】
代表者への貸付けは基本的に行われない。貸付けが行われる場合でも、取締役会の承認を受けるなど適正な手続きを経て行われる。 金銭消費貸借契約書を締結して適正条件で貸付けを行うため、通常問題とならない。	オーナーが代表者である場合、会社の資金を代表者個人に融通してしまうケースがある。 会社としては、貸付契約として適正な貸付利息を未収計上する。

4 その他の流動資産

（具体例）…代表者への貸付利息を計上するケース

　代表者に対して会社から1,000,000の資金を融通したため、貸付金として処理をすると共に、決算において適正な利息10,000を未収利息に計上することとした。

この場合、下記のような対応を行います。　中小

【決　算】代表者への貸付金に対して未収利息10,000を計上する

【法人税】－（調整は発生しない）

【税効果】－（一時差異はない）

（会計処理）

　　　　未収利息　10,000　／　受取利息　10,000

（別表4）所得計算

	総額	留保	社外流出
当期利益	10,000	10,000	
所得金額	10,000	10,000	

（注）　受取利息を計上しているため、当期利益は10,000としている。

（別表5(1)）

	期首	減	増	期末
繰越損益金			10,000	10,000

（税効果）実効税率：30%

　　　　　　　　　　　　　　　－

45

第2章　決算整理の実務上のポイント（税金以外）

　貸付利息の計上をしない場合には税務調査において貸付利息を認定されることとなりますので、必ず計上が必要となります。

　また、代表者個人への支出が、貸付けではなく賞与として認定される可能性もありますので実務的には留意が必要です。税務調査で賞与認定された場合には、会社側では賞与に対する源泉徴収もれによる源泉所得税の追加納付が発生し、その賞与は法人税では損金不算入となりますので修正申告が必要となります。また、代表者個人は、所得税の確定申告にその賞与を追加する修正申告を行う必要が生じます。法人と個人の両者で大きな影響が生じますので、実務では賞与認定は絶対避ける必要があります。

　上記の具体例で、仮に貸付金1,000,000が役員賞与認定された場合には、下記のような処理となります。 中小

【決　算】役員貸付金　1,000,000　／　現金預金　　1,000,000

【法人税】役員賞与認定損　1,000,000（減算・留保）

　　　　　役員賞与の損金不算入　1,000,000（加算・流出）

【税効果】役員への貸付金1,000,000は将来加算一時差異となる

（会計処理）

　　　役員貸付金　1,000,000　／　現金預金　1,000,000

（別表4）所得計算

	総額	留保	社外流出
当期利益	0	0	
役員賞与損金不算入	1,000,000		1,000,000
役員賞与認定損	△1,000,000	△1,000,000	
所得金額	0	△1,000,000	1,000,000

46

（別表 5 ⑴）

	期首	減	増	期末
役員貸付金			△1,000,000	△1,000,000
繰越損益金			0	0

（税効果）実効税率：30%

役員貸付金　△1,000,000×30%＝△300,000

法人税等調整額　300,000　/　繰延税金負債　300,000

　本来、税務では役員賞与として処理すべきものが貸付金として処理されていますので、一旦、減算・留保の調整をして賞与を損金に計上します。そして、賞与として認識した金額は、損金の額に算入されないために加算・流出の調整を行います。

　加算と減算を同額で行っていますので、所得金額に影響はありませんが、翌期以降において役員貸付金を費用に振り替えたときに加算・留保の調整が行われることとなり、将来の課税所得を増加させることになりますので、将来加算一時差異として繰延税金負債を計上します。

　なお、このケースは中小企業を前提にしているため、税効果会計は一般的には適用しません。

有形・無形固定資産

　有形固定資産及び無形固定資産は、決算時に減価償却費の計上、資産の除却処理、大企業の場合にはこの他に減損損失の検討などを行います。また、減価償却費等の計上後、固定資産台帳と帳簿残高が一致していることを確認します。

　一般的に、固定資産の管理は、減価償却システム又は減価償却ソフトを使用しているケースが多く、通常、そのシステム等が減価償却費の計算を行います。小規模企業の場合は、エクセル等の表計算を使用するケースや、会計事務所側が固定資産の管理を行っている（固定資産台帳を作成している）ケースがあります。

(1) 減価償却

　法人が採用している減価償却方法を確認します。具体的には、注記表を作成している会社では注記表の会計方針に記載している減価償却方法や税務署に提出した「減価償却資産の償却方法の届出書」で確認します（50ページ参照）。

　一般的に、会社が計上する減価償却費は、税務上の償却限度額と同額となります。会社が計上する減価償却費が償却限度額を超える場合には「減価償却超過額」として損金不算入となりますが、実務では、減価償却費＝償却限度額となりますので、「減価償却超過額」の加算調整は、通常生じません。逆に、減価償却不足額が生じることも通常はありません。

　これは、大企業でも中小企業でも同様です。大企業でも、通常は、償却限度額相当額を減価償却費として計上しています。ただし、大企業の場合は税法の法定耐用年数よりも敢えて短い年数で償却する場合があり、その場合には償却超過額が生じることになります。

減価償却費は取得価額、償却方法、残存価額、耐用年数などの計算要素を基に計算されますが、実務では、これらの計算要素は税法で定めているものを使って計算しています。したがって、例えば、定額法で減価償却費を計算する場合、通常は「÷耐用年数」と考えますが、税法では「×償却率（耐用年数10年の場合0.100）」という計算をします。また、耐用年数は税法で定めている「法定耐用年数」を使用します。耐用年数の見積りには恣意性が入る可能性がありますが、税法の計算によれば恣意性は排除され、誰が計算しても同じ金額となります。

（実務での減価償却費）

【大企業】	【中小企業】
通常は、税法の償却限度額相当額を減価償却費としている。 したがって、会計と税務の差異は生じない。	同左

第2章　決算整理の実務上のポイント（税金以外）

（減価償却資産の償却方法の届出書）

	減価償却資産の償却方法の届出書	※整理番号	

税務署受付印

令和　年　月　日

税務署長殿

納　税　地	〒　　　　　　　電話（　　）　　－
（フリガナ）	
法　人　名　等	
法　人　番　号	
（フリガナ）	
代　表　者　氏　名	
代　表　者　住　所	〒
事　業　種　目	業

減価償却資産の償却方法を下記のとおり届け出ます。

記

資産、設備の種類	償却方法	資産、設備の種類	償却方法
建　物　附　属　設　備			
構　　築　　物			
船　　　　舶			
航　　空　　機			
車　両　及　び　運　搬　具			
工　　　具			
器　具　及　び　備　品			
機　械　及　び　装　置			
（　　　）設備			
（　　　）設備			

参考事項	1　新設法人等の場合には、設立等年月日 2　その他	令和　年　月　日

税　理　士　署　名	

※税務署処理欄	部門	決算期	業種番号	番号	整理簿	備考	通信日付印	年　月　日	確認

（規格Ａ４）

06.06 改正

(2) 償却限度額と異なる減価償却費を計上する場合

　大企業の場合、税法で定める償却限度額が合理的ではないと判断される場合（実態と乖離している場合）、償却限度額と異なる減価償却費を計上することがあります。

　例えば、税法で定める法定耐用年数が長すぎると判断される場合には、敢えて法定耐用年数よりも短い年数で償却を行います。ソフトウェアの法定耐用年数は5年ですが、実態を考慮してそれより短い年数で償却する場合や、固定資産の置かれている状況により法定耐用年数が経過するより前に使用できなくなることが予定されているような場合です。なお、中小企業では、償却限度額と異なる減価償却費を計上することは、通常ありません。

（償却限度額と異なる減価償却費を計上する場合）

【大企業】	【中小企業】
下記のように償却限度額に合理性が欠ける場合には異なる減価償却費を計上することがある。 ・税法の法定耐用年数が長すぎると判断される場合 ・法定耐用年数を経過する前に使用できなくなることが予定されている場合　など	通常、償却限度額と異なる減価償却費を計上することはない。

　実務的には、償却限度額よりも少ない金額を減価償却費として計上することはあまりないと考えられます。法定耐用年数より短い年数で償却する場合のように、償却限度額より大きい減価償却費を計上するケースがあり得ますが、その場合には、償却限度額を超えて計上した金額は、所得計算上で「減価償却超過額」として加算調整を行うことになります。

第2章　決算整理の実務上のポイント（税金以外）

（具体例）…法定耐用年数より短い年数で償却するケース

　　当期首に取得したソフトウェア1,000,000については、3年後に新たなものに変える可能性が高いため、定額法により、法定耐用年数5年（0.200）ではなく、3年（0.334）で償却することとした。

この場合、下記のような対応を行います。　　　　　　　　　　　　　　大

【決　算】1,000,000×0.334＝334,000の減価償却費を計上する
【法人税】減価償却超過額（334,000－1,000,000×0.200＝134,000）は加算調整する
【税効果】減価償却超過額は将来減算一時差異となる

（会計処理）

　　　減価償却費　334,000　／　ソフトウェア　334,000

（別表4）所得計算

	総額	留保	社外流出
当期利益	△334,000	△334,000	
減価償却超過額	134,000	134,000	
所得金額	△200,000	△200,000	

（注）　当期利益は、減価償却費のみを計上した金額としている。

（別表5(1)）

	期首	減	増	期末
ソフトウェア			134,000	134,000
繰越損益金			△334,000	△334,000

52

5　有形・無形固定資産

（税効果）実効税率：30%

　　減価償却超過額134,000×30％＝40,200

　　　　繰延税金資産　40,200　／　法人税等調整額　40,200

　会計上の減価償却費334,000が当期純利益△334,000となっていますが、減価償却超過額134,000の加算調整によって、所得金額は償却限度額相当額の△200,000に修正されることになります。

　上記の場合、ソフトウェアの取得後の３年間は、毎年、減価償却超過額134,000の加算調整が発生し、４、５年目に「減価償却超過額認容」の減算調整が生じることになります。

　上記の具体例の第４年度は、下記のようになります。　　　　　　　大

【決　算】第３年度で償却は終了しているため減価償却費の計上はない

【法人税】減価償却超過額認容（0－1,000,000×0.200＝△200,000）を減算調整する

【税効果】減価償却超過額という将来減算一時差異のうち200,000が解消される

（会計処理）

―

（別表４）所得計算

	総額	留保	社外流出
当期利益	0	0	
減価償却超過額認容	△200,000	△200,000	
所得金額	△200,000	△200,000	

（注）　減価償却費の計上はないため、当期利益はゼロとしている。

第2章　決算整理の実務上のポイント（税金以外）

（別表5(1)）

	期首	減	増	期末
ソフトウェア	400,000	200,000		200,000
繰越損益金	△1,000,000	△1,000,000	△1,000,000	△1,000,000

（注）　ソフトウェアの期首残高は、第1年度134,000、第2年度134,000、第3年度132,000の合計額である。

（税効果）実効税率：30%

　減価償却超過額の解消　200,000×30%＝60,000

　　　法人税等調整額　60,000　／　繰延税金資産　60,000

　第3年度までに取得価額と同額の1,000,000が減価償却されて帳簿価額はゼロになっていますので、第4年度の減価償却費はゼロになります。減価償却超過額の合計額は、1,000,000－償却限度額200,000×3年＝400,000になり、第4年度の別表5(1)の期首は400,000となっています。第4年度と第5年度において200,000ずつ減価償却超過額の認容（減算）を行って第5年度終了時にはゼロとなります。

　第4年度の期首の繰延税金資産は400,000×30%＝120,000が計上されており、第4年度で将来減算一時差異400,000のうち200,000が解消されて法人税等調整額（200,000×30%＝60,000）に振り替えられます。

(3)　少額減価償却資産の取扱い

　有形・無形の減価償却資産は、資産に計上して減価償却を行っていきますが、少額な減価償却資産については、重要性の観点から本来の処理を行わず簡便な処理が行われます。少額な減価償却資産に関しては、法人税において下記の3つの特例規定が置かれており、実務においても適用されています。

① 少額の減価償却資産の取得価額の損金算入（10万円未満の資産の特例）

　取得価額10万円未満の少額の減価償却資産を事業の用に供した事業年度において、その取得価額相当額を損金経理した場合には、その損金経理をした金額は、損金の額に算入する。

② 一括償却資産の損金算入（20万円未満の資産の特例）

　取得価額20万円未満の減価償却資産については、一括償却対象額を36で除し、これにその事業年度の月数を乗じて計算した金額を損金の額に算入する。

③ 中小企業者等の少額減価償却資産の取得価額の損金算入の特例（10万円以上30万円未満の資産の特例）

　中小企業者等が取得価額10万円以上30万円未満の減価償却資産を取得して事業の用に供した場合には、その取得価額に相当する金額を損金の額に算入する。なお、損金算入される金額は、取得価額の合計額が年間300万円を上限とする。

　①と②の特例は、すべての法人が適用できますが、③の特例は、租税特別措置法の中小企業者等に限って適用が認められています。

　①から③の適用に当たっては、申告手続において下記の別表の作成が必要です。

① 少額の減価償却資産の取得価額の損金算入（10万円未満の資産の特例）	無し
② 一括償却資産の損金算入（20万円未満の資産の特例）	別表16(8)

第2章　決算整理の実務上のポイント（税金以外）

③ 中小企業者等の少額減価償却資産の取得価額の損金算入の特例（10万円以上30万円未満の資産の特例）	別表16(7)

実務においては、一般的には下記のように適用しているケースが多いと思われます。

	10万円未満	10万円以上20万円未満	20万円以上30万円未満
中小企業者等	損金経理（①を適用）	損金経理（③を適用）	損金経理（③を適用）
上記以外	損金経理（①を適用）	損金経理又は資産計上（②を適用）	―

　中小企業者等に該当する場合には、30万円未満の資産は基本的に損金経理を行います（③の適用は年間300万円が限度）。30万円以上の資産は固定資産計上して減価償却を行います。

　一方、中小企業者等に該当しない場合には、20万円未満の資産は損金経理する会計方針としている場合が多いように思われます。そのうち10万円以上20万円未満の資産は、上記②のいわゆる3年一括償却を適用して3年で均等償却を行いますので、損金経理している場合には所得計算上の調整が必要となります。

　したがって、所得計算上の調整が生じるのは、中小企業者等に該当しない法人が10万円以上20万円未満の資産を損金経理している場合ということになります。

（具体例）…一括償却資産を損金経理しているケース

　当期に取得して事業供用した10万円以上20万円未満の固定資産の取得価額の合計額は750,000円である。当社では、20万円未満の固定資産は費用として処理し、20万円以上の固定資産は資産に計上して減価償却することとしている。

この場合、下記のような対応を行います。
【決　算】750,000を消耗品費等の費用として処理する
【法人税】750,000 − 750,000 × 12/36 = 500,000を一括償却資産損金算入限度超過額として加算調整する
【税効果】一括償却資産損金算入限度超過額は将来減算一時差異となる

(会計処理)

消耗品費等　750,000　/　現金預金　750,000

(別表4) 所得計算

	総額	留保	社外流出
当期利益	△750,000	△750,000	
一括償却資産損金算入限度超過額	500,000	500,000	
所得金額	△250,000	△250,000	

(注)　当期利益は、消耗品費等のみを計上した金額としている。

(別表5(1))

	期首	減	増	期末
一括償却資産			500,000	500,000
繰越損益金			△750,000	△750,000

(税効果) 実効税率：30%

一括償却資産　500,000 × 30% = 150,000
　　繰延税金資産　150,000　/　法人税等調整額　150,000

第2章　決算整理の実務上のポイント（税金以外）

　一括償却資産の調整は、初年度は適用額の2/3を加算調整し、2年度と3年度に1/3ずつを減算調整することになります。

⑷　減損損失の計上

　大企業の場合、固定資産の回収可能価額（使用価値と正味売却価額のいずれか高い金額）が帳簿価額より下落したときに、帳簿価額を回収可能価額まで切り下げて「減損損失」として計上します。固定資産の収益性が低下したことで、投資額の回収が見込めなくなった場合に行います。例えば、継続して赤字となっている事業や店舗、遊休資産などが減損損失の検討の対象となります。

　中小企業では、通常、減損損失を計上することはありません。

（減損損失の計上）

【大企業】	【中小企業】
固定資産の回収可能額＜帳簿価額となる場合に、減損損失を計上する。	通常、減損損失を計上することはない。

　固定資産の減損損失は、一般的には損金の額に算入されません。税務上、固定資産の評価損（減損損失）の損金算入が認められるのは、下記の場合に限定されており、一般的にはイを除き当てはまるケースは少ないため、所得計算において損金不算入として加算調整されます。

（資産の評価損の計上ができる事実（固定資産））

イ　当該資産が災害により著しく損傷したこと。

ロ　当該資産が1年以上にわたり遊休状態にあること。

ハ　当該資産がその本来の用途に使用することができないため他の用途に使用されたこと。

ニ　当該資産の所在する場所の状況が著しく変化したこと。

ホ　イからニまでに準ずる特別の事実

58

減価償却資産の減損損失は、税務上、「償却費として損金経理した金額」に含めることとされています。つまり減価償却費と同様に取り扱われることになります。したがって、翌期以降は減価償却超過額の認容（減算）が行われます。

【基通7-5-1】償却費として損金経理をした金額の意義

　法第31条第1項《減価償却資産の償却費の計算及びその償却の方法》に規定する「償却費として損金経理をした金額」には、法人が償却費の科目をもって経理した金額のほか、損金経理をした次に掲げるような金額も含まれるものとする。

　（略）

⑸　減価償却資産について計上した除却損又は評価損の金額のうち損金の額に算入されなかった金額

　（注）　評価損の金額には、法人が計上した減損損失の金額も含まれることに留意する。

　（略）

　減損損失を計上した事業年度では加算調整が行われ、その翌事業年度以降は、減価償却超過額認容の減算調整を行うことになります。

　なお、その事業年度の減価償却費を通常どおり計上し、償却費計上後の期末帳簿価額に対して減損損失を計上する場合には、減損損失額がそのまま加算調整となります。

（具体例）…減損損失を計上するケース

　当期末において減損損失の計上を検討した結果、建物附属設備（当期の減価償却費500,000を計上、償却後の期末簿価は5,000,000）について、期末帳簿価額の全額を減損損失に計上することとした。なお、今期の減価償却費は償却限度額と同額である。

第2章　決算整理の実務上のポイント（税金以外）

この場合、下記のような対応を行います。　　　　　　　　　　　　　大

【決　　算】減損損失5,000,000を計上する

【法人税】減損損失否認5,000,000を加算調整する

【税効果】減損損失否認は将来減算一時差異となる

（会計処理）

減価償却費　500,000　／　建物附属設備　　500,000

減損損失　5,000,000　／　建物附属設備　5,000,000

（別表4）所得計算

	総額	留保	社外流出
当期利益	△5,500,000	△5,500,000	
減損損失否認	5,000,000	5,000,000	
所得金額	△500,000	△500,000	

（注）　当期利益は、減価償却費と減損損失の合計額としている。

（別表5(1)）

	期首	減	増	期末
建物附属設備			5,000,000	5,000,000
繰越損益金			△5,500,000	△5,500,000

（税効果）実効税率：30％

減損損失　5,000,000×30％＝1,500,000

繰延税金資産　1,500,000　／　法人税等調整額　1,500,000

減損損失に対して繰延税金資産を検討する場合には、回収可能性に十

60

分留意する必要があります。

　上記の場合、減損損失否認として加算調整した金額は、翌期以降で法定耐用年数を経過するまでの期間にわたって償却限度額相当額の認容（減算）調整が行われます。

　例えば、上記の具体例の翌事業年度の処理は、下記のようになります。なお、償却限度額は500,000と仮定します。　　　　　　　　　　**大**

【決　算】－（前期の減損により簿価はゼロとなっている）

【法人税】 0－500,000（償却限度額）＝△500,000→減価償却超過額認容の減算調整をする

【税効果】将来減算一時差異（減価償却超過額）のうち500,000が解消される

（会計処理）

　　　　　　　　　　　　　　　　　－

（別表4）所得計算

	総額	留保	社外流出
当期利益	0	0	
減価償却超過額認容	△500,000	△500,000	
所得金額	△500,000	△500,000	

（別表5(1)）

	期首	減	増	期末
建物附属設備	5,000,000	500,000		4,500,000
繰越損益金	△5,500,000	△5,500,000	△5,500,000	△5,500,000

第2章　決算整理の実務上のポイント（税金以外）

（税効果）実効税率：30%

減価償却超過額　500,000×30%＝150,000（解消）

　　法人税等調整額　150,000　/　繰延税金資産　150,000

6 投資その他の資産

　投資その他の資産に計上される代表的なものとしては、投資有価証券、関係会社株式（子会社株式）、長期前払費用、差入保証金などがあります。実務では、投資有価証券の時価評価や減損、税務上の繰延資産の長期前払費用への計上、差入保証金のうち償却される金額の取扱いなどが検討対象となります。

(1)　投資有価証券の時価評価

　一般的に保有されている有価証券としては、上場株式や非上場会社の株式などがあります。これらの株式は金融商品会計上の「その他有価証券」に該当し、そのうち時価のあるものは時価評価をすることとされています。一般的には、全部純資産直入法を適用して評価差額については、損益計算書に計上せず、純資産の部に評価差額金として計上します。また、評価差額金を計上するときには税効果会計を適用します。評価差額に法定実効税率を乗じた金額を繰延税金資産（負債）に計上し、残額を評価差額金とします。

　なお、有価証券の時価評価を行うのは大企業のみで、一般的に、中小企業では時価評価は行いません。

第2章　決算整理の実務上のポイント（税金以外）

（その他有価証券の時価評価）

【大企業】	【中小企業】
上場株式について時価評価を行う。全部純資産直入法を適用するケースが多い。また、評価差額に対しては税効果会計を適用する。 （含み益の場合） 投資有価証券　×× 　　／　評価差額金　　×× 　　　　繰延税金負債　×× （含み損の場合） 評価差額金　　×× 繰延税金資産　×× 　　／　投資有価証券　××	税務上、株式は原価評価することとされているため、一般的に、時価評価は行わない。

（具体例）…投資有価証券の時価評価を行うケース

　当期末において保有する上場株式（簿価2,000,000、前期末時価2,500,000、当期末時価3,000,000）の時価評価（全部純資産直入法）を行うこととする。なお、法定実効税率は30％とする。

この場合、下記のような対応を行います。　　　　　　　　　　　　　　大

【決　　算】株式の時価評価を行い、評価差額に税効果会計を適用する

【法人税】税務上は原価評価であるが、損益に影響がないため所得計算上の調整は生じない

　　　　　別表5⑴において投資有価証券の帳簿価額を調整する記載を行う

【税効果】評価差額（含み益）が将来加算一時差異となる

（会計処理）

（前期末計上分の戻し）
その他有価証券評価差額金　350,000　／　投資有価証券　500,000
繰延税金負債　　　　　　　150,000／

6　投資その他の資産

（当期末計上分）

　投資有価証券　1,000,000　／　その他有価証券評価差額金　700,000
　　　　　　　　　　　　　　／　繰延税金負債　　　　　　　300,000

（別表４）所得計算

	総額	留保	社外流出
当期利益	－		
加算・減算	－		
所得金額	－		

（別表5(1)）

	期首	減	増	期末
投資有価証券	△500,000	△500,000	△1,000,000	△1,000,000
その他有価証券評価差額金	350,000	350,000	700,000	700,000
繰延税金負債	150,000	150,000	300,000	300,000
繰越損益金	－	－	－	－

（税効果）実効税率：30%

　その他有価証券評価差額金　1,000,000×30％＝300,000

　投資有価証券　　　1,000,000　／　その他有価証券評価差額金　700,000
　　　　　　　　　　　　　　　／　繰延税金負債　　　　　　　300,000

　会計上時価評価を行っても損益に影響はないため、税務において所得計算上の調整は必要ありません。ただし、上場株式の評価は、税務上は原価評価であるため、別表5(1)において会計上の簿価（＝時価）を調整する記載を行います。

　なお、時価評価の仕訳に税効果を織り込んでいますが、この時価評価

65

で計上される繰延税金資産や負債は、損益計算書の「法人税等調整額」を相手勘定にしていませんので、投資有価証券の決算整理仕訳によって税効果会計の処理は完了します。

(2) 投資有価証券の減損

投資その他の資産に計上する有価証券のうち時価のあるものについて、時価が著しく下落したときは、回復する見込みがあると認められるものを除き、その時価をもって貸借対照表計上額とし、差額を当期の損失として計上します。一方、税務では時価が帳簿価額のおおむね50％相当額を下回り、将来回復する見込みがない場合に評価損が認められます。

会計では回収可能な金額のみを資産の帳簿価額として残すという考え方であるのに対して、税務では回収不能が確定している部分のみを評価損として損金算入を認めるという考えを採っており、両者には考え方に大きな違いがあります。

(評価損の会計と税務の考え方の違い)

	帳簿価額の回収可能性		
	回収可能な金額	回収不明な金額	回収不能な金額
会　　　計	－	**減損**	減損
法　人　税	－	－	減損（評価損）

会計では保守的な考え方のもとで回収ができる部分のみを簿価として残し、それ以外の部分は減損するのに対して、税務では回収できないことが確定した部分のみを評価損として損金に算入します。ここで、回収可能性が不明な場合の取扱いが両者で異なってきます。回収可能性が不明な場合に、会計では減損するのに対して、税務では減損（評価損）は認められません。

大企業では、上記の会計の考え方に基づいて減損を行い、一方で税務

では時価が回復する見込みがないことが説明できないと評価損は認められないことから、一般的には所得計算上で加算調整を行います。

　中小企業の場合、税務では評価損が一般的に認められないことから、通常、減損（評価損）は行いません。

（有価証券の減損（評価損））

【大企業】	【中小企業】
帳簿価額のうち回収可能額以外は減損を行う。 減損損失×× ／ 投資有価証券××	時価が回復する見込みがないことを説明するのが難しいため、一般的に減損しない。

　大企業では、減損を行った場合に、所得計算上、加算調整（損金不算入）することが多いと思われます。これは時価の回復見込がないことを合理的に説明することが難しいと判断するためです。税務調査において税務当局から減損の損金算入を否認されることを避けるために、保守的に加算調整して申告するケースが多いと思われます。

（具体例）…上場株式の減損をするケース

　当期末において保有する上場株式（簿価3,000,000）の時価が1,000,000に下落しており、減損損失を計上して時価まで帳簿価額を切り下げることとする。なお、将来の時価の回復の見込みについては不明である。

この場合、下記のような対応を行います。　　　　　　　　　　　大

【決　　算】上場株式について減損損失2,000,000を計上する

【法人税】将来の回復見込が不明であることから、所得計算上、加算調整を行う

【税効果】減損損失が将来減算一時差異となる

（会計処理）

減損損失　2,000,000　/　投資有価証券　2,000,000

（別表4）所得計算

	総額	留保	社外流出
当期利益	△2,000,000	△2,000,000	
減損損失否認	2,000,000	2,000,000	
所得金額	0	0	

（注）　当期利益は、減損損失のみを計上した金額としている。

（別表5(1)）

	期首	減	増	期末
投資有価証券			2,000,000	2,000,000
繰越損益金			△2,000,000	△2,000,000

（税効果）実効税率：30％

減損損失　2,000,000×30％＝600,000

繰延税金資産　600,000　/　法人税等調整額　600,000

　株式の減損損失のスケジューリングに関しては、株式の売却を決定した場合以外は一時差異の解消時期が不明であると考えられるため、一般的にはスケジューリング不能となることが多いと思われます。繰延税金資産の回収可能性について十分な検討が必要になります。

　なお、仮に上記の上場株式を翌事業年度に500,000円で売却した場合は、下記のようになります。

6　投資その他の資産

【決　算】簿価1,000,000の上場株式を500,000で売却して売却損を
500,000計上する
【法人税】有価証券減損損失の否認額を認容（減算）する
【税効果】将来減算一時差異が株式の売却によって解消される

（会計処理）

現金預金	500,000	投資有価証券	1,000,000
投資有価証券売却損	500,000		

（別表4）所得計算

	総額	留保	社外流出
当期利益	△500,000	△500,000	
減損損失認容	△2,000,000	△2,000,000	
所得金額	△2,500,000	△2,500,000	

（注）　当期利益は、売却損のみを計上した金額としている。

（別表5(1)）

	期首	減	増	期末
投資有価証券	2,000,000	2,000,000		0
繰越損益金	△2,000,000	△2,000,000	△2,500,000	△2,500,000

（税効果）実効税率：30％

減損損失　2,000,000×30％＝600,000（解消）

法人税等調整額　600,000　/　繰延税金資産　600,000

69

第2章　決算整理の実務上のポイント（税金以外）

　会計では、減損後の帳簿価額1,000,000の上場株式を500,000で売却したことで売却損が500,000計上されています。一方で、税務上は減損損失は損金不算入となっているため帳簿価額は減損前の3,000,000となっています。この上場株式を500,000で売却したことで、税務では2,500,000の売却損が認識されることになります。

（会計）500,000 － 1,000,000 ＝ △500,000

（税務）500,000 － （1,000,000 ＋ 2,000,000）＝ △2,500,000

　　　　　　　　　　→税務上の帳簿価額

　会計上の売却損500,000を税務上の売却損2,500,000に修正するために、所得計算において、2,000,000の減算調整（減損損失の認容）を行います。

(3)　長期前払費用

　いわゆる経過勘定項目としての長期前払費用以外に、税法独自で繰延資産（一般的には、借家権利金や更新料、入会金など）としている支出を長期前払費用として計上し、税務で定められた償却期間で償却をする場合があります。

　創立費などの会計上の繰延資産は、貸借対照表の「繰延資産」の区分に計上しますが、税法独自の繰延資産は、税法では繰延資産として扱いますが、会計では繰延資産として扱いませんので、貸借対照表の「繰延資産」の区分には計上しません。通常は、投資その他の資産の「長期前払費用」として資産計上することが多いと思われます。

　なお、税法独自の繰延資産は費用配分を行うために資産計上するものですが、会計的には資産性に関しては疑問が残りますので、大企業の場合は、資産計上はせずに支払時の費用として処理する場合も多いと思われます。支払時の費用として処理した場合は、繰延資産の償却超過額が発生して、所得計算上、加算調整（損金不算入）を行います。なお、支出額が20万円未満の場合には、税務上も費用処理が認められています。

　中小企業の場合は、支出額が20万円以上の場合に長期前払費用に計上して、税務で定める償却期間で定額償却を行っていきますので、通常、

6 投資その他の資産

税務調整は発生しません。

（税法独自の繰延資産）

【大企業】	【中小企業】
税法独自の繰延資産については、長期前払費用として資産計上して償却を行う場合と、支払時の費用として処理する場合がある。 長期前払費用 ×× / 現金預金 ×× 又は 費用 ×× ／ 現金預金 ××	税法独自の繰延資産については、長期前払費用として資産計上して償却を行う。 長期前払費用 ×× / 現金預金 ××

（具体例１）…入会金（税法独自の繰延資産）を長期前払費用とする場合

　　当期の期首に同業者団体に加入し、入会金（返還されないものである。）1,000,000を支払い、長期前払費用として処理している。この加入金は、税法独自の繰延資産に該当し、5年間で定額償却する。

この場合、下記のような対応を行います。　　　　　　　　　大 中小

【決　　算】長期前払費用に計上し、5年間で定額償却する

【法人税】繰延資産に該当し、5年間で定額償却する。償却超過額は
　　　　　　生じない

【税効果】－（差異は生じない）

（会計処理）

長期前払費用	1,000,000	/	現金預金	1,000,000
長期前払費用償却	200,000	/	長期前払費用	200,000

　なお、費用に振り替えるときの科目として、ここでは中小企業でよく使用されている「長期前払費用償却」という科目を使用していますが、通常の経費科目を使用することも考えられます。

71

第2章　決算整理の実務上のポイント（税金以外）

（別表4）所得計算

	総額	留保	社外流出
当期利益	△200,000	△200,000	
加算・減算	－	－	
所得金額	△200,000	△200,000	

（注）　当期利益は、長期前払費用償却のみを計上した金額としている。

（別表5(1)）

	期首	減	増	期末
繰越損益金			△200,000	△200,000

> **（税効果）実効税率：30%**
>
> 　　　　　　　　　　　　　－

　入会金について税務上の取扱いに準じた会計処理を行っていますので、所得計算上の調整は生じません。また、税効果会計上の一時差異も発生しません。

> **（具体例2）…入会金を費用処理する場合**
>
> 　当期の期首に同業者団体に加入した。加入時に入会金（返還されないものである。）1,000,000を支払い、支払手数料として処理している。この加入金は、税務上の繰延資産に該当し、5年間で償却する。

　この場合、下記のような対応を行います。

【決　算】支払手数料として費用処理する
【法人税】繰延資産に該当し、5年間で定額償却するため、所得計算上、加算調整を行う
【税効果】繰延資産償却超過額が将来減算一時差異に該当する

(会計処理)

支払手数料　1,000,000　/　現金預金　1,000,000

なお、費用科目として「支払手数料」という科目を使用していますが、他の適切な経費科目を使用することも考えられます。

(別表4) 所得計算

	総額	留保	社外流出
当期利益	△1,000,000	△1,000,000	
繰延資産償却超過額	800,000	800,000	
所得金額	△200,000	△200,000	

（注）当期利益は、支払手数料のみを計上した金額としている。

(別表5(1))

	期首	減	増	期末
繰延資産（入会金）			800,000	800,000
繰越損益金			△1,000,000	△1,000,000

(税効果) 実効税率：30%

繰延資産償却超過額　800,000×30％＝240,000

繰延税金資産　240,000　/　法人税等調整額　240,000

第2章　決算整理の実務上のポイント（税金以外）

　入会金について、税務上は支出年度に800,000の加算調整を行いますが、翌年以降は毎期200,000ずつの減算調整を行って、5年経過時にゼロとなります。

　翌事業年度の処理は下記のようになります。

【決　算】－

【法人税】$0 - 1,000,000 \times \dfrac{5}{5 \times 12} = \triangle 200,000$

　　　→　所得計算上、減算調整する

【税効果】将来減算一時差異の一部が解消される

（会計処理）

　　　　　　　　　　　　　　　　　　　　　－

（別表4）所得計算

	総額	留保	社外流出
当期利益	0	0	
繰延資産償却超過額認容	△200,000	△200,000	
所得金額	△200,000	△200,000	

（別表5(1)）

	期首	減	増	期末
繰延資産（入会金）	800,000	200,000		600,000
繰越損益金	△1,000,000	△1,000,000	△1,000,000	△1,000,000

（税効果）実効税率：30%

繰延資産償却超過額　200,000×30％＝60,000（解消）

法人税等調整額　60,000　／　繰延税金資産　60,000

　毎期、1,000,000×12/60＝200,000ずつ損金に算入されていきますので、翌事業年度以降、毎年、200,000の減算調整が生じます。それに対応して、繰延税金資産も60,000ずつ法人税等調整額に振り替えられます。

⑷　差入保証金

　会社がオフィスなどを賃借する場合に、差入保証金・敷金や権利金・礼金などを支払います。この場合の権利金や礼金は返還されませんので、税法独自の繰延資産に該当し、一定の期間にわたって費用配分を行う必要があります（上記⑶を参照）。

　また、差入保証金や敷金は基本的には返還される予定のものですが、契約によっては、例えば、「保証金の10％を償却する」といったように、保証金の一部が返還されずに償却されてしまう場合があります。この償却される部分の金額は、返還されませんので差入保証金から控除し、税法独自の繰延資産として一定の期間で償却する必要があります。

　なお、上記⑶と同様に、税法独自の繰延資産は費用配分を行うために資産計上をしますが、資産性に関しては疑問が残りますので、大企業の場合は、資産に計上せずに支払時の費用として処理することも考えられます。この場合には、繰延資産償却超過額が生じますので、所得計算上、加算調整（損金不算入）を行います。

　中小企業では、税務の取扱いに準じて、長期前払費用に計上し、税法で定められた償却期間で償却を行います。なお、支出額が20万円未満の場合は、税務上、費用処理が認められていますので、一般的には資産計上しません。

(保証金の償却)

【大企業】	【中小企業】
差入保証金の償却額は税務上の繰延資産に該当する。長期前払費用として資産計上して償却を行う場合と、一時の費用として処理する場合がある。 長期前払費用 ×× / 現金預金 ×× 　　　　　又は 費用　×× ／ 現金預金　××	差入保証金の償却額は税務上の繰延資産に該当する。長期前払費用として資産計上して償却を行う。 長期前払費用 ×× / 現金預金 ××

　実務上、契約において償却される部分があることに気が付かず、償却部分を差入保証金等として資産計上してしまうことが考えられますので、差入保証金や敷金を資産計上する場合には、賃貸借契約書を確認する必要があります。

(具体例1) …保証金償却部分を長期前払費用とする場合

　当期の期首にオフィスを賃借した。賃借期間は5年であり、賃借に際して保証金5,000,000（うち10％は償却される）を支払っている。なお、5年後の賃貸契約更新時に更新料を支払う契約となっている。
　保証金5,000,000のうち償却される金額500,000を長期前払費用に計上し、残りの4,500,000を差入保証金に計上した。この償却額500,000は、税務上の繰延資産に該当し、5年間で償却する。

この場合、下記のような対応を行います。　

【決　算】保証金の10％償却部分を長期前払費用に計上し、5年間で定額償却する
【法人税】繰延資産に該当し、5年間で定額償却する
【税効果】－（差異は生じない）

6 投資その他の資産

（会計処理）

差入保証金	4,500,000	/	現金預金	5,000,000
長期前払費用	500,000	/		
長期前払費用償却	100,000	/	長期前払費用	100,000

　なお、費用化するときの科目として「長期前払費用償却」という科目を使用していますが、通常の経費科目を使用することも考えられます。

（別表4）所得計算

	総額	留保	社外流出
当期利益	△100,000	△100,000	
加算・減算	－	－	
所得金額	△100,000	△100,000	

（注）　当期利益は、長期前払費用償却のみを計上した金額としている。

（別表5(1)）

	期首	減	増	期末
繰越損益金			△100,000	△100,000

（税効果）実効税率：30％

－

　保証金の10％償却部分について税務上の取扱いに準じた会計処理を行っていますので、所得計算上の調整は生じません。また、税効果会計上の一時差異も発生しません。

第2章　決算整理の実務上のポイント（税金以外）

（具体例２）…保証金償却部分を費用処理する場合

　　当期の期首にオフィスを賃借した。賃借期間は５年であり、賃借に際して保証金5,000,000（うち10％は償却される）を支払っている。なお、５年後の賃借契約更新時に更新料を支払う契約となっている。

　　保証金5,000,000のうち償却される金額500,000を雑費として処理した。また、この償却額500,000は税務上の繰延資産に該当し、５年間で償却する。

この場合、下記のような対応を行います。

【決　算】10％償却部分を雑費として処理する

【法人税】繰延資産に該当し、５年間で定額償却するため、

$$500,000 - 500,000 \times \frac{12}{5 \times 12} = 400,000$$

　　　　　を所得計算上、加算調整する

【税効果】繰延資産償却超過額は将来減算一時差異に該当する

（会計処理）

| 差入保証金 | 4,500,000 | 現金預金 | 5,000,000 |
| 雑費 | 500,000 | | |

なお、費用化するときの科目として「雑費」という科目を使用していますが、他の適切な経費科目を使用することも考えられます。

（別表４）所得計算

	総額	留保	社外流出
当期利益	△500,000	△500,000	
繰延資産償却超過額	400,000	400,000	
所得金額	△100,000	△100,000	

（注）　当期利益は、雑費のみを計上した金額としている。

6　投資その他の資産

(別表 5 (1))

	期首	減	増	期末
繰延資産（保証金償却）			400,000	400,000
繰越損益金			△500,000	△500,000

　保証金の10％償却部分について、税務上は支出年度に400,000の加算調整を行いますが、翌年以降は毎期100,000ずつの減算調整を行って、5年経過時にゼロとなります。

(5)　**外貨建貸付金**

　会社が海外進出をしている場合に、海外の子会社に対して資金を貸し付けている場合があります。この場合、円建ての貸付金であれば為替換算の問題は生じませんが、米ドル建てのように外貨建てで貸し付けている場合には、為替換算の問題が生じます。

　会計では、短期・長期いずれの場合であっても、決算時には期末の為替レートに換算替えを行います。一方、税務では、短期貸付金は期末時換算法が適用になって期末レートで換算替えをしますが、長期貸付金の場合には、原則として発生時換算法が適用されますので期末レートへの換算替えをしません。長期外貨建債権債務に期末時換算法を適用したい場合には、税務署にその旨の届出書の提出が必要になります（81ページ参照）。

	会計	税務
短期貸付金	期末レートに換算替え	期末レートに換算替え
長期貸付金	期末レートに換算替え	原則：期末レートに換算替えしない 特例：届出書を提出することで期末レートに換算替え可

　したがって、換算方法に関する届出書を提出していない場合に、会計

79

では期末の為替レートに換算替えをして為替差損益を計上しますが、税務では発生時換算法が適用になって換算替えをしませんので、所得計算上で為替差損益を否認する調整を行う必要があります。

　なお、大企業の場合は、長期の外貨建貸付金について期末の為替レートに換算替えを行いますが、中小企業の場合は、為替換算に関する届出書を提出しているケースは少ないと思われますので、期末レートへの換算替えは行わないのが一般的です。

（長期外貨建貸付金の期末換算）

【大企業】	【中小企業】
外貨建ての貸付金は、期末の為替レートに換算替えし、差額は為替差損益として処理する。 なお、税務上、期末時換算法を選択する旨の届出書を提出していない場合、為替差損益を所得計算上で否認する。	税務上、期末時換算法を選択する旨の届出書を提出しているケースは少ないため、税務の取扱いに合わせて、期末レートへの換算替えは行わない。

6　投資その他の資産

（外貨建資産等の期末換算方法等の届出書）

外貨建資産等の期末換算方法等の届出書　※整理番号

税務署受付印		
	納　税　地	〒 電話（　　）　　－
	（フリガナ）	
令和　年　月　日	法　人　名　等	
	法　人　番　号	⎢　⎢　⎢　⎢　⎢　⎢　⎢　⎢　⎢　⎢　⎢　⎢
	（フリガナ）	
	代　表　者　氏　名	
	代　表　者　住　所	〒
税　務　署　長　殿	事　業　種　目	業

法人税法施行令　☐第122条の5の規定に基づき、外貨建資産等の期末換算の方法
　　　　　　　　　☐第122条の10第2項の規定に基づき、法人税法第61条の10第3項に規定する為替予約差額の一括計上の方法
を下記のとおり届け出ます。

記

外国通貨の種類・ 外貨建資産等の区分	期末換算の方法	為替予約差額の 一括計上の方法	備　　　　　考
	発生時換算法 期末時換算法		
	発生時換算法 期末時換算法		
	発生時換算法 期末時換算法		
	発生時換算法 期末時換算法		
	発生時換算法 期末時換算法		

（その他の参考事項）

税　理　士　署　名	

※税務署 処理欄	部門	決算期	業種番号	番号	整理簿	備考	通信日付印	年　月　日	確認	

（規格A4）

06.06 改正

81

第2章　決算整理の実務上のポイント（税金以外）

（具体例）…長期外貨建貸付金を期末為替レートに換算替えする場合

　　海外の子会社に対して、今期に10,000米ドルの長期貸付を行っている。貸付時の為替レートは140円であったが、当期末の為替レートは150円になっている。

　　なお、外貨建資産等の期末換算方法等の届出書は、税務署に提出していない。

　この場合、下記のような対応を行います。　　　　　　　　　　　　　大

【決　算】貸付金10,000ドルを決算時に150円へ換算替えし、為替差益100,000を計上する

【法人税】期末時換算法を選択する届出書を提出していないため、発生時換算法が適用となり期末換算替えは行わない。したがって、為替差益は、所得計算上、減算調整する

【税効果】為替差益部分が将来加算一時差異となる

（会計処理）

貸付時	長期貸付金	1,400,000	/	現金預金	1,400,000
決算時	長期貸付金	100,000	/	為替差益	100,000

　税務上は期末時換算法を選択する届出書を提出していない場合、原則の発生時換算法によって換算を行います。したがって、決算時に生じた為替差損益は、税務では認識されないことになり、所得計算上、調整が必要になります。

（別表 4 ）所得計算

	総額	留保	社外流出
当期利益	100,000	100,000	
貸付金過大計上	△100,000	△100,000	
所得金額	0	0	

（注）　当期利益は、為替差益のみを計上した金額としている。

（別表 5 (1)）

	期首	減	増	期末
長期貸付金			△100,000	△100,000
繰越損益金			100,000	100,000

（税効果）実効税率：30％

長期貸付金　100,000×30％＝30,000

法人税等調整額　30,000　/　繰延税金負債　30,000

　なお、換算方法の変更申請書を提出することで、その翌事業年度から
は会計と税務の取扱いを一致させることができます。

未払金・未払費用

(1) 未払経費の取扱い

　会計上は発生主義で経費の認識を行います。期中は現金主義で経費の計上をしている場合であっても、期末には発生主義で経費の計上を行います。なお、税務では、「債務確定」という考え方を採っており、発生主義の考え方と異なる場合も生じてきます。実務では、経費に関して債務確定している場合に未払経費の計上を行っていることが多いと思われます。法人税基本通達に、債務確定の考え方が示されています。

> 【基通2−2−12】債務の確定の判定
> 　法第22条第3項第2号《損金の額に算入される販売費等》の償却費以外の費用で当該事業年度終了の日までに債務が確定しているものとは、別に定めるものを除き、次に掲げる要件の全てに該当するものとする。
> (1) 当該事業年度終了の日までに当該費用に係る債務が成立していること。
> (2) 当該事業年度終了の日までに当該債務に基づいて具体的な給付をすべき原因となる事実が発生していること。
> (3) 当該事業年度終了の日までにその金額を合理的に算定することができるものであること。

　(2)の「具体的給付原因事実の発生」という要件が、実務で債務確定の判断に影響することがあると思われます。ただし、通常はそれほど難しいものではなく、物の購入であれば物の引渡しが終わっていることであり、役務提供であれば役務提供が完了していれば(2)の要件を満たすことになります。したがって、請求書が届いているか否かは関係なく、仮に

請求書が届いていないとしても、上記の3要件を満たしていれば債務が確定していますので、未払経費の計上を行い、法人税において損金算入されることになります。

(2) 未払経費の概算計上

実務では、上記(1)記載の債務確定の要件を満たさない場合でも、未払経費の計上を行う場合があります。例えば、役務提供は期末までにほとんど終わっているものの完全には完了していない場合や、完了しているがまだ検収を受けていない場合、役務提供は終わっているが金額の合意が未了の場合などです。

実務では、このような状況でも未払経費の計上（金額が確定していない場合は概算額で計上）を行う場合があります。この場合、法人税の債務確定の要件を満たしていないという前提で未払経費の計上を行いますので、未払計上した金額は、所得計算において加算調整を行うことになります。

また、このケースでは消費税の取扱いにも留意が必要です。債務が確定しておらず、また金額も概算額で経費を未払計上する場合には、消費税は課税取引とはなりません（この段階ではインボイスの発行もないと思われる。）ので、消費税は「不課税取引」として未払計上を行うことになります。このような場合に、消費税を課税取引で処理をしてしまうと、申告書作成のために会計ソフトやシステムが集計してくれる消費税に関するデータが、そのまま使用できず、一定の調整を行う必要が生じてしまいます。

大企業の場合には、税務の債務確定の考えとは別に、発生主義の考え方によって未払経費の計上を行いますので、債務未確定であっても未払計上する場合があります。一方、中小企業の場合には、一般的に、税務の債務確定の要件を満たしている場合のみ未払経費の計上を行い、満たしていない場合には、未払経費の計上を行わないと思われます。

第2章　決算整理の実務上のポイント（税金以外）

（未払経費の計上）

【大企業】
税務の債務確定基準を満たしていない場合でも、発生主義で考えると未払計上すべき場合は、未払経費を計上する。 　費用　×× ／ 未払経費　×× （消費税は不課税とする）

【中小企業】
税務の債務確定基準を満たさない場合には、一般的に未払経費の計上を行わない。

（具体例）…未払経費の計上を行う場合

　外部の業者に依頼していた修繕業務について、期末時点において作業はほとんど完了しているが、最終の確認作業が終わっていないため依頼した業務は完了していない状態である。作業はほとんど完了しているため、契約金額2,000,000（別途消費税200,000）を未払経費として計上することとする。なお、請負契約が未了であるため、まだ消費税のインボイスは受け取っていない。

この場合、下記のような対応を行います。　　　　　　　　　　　大

【決　算】2,000,000を未払経費に計上する。消費税は不課税取引で処理する

【法人税】債務未確定であるため、所得計算上、加算調整を行う

【消費税】債務未確定であるため、課税取引とは認識されない

【税効果】未払経費が、将来減算一時差異に該当する

（会計処理）

　　　　修繕費　　　2,000,000 ／ 未払経費　　　2,000,000

　税務上は、債務未確定であることから、この修繕費は損金の額に算入されませんので、所得計算上、加算調整を行います。また、消費税は不

86

課税取引とします。

（別表4）所得計算

	総額	留保	社外流出
当期利益	△2,000,000	△2,000,000	
未払経費否認	2,000,000	2,000,000	
所得金額	0	0	

（注） 当期利益は、修繕費のみを計上した金額としている。

（別表5(1)）

	期首	減	増	期末
未払経費			2,000,000	2,000,000
繰越損益金			△2,000,000	△2,000,000

（税効果）実効税率：30%

未払経費　2,000,000×30％＝600,000

繰延税金資産　600,000　／　法人税等調整額　600,000

　上記では修繕費を未払計上する際に消費税を不課税で処理しています。この場合、翌年度において作業が完了して債務確定した段階で、一旦、逆仕訳（不課税取引）を行った上で、改めて未払経費の計上を課税取引で行うのがわかりやすいと考えられます。

第2章　決算整理の実務上のポイント（税金以外）

【当期】

　　　修繕費　　　2,000,000　　　／　　　未払経費　2,000,000
　　　　　　（不課税）

【翌期】

①　逆仕訳をして一旦取り消す。

　　　未払経費　　2,000,000　　　／　　　修繕費　　　2,000,000
　　　　　　　　　　　　　　　　　　　　　　　（不課税）

②　改めて未払経費の計上を課税取引で行う。

　　　修繕費　　　2,000,000　　／　　　未払経費　2,200,000
　　　仮払消費税　　200,000
　　　　　　（課税取引）

⑶　代表者からの借入がある場合

　大企業の場合には、代表者から借入をすることは少ないと思われます。また、借入を行うとしても、適正な手続きを経て借入条件も事前にしっかりと決めてから行われると思われます。

　一方、中小企業の場合は、資金繰りが厳しく、会社のオーナーである代表者から資金を必要に応じて随時借り入れることがあります。借入条件（返済予定や金利など）が未定の状態で急遽行われるケースも見受けられます。また、会社が支払うべきものを、会社に資金がないために代表者個人がとりあえず立替払いをする場合もあります。

　このような場合には、金銭消費貸借契約書を作成しておきたいところですが、返済予定が決まっていないために記載できない場合や借入金利を付さない場合なども考えられます。

　会社が代表者に貸付けを行う場合には必ず適正な貸付利息を付す必要がありますが、逆に、会社が代表者から借入をする場合には借入利息を支払わないこともあります。これは、会社は営利を目的として設立され

る法人であるため、貸付金に対して利息を受け取らないということはあり得ないことであり、逆に、借入金に対して借入利息を支払わないことは会社の利益を増加させることになるため問題とされないことが多いためです。ただし、借入利息を支払わないことが、代表者個人の節税に繋がるなど注意を要する場合もあり得ます。

（代表者からの借入がある場合）

【大企業】	【中小企業】
基本的に代表者から借り入れることはない。仮に代表者から借入をする場合には、社内で正式な手続き（取締役会決議など）を経て、金銭消費貸借契約を結んで計画的に行われる。	資金繰りの都合から、急遽、代表者からの借入が行われる場合も多い。借入条件などが後回しにされてしまう場合があり得る。後日でも金銭消費貸借契約書を作成しておく。無利息となる場合もある。

(4)　未払社会保険料（賞与引当金対応分）

　賞与引当金を計上する場合に、その賞与引当金に対応する社会保険料のうち会社負担分を併せて未払計上する必要があります。賞与に対しては社会保険料が課されることになりますので、賞与引当金の計上とセットで未払計上していきます。一般的には概算で計上することが多く、賞与引当金繰入額に対して一定率を乗じて計上しています。また、場合によっては社会保険料部分を賞与引当金に含めて計上しているケースもあります。

　大企業では、一般的に賞与引当金に対する社会保険料の未払計上が行われますが、中小企業の場合には、そもそも賞与引当金の計上をしないことが多いため未払社会保険料の計上もされません。また、中小企業で賞与引当金の計上をしている場合であっても、未払社会保険料を計上しているケースは少ないと思われます。

89

（賞与引当金に対する社会保険料を未払計上する場合）

【大企業】	【中小企業】
賞与引当金を計上する場合には、それに対応する社会保険料（会社負担分）を未払計上する。なお、賞与引当金に含めて計上する場合もある。	賞与引当金の計上をしないことが多いため一般的に未払計上は行わない。賞与引当金を計上している場合でも未払社会保険料は計上していない。

　なお、賞与引当金に対応する未払社会保険料は、賞与の支払いが行われていないため税務上は認められません。未払計上を行った場合には所得計算において加算調整が必要になります。

（具体例）…賞与引当金に対する未払社会保険料

　当期末において賞与引当金を5,000,000計上し、それに対応する社会保険料のうち会社負担分として、概算で引当金の15％（750,000）を未払計上することとした。

この場合、下記のような対応を行います。　　　　　　　　　　

- 【決　算】賞与引当金を5,000,000繰り入れ、賞与引当金に対応する社会保険料750,000を未払計上する
- 【法人税】賞与引当金及び未払社会保険料は損金不算入であるため、所得計算上、加算調整を行う
- 【税効果】賞与引当金及び未払社会保険料は、将来減算一時差異に該当する

（会計処理）

賞与引当金繰入	5,000,000	/	賞与引当金	5,000,000
法定福利費	750,000	/	未払社会保険料	750,000

(別表4) 所得計算

	総額	留保	社外流出
当期利益	△5,750,000	△5,750,000	
賞与引当金繰入額否認	5,000,000	5,000,000	
未払社会保険料否認	750,000	750,000	
所得金額	0	0	

（注） 当期利益は、賞与引当金繰入額と未払社会保険料のみを計上した金額としている。

(別表5(1))

	期首	減	増	期末
賞与引当金			5,000,000	5,000,000
未払社会保険料			750,000	750,000
繰越損益金			△5,750,000	△5,750,000

(税効果) 実効税率：30%

賞与引当金　　　　5,000,000×30％＝1,500,000

未払社会保険料　　750,000×30％＝225,000

　　繰延税金資産　1,500,000　／　法人税等調整額　1,500,000

　　繰延税金資産　225,000　／　法人税等調整額　225,000

　なお、翌事業年度になって、賞与及び社会保険料を支払った場合には、下記のような処理になります。

【決　算】支払時に賞与引当金及び未払社会保険料を取り崩す

【法人税】賞与及び未払社会保険料は損金算入されるため、所得計算上、減算調整を行う

【税効果】将来減算一時差異の解消となる

第2章　決算整理の実務上のポイント（税金以外）

（会計処理）

賞与引当金　　　5,000,000　/　現金預金　5,000,000

未払社会保険料　750,000　/　現金預金　　750,000

（別表4）所得計算

	総額	留保	社外流出
当期利益	0	0	
賞与引当金認容	△5,000,000	△5,000,000	
未払社会保険料認容	△750,000	△750,000	
所得金額	△5,750,000	△5,750,000	

（別表5(1)）

	期首	減	増	期末
賞与引当金	5,000,000	5,000,000		0
未払社会保険料	750,000	750,000		0
繰越損益金	△5,750,000	△5,750,000	△5,750,000	△5,750,000

（税効果）実効税率：30%

賞与引当金　　　5,000,000×30％＝1,500,000（解消）

未払社会保険料　750,000×30％＝225,000（解消）

法人税等調整額1,500,000　/　繰延税金資産1,500,000

法人税等調整額　225,000　/　繰延税金資産　225,000

92

(5) 未払賃借料（フリーレント）

　オフィスを賃借する場合に、例えば最初の6ヶ月は賃料が発生しないといったフリーレント期間が設けられる場合があります。この場合、通常は契約期間の中途での解約ができないことから、会計では契約期間中に支払う賃料の総額を賃借期間で平均した金額を毎月の賃借料として計上をしていきます。したがって、フリーレント期間中は未払賃借料を計上していき、フリーレント終了後は支払った賃借料を費用計上するとともに、未払計上額を残りの期間で戻し入れていくことで賃借料の計上額が平準化されます。

　なお、この処理は、あくまで会計の話であって、フリーレント期間の未払計上は税務上は認められません。税務上は、契約に基づく支払額を損金として認識します。

　大企業ではフリーレント期間の未払計上を行いますが、中小企業では税務で認められない処理であるため行いません。

フリーレント期間がある場合の会計処理

【大企業】	【中小企業】
フリーレント期間を含めた契約期間において賃料総額を平均的に費用計上していく。 （フリーレント期間） 　賃借料　×× ／ 未払賃借料　×× （フリーレント期間後） 　賃借料　×× ／ 現金預金　×× 　未払賃借料　×× ／ 賃借料　××	契約上の支払額を費用として計上する。したがって、フリーレント期間は賃借料を計上しない。 （フリーレント期間） 　　　　　　－ （フリーレント期間後） 　賃借料　×× ／ 現金預金　××

第 2 章　決算整理の実務上のポイント（税金以外）

（具体例）…フリーレント期間がある場合

　当期首に下記の内容のオフィス賃借契約を締結した。

　　契約期間：2 年間

　　賃料　　：月額100,000（別途消費税）

　　　　　　　（契約期間中の賃料総額　100,000×18ヶ月＝1,800,000）

　　特約　　：最初の 6 ヶ月間をフリーレント期間とする

　なお、契約期間の 2 年間は解約ができない。

　当法人では、支払賃料の総額1,800,000を、均等に賃借料として計上する処理を行うこととする。

この場合、下記のような対応を行います。　　　　　　　　　　　　　　　**大**

【決　算】フリーレント期間中は1,800,000÷24ヶ月＝75,000を、毎月賃借料として未払計上する

【法人税】フリーレント期間中の未払賃借料は損金不算入であるため、所得計算上、加算調整を行う

【税効果】未払賃借料は、将来減算一時差異に該当する

　上記のように、契約期間 2 年間、賃料月額100,000、6 ヶ月のフリーレント期間がある場合、毎月の平均賃料は下記のような計算になります。

　支払総額：100,000×18ヶ月＝1,800,000

　契約期間：2 年間（24ヶ月）

　平均月額：1,800,000÷24ヶ月＝75,000

　フリーレント期間である最初の 6 ヶ月は、下記のように未払賃借料75,000を毎月計上していきます。フリーレント期間が終わる 6 ヶ月後の未払賃借料の残高は450,000となります。

94

7　未払金・未払費用

（フリーレント期間）

賃借料　75,000　/　未払賃借料　75,000

　フリーレント期間後の 7 ヶ月目以降は、毎月100,000の支払いが始まります。支払額の100,000を費用に計上するとともに、毎月25,000ずつ未払賃借料を取り崩していきます。この処理によって、毎月、75,000の賃借料が計上され、 2 年経過後には未払賃借料の残高はゼロとなります。

（フリーレント終了後の期間）

賃借料　　　100,000　/　現金預金　100,000
未払賃借料　 25,000　/　賃借料　　 25,000

　最初の 6 ヶ月で未払賃借料が合計450,000計上され、それをその後の18ヶ月間で25,000×18ヶ月＝450,000を取り崩していきます。この処理によって、賃借料は100,000−25,000＝75,000が毎月計上されることになります。

　当期末の未払賃借料の残高は、75,000× 6 ヶ月−25,000× 6 ヶ月＝300,000となります。なお、この処理は、税務上は認められません。税務上は契約に基づく支払額を損金として認識しています。

　なお、未払賃借料の相手勘定である賃借料は、消費税を不課税として処理する必要がありますので留意が必要です。

（フリーレント期間（ 6 ヶ月）合計）

賃借料　450,000　/　未払賃借料　450,000
　　　（不課税）

95

第2章　決算整理の実務上のポイント（税金以外）

```
（フリーレント終了後6ヶ月合計）

    賃借料       600,000  ／ 現金預金   660,000
    仮払消費税     60,000  ／
      （課税）
    未払賃借料   150,000  ／  賃借料    150,000
                              （不課税）
```

　未払賃借料は、税務上、債務未確定であるため損金の額に算入されませんので、所得計算上、加算調整を行います。

（別表4）所得計算

	総額	留保	社外流出
当期利益	△900,000	△900,000	
未払賃借料否認	300,000	300,000	
所得金額	△600,000	△600,000	

（注）　当期利益は、賃借料のみを計上した金額としている。

（別表5(1)）

	期首	減	増	期末
未払賃借料			300,000	300,000
繰越損益金			△900,000	△900,000

```
（税効果）実効税率：30％

   未払賃借料  300,000×30％＝90,000

       繰延税金資産  90,000  ／  法人税等調整額  90,000
```

⑹　決算賞与

　業績が予想以上に良かった場合に、従業員に決算賞与を支給する場合があります。決算賞与はその年度の業績を反映して出されるものですから、通常は、その年度の費用に計上されることになります。税務上、賞与は支払時の損金の額に算入されますので、決算期末までに決算賞与が支給されれば、税務上もその期の損金として扱われます。

　一方で、決算期末までに賞与の支払いが間に合わず、翌期になって支払われるケースがあります。この場合には、期末に未払賞与が計上され、翌期になって賞与を支給した際に未払賞与を取り崩すこととなります。決算賞与が期末に未払いとなる場合には、税務では、下記の要件を満たす場合にはその事業年度（未払賞与の計上年度）の損金となり、満たさない場合には賞与の支払時（翌年度）の損金となります。

　実務上、決算期末までに支払われる場合には問題ありませんが、支払いが翌期となってしまう場合には、下記の要件をすべて満たすように手続きを進めていく必要があります。

【使用人賞与の損金算入時期】（令72の3 二）

① 　その支給額を、各人別に、かつ、同時期に支給を受ける全ての使用人に対して通知をしていること。
② 　①の通知をした金額を当該通知をした全ての使用人に対し当該通知をした日の属する事業年度終了の日の翌日から1月以内に支払っていること。
③ 　その支給額につき①の通知をした日の属する事業年度において損金経理をしていること。

　決算賞与は、主に中小企業で行われることが多いように思われます。

第2章　決算整理の実務上のポイント（税金以外）

（決算賞与を支給する場合（翌期支給））

【大企業】	【中小企業】
決算賞与を支給するケースは中小企業ほど多くない。	オーナー社長の意思により、業績が好調な場合に支給されるケースがある。通常、当期の損金となるように手続きを行う。

（具体例）…決算賞与を支給する場合

　当期は予想以上に業績が良かったために、利益の一部を従業員に還元するために決算賞与5,000,000を支給することとなった。期末に近い時期に決定されたために、期末までに支給することはできないが、税務上、当期の損金となるように各従業員に賞与の額を通知すると共に、期末から1ヶ月以内に支給することとした。また、決算において未払賞与を計上する。

この場合、下記のような対応を行います。　　　　　　　　中小

【決　算】未払賞与を計上する

【法人税】法人税法施行令の要件を満たす場合には、損金算入されるため所得計算上の調整は不要である

【税効果】－（差異は生じない）

（決算時）

　　　従業員賞与　5,000,000　／　未払賞与　5,000,000

（支払時）

　　　未払賞与　5,000,000　／　現金預金　5,000,000

　なお、税務上の要件を満たさない場合には、所得計算上、加算調整するとともに、税効果では将来減算一時差異が発生することになります。

98

（別表4） 所得計算

	総額	留保	社外流出
当期利益	△5,000,000	△5,000,000	
未払賞与否認	5,000,000	5,000,000	
所得金額	0	0	

（注） 当期利益は、未払賞与のみを計上した金額としている。

（別表5(1)）

	期首	減	増	期末
未払賞与			5,000,000	5,000,000
繰越損益金			△5,000,000	△5,000,000

（税効果）実効税率：30%

未払賞与　5,000,000×30％＝1,500,000

繰延税金資産　1,500,000　／　法人税等調整額　1,500,000

　なお、未払賞与は翌期の賞与支給時に取り崩されていますので、翌期において所得計算上、減算調整されるとともに、繰延税金資産も取り崩されて法人税等調整額に振り替えられます。

第2章　決算整理の実務上のポイント（税金以外）

8 引当金

　引当金は、企業会計原則注解において「将来の特定の費用又は損失であって、その発生が当期以前の事象に起因し、発生の可能性が高く、かつ、その金額を合理的に見積ることができる場合には、当期の負担に属する金額を当期の費用又は損失として引当金に繰入れ、当該引当金の残高を貸借対照表の負債の部又は資産の部に記載する」ものとされています。具体例としては、製品保証引当金、売上割戻引当金、返品調整引当金、賞与引当金、工事補償引当金、退職給与引当金、修繕引当金、特別修繕引当金、債務保証損失引当金、損害補償損失引当金、貸倒引当金等が挙げられています。

　実務において、一般的によく計上されているものとしては、貸倒引当金、賞与引当金や退職給付引当金などがあります。

　会計では、発生の可能性の低い偶発事象に係る費用又は損失を除き積極的に引当金の繰入を行いますが、税務上は、将来の費用や損失を計上する引当金は、恣意性が入りやすく、また、税務が採用する債務確定の考え方から原則として認められていません。ただし、中小法人その他一定の法人が計上する貸倒引当金のみ繰入限度額までの損金算入を認めています。

　大企業では必要な引当金は必ず繰入をするのに対して、中小企業では、繰入限度額までの損金算入が認められる貸倒引当金を繰入するケースはありますが、それ以外の引当金は損金と認められないことから繰入をすることは少ないと思われます。ただし、中小企業とはいっても、企業規模が大きくなって中堅企業ともなってくれば引当金を計上することが多くなります。

8 引当金

(引当金の計上)

【大企業】	【中小企業】
必要な引当金は計上する。	貸倒引当金以外の引当金は損金にならないために計上していない場合が多い。 中小企業でも企業規模が大きくなると、計上する企業が増えてくる。

(貸倒引当金の計上)

【大企業】	【中小企業】
税法の繰入限度額とは関係なく、不良債権に対して個別に引当金の繰入を行い、また貸倒実績率により必要な引当金を計上する。	貸倒引当金の繰入限度額を計算して同額を引当金に計上する。 不良債権に対する引当金については、税法で認められる場合のみ繰入限度額相当額を計上する。

　なお、会計における貸倒実績率と税法の貸倒実績率では、一般的に計算方法が異なるため同じ率にならないことに留意します。また、税法では「貸倒実績率」の他に「法定繰入率」による計算を認めていますが、「法定繰入率」を使った計算は、会計では重要性に乏しい場合を除いて行わないのが一般的です。

(具体例１) …退職給付引当金を計上している場合

　当社は、退職時に退職金の支給を行うこととしており、今期の引当金の状況は下記のようになっている。

期首引当金残高	25,000,000	
当期取崩額	△1,500,000	(退職金の支給に伴う取崩額)
当期繰入額	1,000,000	(計上すべき引当金の増加額)
期末引当金残高	24,500,000	

この場合、下記のような対応を行います。

【決　算】引当金の取崩しと繰入の処理を行う

【法人税】法人税では、退職給付引当金の繰入は認められないため、取崩額と繰入額について所得計算上の調整を行う

【税効果】将来減算一時差異に該当する

（退職金の支給時）

退職給付引当金	1,500,000	/	現金預金	1,500,000

（決算時）

退職給付引当金繰入	1,000,000	/	退職給付引当金	1,000,000

　なお、税務上は、引当金の取崩しと繰入について、所得計算上の調整を行います。

（別表4）所得計算

	総額	留保	社外流出
当期利益	△1,000,000	△1,000,000	
退職給付引当金繰入否認	1,000,000	1,000,000	
退職給付引当金認容	△1,500,000	△1,500,000	
所得金額	△1,500,000	△1,500,000	

（注）　当期利益は、退職給付引当金繰入のみを計上した金額としている。

（別表5⑴）

	期首	減	増	期末
退職給付引当金	25,000,000	1,500,000	1,000,000	24,500,000
繰越損益金	△25,000,000	△25,000,000	△26,000,000	△26,000,000

8　引当金

（税効果）実効税率：30％

退職給付引当金取崩　1,500,000×30％＝450,000（解消）

退職給付引当金繰入　1,000,000×30％＝300,000（発生）

　　法人税等調整額　450,000　／　繰延税金資産　　450,000

　　繰延税金資産　　300,000　／　法人税等調整額　300,000

（具体例2）…貸倒引当金を計上している場合（中小法人）

　当社は、毎期、法人税の繰入限度額相当額の貸倒引当金を計上している。前期末の貸倒引当金は750,000、当期末の貸倒引当金は900,000である。決算時に差額の150,000の繰入を行っている。なお、当社は中小法人に該当する。

　　期首引当金残高　　　　750,000

　　当期繰入額　　　　　　150,000

　　期末引当金残高　　　　900,000

この場合、下記のような対応を行います。　　　　　　　　　　中小

【決　算】150,000の引当金の繰入の処理を行う

【法人税】当期末の引当金900,000は、法人税の繰入限度額相当額であるため、所得計算上の調整は生じない

【税効果】－

　　貸倒引当金繰入　150,000　／　貸倒引当金　150,000

　当期末に計算される引当金残高は900,000であるため、差額補充法によって150,000の繰入を行っています。

103

第2章　決算整理の実務上のポイント（税金以外）

（別表4）所得計算

	総額	留保	社外流出
当期利益	△150,000	△150,000	
－			
所得金額	△150,000	△150,000	

（注）　当期利益は、貸倒引当金繰入のみを計上した金額としている。

（別表5(1)）

	期首	減	増	期末
繰越損益金	△750,000	△750,000	△900,000	△900,000

（税効果）実効税率：30%

－

（具体例3）…貸倒引当金を計上している場合（中小法人以外）

　　当社は、毎期、貸倒引当金の必要額を計算して計上している。前期末の貸倒引当金は750,000、当期末の貸倒引当金は900,000である。決算時に差額の150,000の繰入を行っている。当社は、中小法人以外の法人に該当する。

期首引当金残高	750,000
当期繰入額	150,000
期末引当金残高	900,000

この場合、下記のような対応を行います。　　　　　　　　　　　大

【決　算】150,000の引当金の繰入の処理を行う

【法人税】中小法人以外の法人であるため、貸倒引当金の繰入は認められない。当期繰入額150,000は、所得計算上で加算調整する

104

　　　　　　　　　　　　　　　　　　　　　　　　　　　　　8　引当金

　【税効果】貸倒引当金は将来減算一時差異に該当する

　　　　貸倒引当金繰入　150,000　／　貸倒引当金　150,000

　当期末の引当金は900,000であるため、差額補充法によって150,000の
繰入を行っています。

（別表4）所得計算

	総額	留保	社外流出
当期利益	△150,000	△150,000	
貸倒引当金繰入否認	900,000	900,000	
貸倒引当金認容	△750,000	△750,000	
所得金額	0	0	

（注）　当期利益は、貸倒引当金繰入のみを計上した金額としている。

（別表5(1)）

	期首	減	増	期末
貸倒引当金	750,000	750,000	900,000	900,000
繰越損益金	△750,000	△750,000	△900,000	△900,000

（税効果）実効税率：30%

　　貸倒引当金　150,000×30％＝45,000
　　　　繰延税金資産　45,000　／　法人税等調整額　45,000

　貸倒引当金は、洗替性の引当金であるため、別表4の加算と減算の調
整を両建てで行っています。なお、繰入額150,000の加算調整のみでも
問題ありません。

105

9 資産除去債務

　資産除去債務とは、「有形固定資産の取得、建設、開発又は通常の使用によって生じ、当該有形固定資産の除去に関して法令又は契約で要求される法律上の義務及びそれに準ずるもの」とされています。有形固定資産の取得等の際に、将来の除去費用を有形固定資産に上乗せして固定資産計上して償却をしていきます。そして、有形固定資産の取得等と同時に資産除去債務という負債を計上することになります。

　実務において資産除去債務が発生してくるケースとしては、不動産の賃貸借契約における原状回復義務や、定期借地権契約終了時の建物等の除去義務、建物等のアスベストの除去義務などがありますが、実務では不動産の賃貸借契約における原状回復義務が最も多く見受けられます。

　不動産を賃借する場合に、賃貸借契約に原状回復義務があるときは、その原状回復費用を見積もり、それを現在価値に割り引いて固定資産と資産除去債務の両方に計上します。固定資産は減価償却を行い、資産除去債務については利息費用を計上していきます。したがって、固定資産は減価償却によって減少していき最終的にはゼロとなります。一方、資産除去債務は少しずつ利息費用を計上して増加していき、最終的には割引前の原状回復費用の見積額になります。

　賃貸借契約の原状回復費用の場合の資産除去債務に関する仕訳のイメージは、下記のようになります。

（賃貸借契約締結時）

　　建物附属設備　×××　　/　　資産除去債務　×××
　　→見積額を現在価値に割り引いた金額で資産と負債に計上

（決算時）

減価償却費 ××× ／ 建物附属設備 ×××

→通常どおり減価償却を実施

利息費用 ××× ／ 資産除去債務 ×××

→時の経過に伴い利息費用を計上

　資産除去債務は債務未確定の負債であり、実際にはない固定資産であるため、税務上は資産と負債のいずれも認識されません。つまり、上記で記載した仕訳のすべてが税務では認識されません。したがって、会計で計上された減価償却費や利息費用は、所得計算上、加算調整されることになります。

　また、資産除去債務に関する処理は、消費税は不課税取引となります（インボイスの交付も無いと考えられる。）。実際に原状回復を行った時に課税仕入れとして認識することになります。

　大企業では、上記のような資産除去債務に関する一連の会計処理が行われますが、中小企業では、一般的に処理は行われません。中小企業では、実際に原状回復を行って債務が確定したときに費用に計上する処理を行います。

（将来原状回復費用が発生する場合）

【大企業】	【中小企業】
原状回復費用を見積もり、現在価値に割り引いた金額を固定資産と資産除去債務に計上する。 なお、固定資産は減価償却を行い、資産除去債務には利息費用を計上する。 原状回復費用の支払時は、資産除去債務を取り崩す。	資産除去債務に関する会計処理は税務上は認められないため、一般的に会計処理を行わない。 原状回復を行った時に費用（又は損失）として認識する。

第2章　決算整理の実務上のポイント（税金以外）

（具体例）…原状回復費用を資産除去債務に計上する場合

　当期首に下記の内容のオフィスの賃借契約を締結した。契約には退去時に原状回復義務が生じる旨が記載されている。資産除去債務は、入居時に計上した建物附属設備に上乗せして15年で減価償却をする。

　　原状回復費用の現在価値　1,500,000円（割引後）
　　賃貸借期間（見積期間）　　　　　15年
　　今期の減価償却費　　　　　　100,000円
　　今期の利息費用　　　　　　　40,000円

この場合、下記のような対応を行います。　　　　　　　　　　大

【決　算】資産除去債務に関する会計処理を行う

【法人税】資産除去債務に関する会計処理は認められないため、減価償却費及び利息費用は、所得計算上、加算調整を行う

【消費税】消費税は不課税取引となる

【税効果】固定資産の帳簿価額相当額が将来加算一時差異に、資産除去債務は将来減算一時差異に該当する

（賃貸借契約締結時）

　　建物附属設備　1,500,000　/　資産除去債務　1,500,000

（決算時）

　　減価償却費　　100,000　/　建物附属設備　100,000
　　利息費用　　　 40,000　/　資産除去債務　 40,000

　税務上は、資産除去債務に関する会計処理が全て取り消されるように調整を行います。建物附属設備という資産と資産除去債務という負債は、いずれも税務では認識されず、また、減価償却費と利息費用は損金の額に算入されませんので、所得計算上、加算調整を行います。

（別表4）所得計算

	総額	留保	社外流出
当期利益	△140,000	△140,000	
減価償却費否認	100,000	100,000	
利息費用否認	40,000	40,000	
所得金額	0	0	

（注）　当期利益は、減価償却費及び利息費用のみを計上した金額としている。

（別表5(1)）

	期首	減	増	期末
建物附属設備		△100,000	△1,500,000	△1,400,000
資産除去債務			1,500,000 40,000	1,540,000
繰越損益金			△140,000	△140,000

（税効果）実効税率：30%

> 建物附属設備　1,400,000×30%＝420,000
>
> 　　法人税等調整額　420,000　／　繰延税金負債　420,000
>
> 資産除去債務　1,540,000×30%＝462,000
>
> 　　繰延税金資産　　　462,000　／　法人税等調整額　462,000

　建物附属設備は将来加算一時差異に該当して繰延税金負債を計上します。一方、資産除去債務は将来減算一時差異に該当して繰延税金資産の計上を行いますが、一般的にはスケジューリング不能の一時差異として取り扱われると思われますので、回収可能性の検討を慎重に行う必要があります。

第2章　決算整理の実務上のポイント（税金以外）

⑩ 純資産

(1) 資本金

　資本金は登記事項であるため貸借対照表の資本金については最新の登記簿謄本で確認が必要です。事業に必要な資金を増資によって調達するケースもありますし、逆に、赤字を計上し続けている場合に、減資を行って欠損填補するというケースもあります。

　資本金5億円以上の場合又は負債200億円以上の場合には、会社法において会計監査人（公認会計士や監査法人）の会計監査を受けることが必要となります。一般的には法定監査を避けるために、増資をする場合でも資本金5億円以上とならないように留意していることが多いと思われます。

　法人税では、基本的に資本金1億円以下であることが中小企業の前提となります。増資によって資本金が1億円超になってしまうと税制上はデメリットが生じますので留意が必要です。具体的には事業税の外形標準課税の適用対象となったり、下記の「中小法人等」・「中小企業者」という2つの中小企業の定義から外れてしまい、中小企業向けの優遇税制が適用できなくなります。

【中小法人等】

　中小法人等とは、期末において資本金が1億円以下であるものをいいます。ただし、大法人（資本金の額又は出資金の額が5億円以上である法人）との間にその大法人による完全支配関係がある普通法人については、中小法人等から除かれます。

　中小法人等には次のような税制上の優遇規定が置かれています。

110

	優遇税制	内　　容
①	法人税率の軽減	所得のうち年800万円まで15％の軽減税率が適用可
②	欠損金の繰越控除	所得金額の100％控除が可
③	欠損金の繰戻還付	適用可
④	貸倒引当金	繰入限度額まで損金算入可
⑤	留保金課税	適用除外
⑥	交際費課税の特例	定額控除限度額（年800万円）の適用可

【中小企業者】

　中小企業者は租税特別措置法で定義されており、資本金が1億円以下であるものその他一定の法人をいいます。ただし、株式等の2分の1以上が同一の大規模法人（資本金が1億円を超える法人その他一定の法人）の所有に属している法人及び株式等の3分の2以上が大規模法人の所有に属している法人は除かれています。

　中小企業者には次のような税制上の優遇規定が置かれています。

優遇税制
①　試験研究を行った場合の法人税額の特別控除（措法42の4④）
②　中小企業者等が機械等を取得した場合の特別償却又は法人税額の特別控除（措法42の6）
③　中小企業者等が特定経営力向上設備等を取得した場合の特別償却又は法人税額の特別控除（措法42の12の4）
④　給与等の支給額が増加した場合の法人税額の特別控除（措法42の12の5③）
⑤　中小企業者等の少額減価償却資産の取得価額の損金算入の特例（措法67の5）

（注）　①と④については、すべての法人が適用できる規定と中小企業者のみが適用できる規定の両方が設けられていますが、中小企業者向けの規定の方が優遇された内容となっています。

(2) 資本準備金・その他資本剰余金

　株主からの出資の一部を資本金とはせずに資本準備金とする場合があります。また、資本金や資本準備金以外にその他資本剰余金が計上されている場合があります。例えば、資本金や資本準備金を減少させてその他資本剰余金に振り替える処理をする場合です。

　登記簿謄本には資本金しか載っていませんので、意思決定機関での決議内容などから資本準備金やその他資本剰余金の異動をしっかり把握する必要があります。

（増資の処理）

　　株主から1,000,000の増資の払込を受け、50％を資本金、残りの50％を資本準備金とする。

現金預金	1,000,000	資本金	500,000
		資本準備金	500,000

　株主に配当を行う場合には、利益剰余金を原資とするのが一般的ですが、資本剰余金を原資として配当することもできます。資本剰余金を原資とする場合は、通常、「その他資本剰余金」を減少させて配当を行いますが、これは実質的には出資払込額を株主に返還していることになります。税務では、資本剰余金を原資とする配当については、みなし配当が生じることがあるため留意が必要となります。みなし配当には源泉所得税の徴収が必要になります。

(3) 自己株式

　企業は株主から自己の株式を取得する場合があります。自己株式は貸借対照表においては株主資本の控除項目として表示されます。自己株式の取得は、実質的には株主への払戻しを行っていることになりますので、税務では、株主への払戻額について資本金等の額と利益積立金額の

いずれを減少させるかを一定の計算式によって決定することとされています。

　なお、相対取引で自己株式を取得した場合において、株主への払戻額が資本金等の額を超える場合には、みなし配当が生じますので留意が必要です。みなし配当には源泉所得税の徴収が必要になります。

　自己株式を保有している場合には、発行済株式数から自己株式を控除して株式の保有割合などを計算します。したがって、自己株式を取得したことで、税制上、留保金課税の対象となる特定同族会社に該当してしまったり、租税特別措置法の中小企業者に該当しなくなってしまう可能性もありますので留意が必要です。

（自己株式の取得）

（会計）

　　　　　　　自己株式　　　××　／　現金預金　××

　　　　　　　　　→株主資本の控除項目

（税務）

　　　　　　　資本金等の額　××　／　現金預金　××

　　　　　　　利益積立金額　××　／

　　　　　　　　　→株主へのみなし配当（源泉所得税の徴収が必要）

---

(4)　減資

　資本金を減少させる手続きですが、実務では、資本金を減少させて資本準備金やその他資本剰余金に振り替えるだけの、いわゆる無償減資と呼ばれるものがほとんどです。無償減資では株主に対して払戻しは行われません。なお、資本金を減少させるには、会社法上、債権者保護手続が必要になります。

　また、資本金を減少させてその他資本剰余金に振り替えただけでは、税務上の資本金等の額に変動はありません。

第 2 章 決算整理の実務上のポイント（税金以外）

（一般的な無償減資）

資本金 ×× ／ その他資本剰余金 ××

　赤字が続いて利益剰余金がマイナスとなっている場合には、減資の後に欠損填補を行う場合があります。

⑸　欠損填補

　利益剰余金がマイナス残になっている場合に、その他資本剰余金と利益剰余金のマイナス残を相殺する場合があり、これを欠損填補といいます。これまで赤字だった法人が黒字に転換してすぐに利益剰余金の配当を行いたい場合や、地方税で使用する「資本金等の額」を減少させるために減資後に欠損填補を行う場合があります。例えば法人住民税の均等割は、資本金等の額と従業員数から決定されますが、この場合の資本金等の額を減資と欠損填補のセットで行うことで減少させることができます。

（一般的な無償減資＋欠損填補）

資本金 ×× ／ その他資本剰余金 ××
その他資本剰余金 ×× ／ 繰越利益剰余金 ××

　なお、欠損填補を行うと決算書上の繰越利益剰余金のマイナス残が解消され、一方でその他資本剰余金の額も減少しますが、法人税では、利益剰余金と資本剰余金の相殺は無かったものとされますので留意が必要です。

11 損益項目

　損益項目の中で留意すべきものとしては、役員給与や交際費、寄附金
など税務申告に関係する項目が挙げられます。

(1) 役員給与

　役員給与は、法人税において、①定期同額給与、②事前確定届出給
与、③業績連動給与のいずれかに該当する場合には損金の額に算入され
ますが、いずれにも該当しない場合には損金不算入となって、所得計算
上、加算調整（社外流出）されます。

　通常、実務で支給されている役員給与は、①定期同額給与と②事前確
定届出給与になります。③の業績連動給与は、一部の上場会社で支給さ
れているのみで、中小企業での支給はありません。したがって、①と②
について法人税における取扱いを理解しておき、支給した役員給与が定
期同額給与又は事前確定届出給与として可能な限り損金となるようにし
ていくことが求められます。

　なお、給与は個人情報であるため、企業がある程度の規模以上になっ
てくると経理部門では扱わず、人事部門で扱うことになりますので、損
金不算入となる金額をどのように把握するのか、といった点が課題とな
ります。

115

（役員給与）

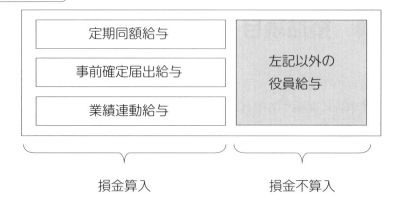

① 定期同額給与

　定期同額給与は、「その支給時期が1ヶ月以下の一定の期間ごとである給与で、その事業年度の各支給時期における支給額又は支給額から源泉税等の額を控除した金額が同額であるもの」をいいます。簡単に言うと、毎月支払う月給が同額であるものをいいます。なお、役員給与の改定には制限が付されており、突然に役員給与を引き上げてしまうと損金不算入となってしまう場合があります。実務上は、給与の改定には留意が必要です。

② 事前確定届出給与

　事前確定届出給与は、「所定の時期に確定した額の金銭等を交付する旨の定めに基づいて支給するもの、すなわち、支給時期、支給金額又は株式数等が事前に確定しており、実際にもその定めのとおりに支給される給与」をいいます。月給（定期同額給与）を支払い、その他に、いわゆる賞与を事前確定届出給与として支給することで損金とすることができます。なお、原則として、一定の期限までに届出書の提出が必要になります（118ページ参照）。

　事前確定届出給与に関する届出書の提出期限は、事前確定届出給与を定めた株主総会等の決議をした日又は職務を開始する日から1ヶ月以内と事業年度開始の日から4ヶ月以内のいずれか早い方とされています。

一般的には、株主総会又は株主総会後に開催される取締役会でその後1年間の各人の役員給与を決議しますので、その決議から1ヶ月以内に届出書を提出をします。

　なお、定期同額給与と事前確定届出給与のいずれにも該当しない役員給与は、所得計算上、加算調整を行いますので、申告書作成前に調整の有無や金額を把握しておく必要があります。

　大企業では、役員給与の損金不算入額が生じることはあまり多くないと思われますが、役員給与が損金になるか否かと関係なく任意に昇給や賞与の支給が行われることもあり得ます。

　一方、中小企業の場合は、社長の一存で突然昇給するということが考えられますので、大企業に比べて損金不算入が生じる可能性は高いと思われます。ただし、中小企業の実務では、損金不算入が生じないように手続きを進めることが多いため、役員給与の損金不算入の加算調整が生じることはほとんどありません。

（役員給与の損金不算入）

【大企業】	【中小企業】
役員報酬は基本的には、所定の機関の決議を経て決定されるが、税務の取扱いとは関係なく決定され、昇給や賞与支給などで損金不算入が生じる場合があり得る。	突然、社長の意思によって昇給や賞与が支給されるリスクがあるが、実務上は、損金不算入が生じないように手続きされていることが多い。

第2章　決算整理の実務上のポイント（税金以外）

（事前確定届出給与に関する届出書）

事前確定届出給与に関する届出書　※整理番号

税務署受付印

令和　　年　　月　　日

税務署長殿

納　税　地	〒
	電話（　　）　　－
（フリガナ）	
法　人　名　等	
法　人　番　号	
（フリガナ）	
代　表　者　氏　名	
代　表　者　住　所	〒

事前確定届出給与について下記のとおり届け出ます。

記

① 事前確定届出給与に係る株主総会等の決議をした日及びその決議をした機関等	（決議をした日）　令和　　年　　月　　日 （決議をした機関等）
② 事前確定届出給与に係る職務の執行を開始する日	令和　　年　　月　　日
③ 臨時改定事由の概要及びその臨時改定事由が生じた日	（臨時改定事由の概要） （臨時改定事由が生じた日）　令和　　年　　月　　日
④ 事前確定届出給与等の状況	付表＿＿（No.　　～No.　　）のとおり。
⑤ 事前確定届出給与につき定期同額給与による支給としない理由及び事前確定届出給与の支給時期を付表の支給時期とした理由	
⑥ その他参考となるべき事項	

届出期限	イ　次のうちいずれか早い日　令和　　年　月　　日 　（イ）①又は②に記載した日のうちいずれか早い日から1月を経過する日（令和　　年　　月　　日） 　（ロ）会計期間4月経過日等（令和　　年　月　　日） ロ　設立の日以後2月を経過する日　令和　　年　月　　日 ハ　臨時改定事由が生じた日から1月を経過する日　令和　　年　月　　日	届出期限となる日 □イ　　□ロ　　□ハ

税　理　士　署　名	

※税務署処理欄	部門		決算期		業種番号		番号		整理簿		備考		通信日付印	年　月　日	確認	

06.06改正

（規格A4）

11 損益項目

（具体例）…役員賞与が支給（届出書の提出なし）された場合

　当期の 7 月10日に、所定の手続きを経て役員賞与1,000,000を支給したが、事前確定届出書の提出は行っていない。

この場合、下記のような処理が行われます。　　　　　　　大　中小

【決　　算】役員賞与1,000,000を費用として処理する

【法人税】役員賞与1,000,000は、所得計算上、加算調整（社外流出）を行う

【税効果】役員賞与の損金不算入の加算調整は永久差異であるため、繰延税金資産の対象にならず、税率差異となる。

（支給時）

　役員給与　　　　　1,000,000　／　現金預金　　　　　　1,000,000
　※源泉税等は考慮していません。

　役員給与は、通常、販売費及び一般管理費に計上されます。このケースでは事前確定届出書が提出されていないため、所得計算上、加算調整（社外流出）を行います。

（別表 4 ）所得計算

	総額	留保	社外流出
当期利益	△1,000,000	△1,000,000	
役員給与の損金不算入額	1,000,000		1,000,000
所得金額	0	△1,000,000	1,000,000

（注）　当期利益は、役員給与のみを計上した金額としている。

119

第2章　決算整理の実務上のポイント（税金以外）

（別表5（1））

	期首	減	増	期末
繰越損益金			△1,000,000	△1,000,000

（税効果）実効税率：30％

—

　役員給与の損金不算入額は、永久差異に該当するため繰延税金資産・負債の計上はありません。この加算調整により税金負担率が法定実効税率よりも上昇します。

(2)　交際費等

　交際費等のうち一定の金額は、税務上、損金不算入とされます。ただし、年間800万円の定額控除限度額や1人当たり1万円以下の飲食費は交際費等から除くことができる規定（1万円基準）及び1万円超の飲食費の50％の損金算入が認められる（50％損金算入）特例が置かれています。交際費等の損金不算入額は下記のように算出されます。

【交際費等の損金不算入額】

（中小法人）

いずれか小さい金額
$\begin{cases} 支出交際費等の額－定額控除金額（年間800万円）＝×× \\ 支出交際費等の額－1人当たり1万円超の飲食費×50％＝×× \end{cases}$

（中小法人以外の法人）

支出交際費等の額－1人当たり1万円超の飲食費×50％＝××

（注）
1　資本金100億円超の法人は１人当たり１万円超の飲食費×50％を損金算入する取扱いは適用できない。
2　上記の支出交際費等の額には、１人当たり１万円以下の飲食費は含まれない。

　上記より、税務実務においては、支出交際費等の額と１人当たり１万円超の飲食費の額を把握する必要があります。また、交際費勘定に１人当たり１万円以下の飲食費が含まれている場合には除外する必要があります。

　したがって、実務においては、下記のように区分して金額を集計する必要があります。

交際費勘定	１人当たり１万円以下の飲食費
	１人当たり１万円超の飲食費
	上記以外
交際費勘定以外の勘定	税務上の交際費に該当するもの

　交際費勘定に補助科目を設けることなどによって、上記の３区分の金額集計が可能です。１人当たり１万円以下の飲食費は、交際費ではなく会議費など別の科目で処理をすることも考えられます。交際費以外の勘定に含まれる税務上の交際費は、日常処理において把握しておく必要があります。

　なお、上記の１万円基準や50％損金算入には、下記のような帳簿記載の要件が付されていますので留意が必要です。

第2章　決算整理の実務上のポイント（税金以外）

（帳簿記載要件）

１人当たり１万円以下の飲食費 （１万円基準）	１人当たり１万円超の飲食費 （50％損金算入）
①　飲食等のあった年月日 ②　飲食等に参加した得意先、仕入先その他事業に関係のある者等の氏名又は名称及びその関係 ③　飲食等に参加した者の数 ④　飲食費の額並びにその飲食店、料理店等の名称及びその所在地 ⑤　その他参考となるべき事項	①　飲食等のあった年月日 ②　飲食等に参加した得意先、仕入先その他事業に関係のある者等の氏名又は名称及びその関係 ー ③　飲食費の額並びにその飲食店、料理店等の名称及びその所在地 ④　その他飲食費であることを明らかにするために必要な事項

　交際費等の損金不算入額は、法人税申告書の別表15において算出します。実務では、一般的に税務申告ソフトによって申告書の作成を行っていますので、上記の支出交際費等や飲食費などの情報を申告ソフトに入力することで損金不算入額が自動的に算定されます。

　中小法人以外の法人の場合、年間800万円の定額控除限度額は使用できませんので、支出交際費等の額から１人当たり１万円超の飲食費の50％を控除して損金不算入額を計算することになります。

　中小企業の場合、年間800万円の定額控除限度額の範囲内で収まるケースも多く、その場合には50％損金算入の特例は使用しないことになります。建設業など、業種によっては中小企業でも年間800万円を超える多額の交際費が計上される場合もあります。また、中小企業の場合には、社長が交際費のほとんどを使用している場合も多く、帳簿記載要件を満たしていないということも現実的にあり得ると思われます。

11 損益項目

（交際費等の損金不算入）

【大企業】	【中小企業】
支出交際費等から１人当たり１万円超の飲食費×50％を控除した金額となる。	年間800万円の範囲内で収まる場合も多く、その場合には損金不算入額は生じない。 交際費が多い業界では、支出交際費等から800万円を控除した金額と、支出交際費等から１人当たり１万円超の飲食費×50％を控除した金額とのいずれか小さい金額となる。

（具体例１）…交際費等の損金不算入額が生じる場合（大企業）

　当社（資本金２億円）の当期の交際費勘定の金額は24,500,000円であり、この内には、１人当たり１万円超の飲食費が6,000,000円含まれている。

　当社では１人当たり１万円以下の飲食費は会議費として処理している。

この場合、下記のような処理が行われます。　　　　　　　　　　大

【決　算】特別な処理は無い

【法人税】定額控除限度額800万円は使用できないため、24,500,000 － 6,000,000×50％＝21,500,000は、所得計算上、加算調整（社外流出）を行う。

【税効果】交際費等の損金不算入の加算調整は永久差異であるため、繰延税金資産の対象にならず、税率差異となる。

123

第2章　決算整理の実務上のポイント（税金以外）

（別表4）所得計算

	総額	留保	社外流出
当期利益	△24,500,000	△24,500,000	
交際費等の損金不算入額	21,500,000		21,500,000
所得金額	△3,000,000	△24,500,000	21,500,000

（注）　当期利益は、交際費のみを計上した金額としている。

（別表5(1)）

	期首	減	増	期末
繰越損益金			△24,500,000	△24,500,000

（税効果）実効税率：30%

―

　交際費等の損金不算入額は、永久差異に該当するため繰延税金資産・負債の計上はありません。税金負担率が法定実効税率よりも上昇します。

　なお、上記の具体例が、中小企業を前提とする場合は、下記のようになります。

（具体例2）…交際費等の損金不算入額が生じる場合（中小企業）

　当社（資本金1,000万円の中小法人）の当期の交際費勘定の金額は24,500,000円であり、この内には、1人当たり1万円超の飲食費が6,000,000円含まれている。
　当社では1人当たり1万円以下の飲食費は会議費として処理して

11 損益項目

いる。

この場合、下記のような処理が行われます。 　中小

【決　算】特別な処理は無い

【法人税】24,500,000 − 8,000,000 = 16,500,000 と 24,500,000 − 6,000,000 ×
50% = 21,500,000 のいずれか小さい金額（16,500,000円）は、
所得計算上、加算調整（社外流出）を行う。

【税効果】交際費等の損金不算入の加算調整は永久差異であるため、
繰延税金資産の対象にならず、税率差異となる。

（別表4）所得計算

	総額	留保	社外流出
当期利益	△24,500,000	△24,500,000	
交際費等の損金不算入額	16,500,000		16,500,000
所得金額	△8,000,000	△24,500,000	16,500,000

（注）　当期利益は、交際費のみを計上した金額としている。

（別表5(1)）

	期首	減	増	期末
繰越損益金			△24,500,000	△24,500,000

（税効果）実効税率：30%

—

　交際費等の損金不算入額は、永久差異に該当するため繰延税金資産・
負債の計上はありません。税金負担率が法定実効税率よりも上昇しま

125

第2章　決算整理の実務上のポイント（税金以外）

す。

(3)　寄附金

　寄附金は、反対給付を伴わない支出であるため、法人税においては損金算入限度額が設けられており、支出寄附金が損金算入限度額を超える場合には、その超える金額は損金の額に算入されないこととされています。例えば、親会社が獲得した利益を赤字の子会社に寄附することで所得の調整が可能となってしまいますので、寄附金の損金算入には制限が設けられています。

　ただし、災害義援金のように、公共性・公益性の高い寄附金については、別途、損金算入の特例が設けられています。

　寄附金については、下記の3区分のいずれに該当するかによって取扱いが異なります。

寄附金	①　指定寄附金等	全額が損金算入
	②　特定公益増進法人等に対する寄附金	特別損金算入限度額まで損金算入し、限度超過額は③のその他の寄附金に合算される
	③　その他の寄附金	②の超過額との合計額のうち一般損金算入限度額までは損金算入され、限度超過額は損金不算入とされる

　一般損金算入限度額と特別損金算入限度額は、下記のように計算されます。

（**一般損金算入限度額**）

①　（別表4仮計＋支出寄附金）×2.5/100＝××

②　（資本金＋資本準備金）×当期の月数/12×2.5/1,000＝××

③　（①＋②）×1/4＝××

126

（特別損金算入限度額）

① （別表4仮計＋支出寄附金）×6.25/100＝××

② （資本金＋資本準備金）×当期の月数 /12×3.75/1,000＝××

③ （①＋②）×1/2＝××

　損金算入限度額は、所得金額と（資本金＋資本準備金）によって決まってきます。特に所得金額が大きく影響しますので、規模が小さい中小企業の場合、損金算入限度額は少額になってしまうことが多くなります。

　指定寄附金等や特定公益増進法人等に対する寄附金に該当するか否かは、領収証や寄附先のホームページ、寄附先に直接聞くなどして確認します。

　寄附金の損金不算入額は法人税申告書の別表14(2)において算出します。実務では、一般的に税務申告ソフトによって申告書の作成を行っていますので、上記3区分の寄附金の情報をソフトに入力すれば、損金算入限度額や損金不算入額が自動的に算定されます。

⑷　受取配当金

　法人税においては、内国法人からの受取配当金は益金の額に算入しない（非課税）という取扱いが置かれています。これは、配当金を支払う法人において既に法人税が課されているため、配当金を受け取る法人で法人税を課すことになると、1つの利益に対して重複して法人税を課すことになってしまうためです。ただし、株式を保有する理由は様々であるため、受取配当金の全額が益金不算入となるわけではなく、下記の4区分ごとに、それぞれ異なる取扱いが置かれています。

第2章　決算整理の実務上のポイント（税金以外）

（受取配当等の益金不算入）

受取配当金	①	完全子法人株式等	100％益金不算入
	②	関連法人株式等	（配当金－控除負債利子）を益金不算入
	③	その他	配当金の50％を益金不算入
	④	非支配目的株式等	配当金の20％を益金不算入

（注）
1　完全子法人株式等
　　配当等の額の計算期間を通じてその配当等の額の支払を受ける内国法人とその
　配当等の額を支払う他の内国法人との間に完全支配関係があった場合の当該他の
　内国法人の株式等をいいます。
2　関連法人株式等
　　配当等の額の計算期間を通じて他の内国法人の発行済株式等の3分の1を超え
　る株式等を有している場合の当該他の内国法人の株式等をいいます。
3　非支配目的株式等
　　他の内国法人の発行済株式等の5％以下の株式等を、基準日において有する場
　合の株式等をいいます。

　完全子法人株式等と関連法人株式等は、保有割合の他に保有期間の要
件がありますので留意が必要です。一方で、非支配目的株式等には保有
期間の要件はなく、基準日における保有割合のみの判定になります。

　大企業の場合、子会社や関連会社からの配当や取引の関係上保有して
いる株式からの配当など多くの受取配当金が生じてきます。受取配当金
を、保有割合と保有期間から上記4区分に分けて益金不算入の取扱いを
適用します。

　中小企業の場合、一般的に大企業に比べて受取配当金は少なくなりま
す。小規模企業ですと、信用金庫の出資金を保有しており、その配当金
のみ計上されているケースがあります。

11 損益項目

（受取配当金）

【大企業】
子会社や関連会社が多く、また取引の関係上保有する株式があるため、受取配当金は多い。 4区分すべての区分で配当金が出てくる可能性もある。

【中小企業】
一般的に受取配当金は少ない。

（具体例）…受取配当金を計上している場合

当社の当期の受取配当金勘定の内訳は下記のとおりである。
・A社（数年来、所有割合100％）からの受取配当金　1,000,000
・B社（所有割合1％）からの受取配当金　　　　　　　 500,000

この場合、下記のような処理が行われます。　　　　　大　中小

【決　算】特別な処理は無い

【法人税】1,000,000＋500,000×20％＝1,100,000は、所得計算上、減算調整（社外流出）を行う

【税効果】受取配当等の益金不算入の減算調整は、永久差異であるため、繰延税金資産・負債の対象にならず、税率差異となる。

（別表4）所得計算

	総額	留保	社外流出
当期利益	1,500,000	1,500,000	
受取配当等の益金不算入額	△1,100,000		△1,100,000
所得金額	400,000	1,500,000	△1,100,000

（注）　当期利益は、受取配当金のみを計上した金額としている。

129

（別表 5 (1)）

	期首	減	増	期末
繰越損益金			1,500,000	1,500,000

（税効果）実効税率：30%

―

　受取配当等の益金不算入額は、永久差異に該当するため繰延税金資産・負債の計上はありません。税金負担率が法定実効税率よりも低下します。

第3章

消費税の取扱い

第3章　消費税の取扱い

(1)　納税義務（課税事業者、インボイス登録）

　会社の経理処理を行う場合には、あらかじめ消費税の納税義務の有無を確認する必要があります。消費税の納税義務がある場合には、消費税の会計処理は税抜経理方式又は税込経理方式のいずれかを選択することになります。一方、消費税の納税義務が無い場合には、基本的に税込経理方式を適用することになります。

　消費税のインボイス制度の導入によって、インボイス登録事業者は自動的に納税義務が発生して課税事業者となりますので、まず、インボイス登録の有無を確認します。また、インボイス登録をしていない場合には、基準期間の課税売上高や特定期間の課税売上高が1,000万円超の場合、新設法人や特定新規設立法人に該当する場合などでも納税義務が発生します。消費税の納税義務の判定は難しい面がありますが、インボイス登録をしていれば納税義務がある点は明確になっています。

（納税義務）

インボイス登録	
有	無
納税義務がある。	下記に基づいて納税義務の有無を判定する。 ・基準期間の課税売上高 ・特定期間の課税売上高 ・新設法人の取扱い ・特定新規設立法人の取扱い　など

　申告をすることによって消費税が還付になる場合であっても、消費税の納税義務が無い場合には申告をすることはできないため、消費税の還付を受けることができません。消費税の還付を受けたい場合には、納税義務の確認は非常に重要になります。

132

第3章　消費税の取扱い

(2)　税抜経理・税込経理方式

　消費税の納税義務がある場合には、税抜経理方式と税込経理方式とのいずれかを選択することになります。一方、納税義務が無い場合には、基本的には税込経理方式を適用します。事業者が任意に選択することとされ、税務署に届出は必要ありません。

　実務では、下記のような点を考慮する必要があります。

① 　会計的には、税抜経理方式と税込経理方式を比較した場合、税抜経理方式の方が優れているといえます。税込経理方式の場合には、売上高や経費に消費税が含まれることになります。本来の売上高は税抜金額のはずですので、税込経理方式の場合には消費税分だけ売上金額や経費が大きくなってしまいます。現在の消費税率は原則10％ですので、税込経理方式を採用すると、税抜経理方式の場合よりも、売上高は10％多く計上されることになります。

② 　大企業の場合は、収益認識会計基準を適用することになりますが、この会計基準では第三者のために収受した金額は収益として認識しないことになっています。税込経理方式の場合、国に納付するために預かっている消費税を売上高に含めることになってしまいますので、収益認識会計基準を適用する場合には税込経理方式は適用できないことになります。

③ 　法人税では、税抜経理方式と税込経理方式のいずれを選択してもよいことになっていますが、選択した方式は、その法人が行うすべての取引に適用するのが原則です。ただし、税抜経理方式を適用する場合は、一定の条件の下で税込経理方式を併用することができます。なお、免税事業者は税込経理方式を適用しなければならないとされています。

④ 　消費税について簡易課税制度を選択している場合には、仮受消費税と仮払消費税の差額が納付税額と一致しないことになりますので、税込経理方式を選択するのが一般的です。

133

第3章　消費税の取扱い

⑤　法人税における下記の取扱いについては、税抜経理方式を採用している場合には税抜金額により、税込経理方式を採用している場合には税込金額により判定することとされています。

・固定資産計上の判定基準（10万円以上の資産は固定資産計上）

・一括償却資産に該当するかどうかの基準（20万円未満）

・少額減価償却資産になるかどうかの基準（10万円以上30万円未満）

・1人当たり1万円以下の飲食費の判定

　上記①から⑤を基に、いずれの方法を選択するかを判断することになります。大企業では①と②から自動的に税抜経理方式を選択することになります。一方、中小企業の場合、いずれの経理処理も採用されていますが、企業規模が小さいほど税込経理方式を採用していることが多く、企業規模が大きくなるにつれて税抜経理方式の割合が増えていく傾向にあると思われます。

（税抜経理方式・税込経理方式）

【大企業】	【中小企業】
売上高に消費税が含まれる税込経理方式は望ましくない。 収益認識会計基準を適用するため、税抜経理方式を採用する。	企業規模が小さいほど税込経理方式を採用し、規模が大きくなるにつれて税抜経理方式を採用する割合が増える傾向にある。

⑶　消費税コードの設定

　会計データは、会計ソフト又は自社の会計システムを利用して作成しているのが一般的です。消費税申告書の作成の基礎となるデータは、通常、これらの会計ソフト等が自動的に集計をしてくれます。また、会計ソフトの場合には基礎データの集計の他に、消費税申告書自体を自動的に作成してくれる機能が付いています（自社の会計システムを利用してい

る場合には、そのシステムによって異なると思われる。)。

　消費税の基礎データを自動集計させるために、会計データ（いわゆる仕訳）を入力する際には、消費税コードを合わせて入力していきます。「課税売上」「非課税売上」「免税売上」など、消費税の申告において使用する基礎データをこの設定したコードごとに集計するためのものです。

　日常の会計データの入力時から正しい消費税コードが付されているかを確認しておく必要があります。間違った消費税コードが付されていると、間違った消費税申告書が作成されてしまうことになります。仕訳ごとに消費税コードを付していくことは地味な作業ではありますが非常に大切になります。

　会計ソフトの場合、一般的には、勘定科目ごと又はその補助科目ごとに、標準の消費税コードが設定されます。たとえば、「給料手当」勘定は「課税対象外」、「運送費」勘定は「課税対応仕入」などのように標準設定しておくことができ、仕訳をする際にある勘定科目を使うと、その勘定科目に標準設定された消費税コードが自動的に付されます。また、補助科目を使用している場合には、補助科目ごとに細かく標準の消費税コードを設定しておくことで事務作業を効率化することもできます。

　そして、仕訳を起こす際に標準設定された消費税コードと異なるコードを付したい場合には、手入力でコードを修正することになります。例えば、福利厚生費の標準設定は「課税仕入」にしているが、従業員へお祝金を出す場合には手入力で「課税対象外」に修正する、というような使い方です。会計ソフトによって仕様が異なりますので確認が必要です。

⑷　中間納付額の処理

　消費税には中間申告制度があります。前年度の年税額に応じて1回、3回、11回のいずれかの中間申告を行います。

①　中間申告

　中間申告書の提出が必要な法人は、前事業年度の消費税の年税額（地方消費税は含まない。）が48万円を超える法人です。前事業年度の年税額

に応じて、その6/12、3/12、1/12を中間納付します。これを予定納税といいます。

　上記の予定納税に代えて、中間申告対象期間で仮決算を行い、それに基づいて納付すべき税額を計算することもできます。仮決算を行うには事務作業を伴うことになるため、一般的には前期実績に基づく予定納税を行っています。

　ただし、前事業年度の消費税の年税額が多額であった場合で、逆に今期は還付になりそうな場合には、予定納税で多額の納税をして、確定申告で多額の還付を受けることになりますので、資金面での負担を考慮して中間仮決算に基づく中間申告を行う場合があります。

　なお、中間申告書を提出すべき法人が、中間申告書を期限までに提出しなかった場合には、直前の課税期間の実績による中間申告があったものとみなされ、前期実績を基礎として計算した消費税額が自動的に確定することになります。実務的には、仮決算による中間申告を行う場合を除き、中間申告書の提出は省略して、予定納税額（前期実績を基礎とした税額）を納付するのみとする場合が多いと思われます。

②　中間申告・納付の回数

　中間申告書の提出が必要な法人は、前事業年度の消費税の年税額（地方消費税は含まない。）が48万円を超える法人ですが、実際には、さらに3つに区分されます。

（直前の課税期間の確定消費税額に基づく中間納付）

前期の年税額	48万円超 400万円以下	400万円超 4,800万円以下	4,800万円超
中間申告回数	1回	3回	11回
中間納付額	前期年税額×6/12	前期年税額×3/12	前期年税額×1/12
申告・納付期限	各中間申告の対象課税期間の末日の翌日から2ヶ月以内		（注）

（注）　年11回の場合の申告・納付期限は、下記のようになりますので留意が必要です。

第3章　消費税の取扱い

【年11回の場合の中間申告期限】

課税期間開始後１ヶ月分 （３月決算の場合の４月分）	課税期間開始日から２ヶ月を経過した日から２ヶ月以内 （３月決算の場合の４月分→７月末が期限）
上記１ヶ月分後の10ヶ月分 （３月決算の場合の５～２月分）	中間申告対象期間の末日の翌日から２ヶ月以内 （３月決算の場合の５月分→７月末が期限） （３月決算の場合の６月分→８月末が期限）

　なお、消費税の確定申告期限の延長の適用を受けている法人の場合、その課税期間開始後の２ヶ月分はその課税期間開始日から３ヶ月を経過した日から２ヶ月以内とされており、以後９ヶ月分は中間申告対象期間の末日の翌日から２ヶ月以内になります。

【年11回の場合の中間申告期限（提出期限の延長の場合）】

課税期間開始後２ヶ月分 （３月決算の場合の４月分） （３月決算の場合の５月分）	課税期間開始日から３ヶ月を経過した日から２ヶ月以内 （３月決算の場合の４月分→８月末が期限） （３月決算の場合の５月分→８月末が期限）
上記２ヶ月分後の９ヶ月分 （３月決算の場合の６～２月分）	中間申告対象期間の末日の翌日から２ヶ月以内 （３月決算の場合の６月分→８月末が期限） （３月決算の場合の７月分→９月末が期限）

　非常にわかりづらい内容になっていますが、３月決算の場合、４月、５月、６月の３回分の中間税額を、まとめて８月に納付することになります。

③　中間納付時の会計処理

　中間納付を行った場合の会計処理は、一般的には「仮払税金」として処理する場合や「未払消費税」のマイナスとして処理をするケースが多いように思います。なお、仮払税金として処理する場合、法人税等の中間納付額と混同しないように、補助科目によって区分したり、又は「仮払中間消費税」のような独立の科目を使って区別する工夫が必要です。

137

第3章　消費税の取扱い

【中間納付額の処理】

（仮払税金とする場合）

仮払税金－中間消費税　　××　／　現金預金　　　××

（未払消費税のマイナスとする場合）

未払消費税等　　　　　××　／　現金預金　　　××

　なお、中間申告が年11回となる場合、11回目の中間納付は、決算日後（3月決算の場合は4月に納付）になり、決算日現在では11回目の中間納付がなされていないことに留意が必要です。3月決算の場合、10回目（1月分）の中間納付は3月になり、11回目（2月分）の中間納付は4月になりますので、11回目は3月末現在では納付されていません。

　したがって、決算時の消費税仕訳をわかりやすくするために、下記のような仕訳をしておくことが考えられます。

【11回目の中間納付額の処理】

仮払税金－中間消費税　　××　／　未払消費税等　　××

　また、上場会社やその子会社の場合には四半期決算を行っていますので、四半期決算の都度、仮払消費税・仮受消費税と中間納付額を相殺して、未払消費税等（還付となる場合には未収還付消費税）として処理することが考えられます。

【四半期決算を行う場合】

（四半期決算ごと）

仮受消費税　　××　／　仮払消費税　　　　　　××
　　　　　　　　　　　　仮払税金－中間消費税　××
　　　　　　　　　　　　未払消費税等　　　　　××

第3章　消費税の取扱い

　なお、課税売上割合が100％に近い場合のように控除対象外消費税が少額になる場合は上記処理で問題ないと思われますが、控除対象外消費税の重要性が高い場合には、四半期ごとに消費税申告書を仮作成して算出した税額を未払消費税等に計上し、控除対象外消費税を租税公課等として処理することが考えられます。

⑸　消費税コードの確認作業

　税金計算以外の決算整理作業が終わった後に、消費税コードの確認をします。日々の仕訳処理において消費税コードが付されており、仕訳の承認の都度、消費税コードの確認は行われているはずですが、決算の際には、消費税コードの誤りがないか最終確認を行うのが望ましいといえます。大企業のように仕訳数が多い場合には、すべての仕訳について確認することは現実的に難しくなるため、全体として大きな誤りがないのか、一定の基準を作って確認をすることも考えられます。

　通常、会計ソフトや会計システムが勘定科目ごと・消費税のコードごとの金額を集計してくれます。会計ソフト等から出る科目別・税区分別の集計表のようなものを利用して、勘定科目ごとに消費税コードを大まかに確認します。例えば、租税公課勘定に消費税が「課税」となっている金額が集計されていたり、受取配当金勘定の金額に非課税売上が集計されているような場合には、すぐに誤りがあると判断できます。

　また、標準設定とは違う消費税コードを手修正で付しているケースも確認の際には参考になると思われます。

　会社の事業内容によって消費税の状況はかなり異なってくると考えられますので、想定されないような消費税コードに集計金額がある場合（例えば、免税売上はない企業であるにもかかわらず、免税売上高が集計されている場合など）にも確認が必要となります。

139

(6) 確定申告による納付税額の算定

① 会計ソフトによる消費税申告書の作成

　会計ソフトを使用している場合、一般的に、その会計ソフトが消費税申告に必要なデータを自動的に集計してくれます。また、消費税申告書を作成してくれる機能が付いている場合も多いと思われます。

　会計ソフトに消費税申告書を作成する機能が付いている場合には、その会計ソフトで申告書を作成して消費税の確定申告による納付税額を算定します。その際に、中間納付額を入力する必要があります。中間納付額は、国税分と地方税分に分かれており、それぞれを正確に入力します。中間納付額の総額は合っていても、国税と地方税の内訳を間違ってしまうと、後日、修正申告や更正の請求を行う必要が生じてしまいます。

② 会計システムからのデータに基づく計算

　会計システムに消費税申告書を作成する機能がない場合には、消費税申告書の作成に必要なデータを会計システムから抽出して、別途、消費税申告書の作成ソフトにデータを入力して申告書を作成します。消費税申告書の作成ソフトを使っていない場合には、エクセル等の表計算を使って申告税額を計算させるか、又は会計事務所に依頼して申告書を作成してもらい申告税額を確定させます。

(7) 未払消費税等の計上

① 税抜経理方式の場合

　確定申告による消費税の納付税額が算出された場合、その金額を未払消費税等として計上します。仮受消費税と仮払消費税を相殺した残額から中間納付額を控除した金額が未払消費税等となるイメージですが、未払消費税等は消費税申告書で算出した納付税額と同額を計上します。

　なお、仮払消費税のうち控除対象外となった金額（控除対象外消費税）は、一般的には「租税公課」等とし、納付税額の算定の過程で生じる端数の金額については雑収入や雑損失として処理します。控除対象外消費

第3章　消費税の取扱い

税額が少額な場合には端数部分と区分せずに雑収入又は雑損失として処理しても問題ないと思われます。

【消費税仕訳（税抜経理方式の場合）】

仮受消費税	××	/	仮払消費税		××
租税公課	××（注1）	/	仮払税金−中間消費税	××（注2）	
		/	未払消費税等	××	（注3）
		/	雑収入	××	（注4）

（注1）　控除対象外消費税を租税公課に計上する。少額な場合は省略可。
（注2）　中間納付した消費税額
（注3）　消費税申告書により算出された納付税額を計上する。
（注4）　仕訳の貸借差額について、貸方差額は雑収入に、借方差額は雑損失とする。

　消費税仕訳を行った後に、仮払消費税、仮払税金−中間消費税や仮受消費税の残高がゼロになっていることを確認します。また、未払消費税等が消費税申告書の納付税額と一致していることを確認します（中間納付が11回の場合を除く。）。

②　税込経理方式の場合

　税込経理方式の場合には、仮払消費税や仮受消費税は計上されていません。売上高や経費の金額の中に消費税が含まれていることになります。税込経理方式の場合も税抜経理方式と同様に、確定申告による消費税の納付税額が算出されたら、その金額を未払消費税等（相手勘定は租税公課）に計上します。税抜経理方式の場合の控除対象外消費税や納付税額の算定の過程で生じる端数については、税込経理方式では出てきません。

【消費税仕訳（税込経理方式の場合）】

租税公課	××（注1）	/	仮払税金−中間消費税	××（注2）
		/	未払消費税等	××（注3）

（注1）　申告書により算定された年間税額を租税公課に計上する。

第3章　消費税の取扱い

（注2）　中間納付した消費税額
（注3）　消費税申告書により算出された納付税額を計上する。

　なお、消費税仕訳を行った後に、決算に修正が入ることも考えられます。その場合には修正後の消費税の基礎データに基づいて消費税額の再計算を行い、消費税仕訳をやり直します。

③　仮受消費税と仮払消費税の相殺のみを行う場合（決算の締めが早い場合など）

　課税売上割合が100％に近く、控除対象外消費税が少額になると判断される場合で、上場会社やその子会社のように決算の締め日が早い場合には、仮受消費税と仮払消費税を相殺し、そこから中間納付額を控除した金額を単純に未払消費税等に計上する処理が行われることがあります。これは消費税申告書を作成して納付税額を算出する時間的な余裕がない場合に行われる簡便的な処理です。

　この場合には、貸借対照表上の未払消費税等と確定申告で納付する消費税額が異なることになりますので、その差額については翌期の消費税額の納付時などに雑収入や雑損失として処理することになります。また、この差額は消費税差額といわれ、法人税の所得計算において加算又は減算の調整が行われます。

【消費税仕訳（税抜経理方式の場合で相殺のみ行う場合）】

仮受消費税	××	仮払消費税	××
		仮払税金－中間消費税	××
		未払消費税等	××（注）

（注）　本来の仕訳の貸借差額が未払消費税に含まれているため、消費税申告書の納付税額とは一致しない。

⑻　法人税等の計算以外の決算数値の確定

　上記の消費税仕訳を行うことで、法人税等の計上及び税効果会計を除き、決算数値が確定したことになります。

142

第4章

法人税等の算定と
未払法人税等の計上

第4章　法人税等の算定と未払法人税等の計上

　利益に対して課される税金としては、法人税（地方法人税を含む。）、事業税（所得を課税標準とするものに限り、特別法人事業税を含む。）及び住民税（以下、「法人税等」という。）があります。いずれも損益計算書の税引前当期純利益の下に計上される税金になります。

　損益計算書には、当期の利益に対して課される法人税等を計上することになりますが、この法人税等は利益を課税標準にしていますので、すべての会計処理が終わった後でなければ計算することができません。消費税仕訳までの会計処理を終えて、その後に確定申告で納付する法人税等を算定し、そして算定した法人税等を、貸借対照表に「未払法人税等」として計上するとともに、損益計算書に「法人税、住民税及び事業税（又は法人税等）」として計上します。

貸借対照表

資産の部		負債の部	
		未払法人税等	×××

→期末現在未払となっている確定申告で
　納付する法人税等の額

損益計算書

・・・	・・・
税引前当期純利益	○○○
法人税等	△△△
当期純利益	○○○

→当期の利益に対して課される法人税等（年間税額）

144

(1) 法人税等の算定方法

① 法人税等の計算方法

　法人税等は、法人税申告書や地方税申告書を作成することによって算出されます。したがって、決算の最後の段階でこれらの申告書を作成して税額を算出し、その税額を基に法人税等の仕訳を起こすことになります。

　なお、決算の締めの時期が早い上場会社やその子会社などでは、申告書を作成する時間的な余裕がない場合も考えられます。その場合には、申告書作成による税額計算に代えて、エクセル等の表計算を使って法人税等を概算計算することが考えられます。

　申告書を作成して算出した税額を基に未払法人税等の計上を行う場合には、確定申告によって納付する税額と未払法人税等に計上されている金額が一致することになります。翌期において税額を納付することで未払法人税等の残高はゼロになります。

　一方、表計算を使って法人税等を概算計算して未払法人税等の計上を行った場合には、確定申告によって納付する税額と未払法人等に計上されている金額は、通常は一致しませんので差額が生じることになります。翌期において税額の納付を行った際に未払法人税等に不足額又は余剰額が生じることになりますので、その時点で調整仕訳を行います。

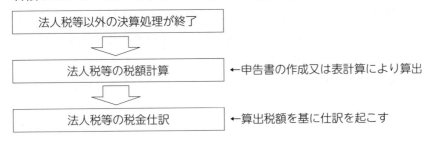

②　大企業と中小企業のちがい

　一般的に、会計監査を受ける大企業やその連結子会社では、決算の締めの時期が早いという特徴があります。税金以外の会計処理（消費税の仕訳を含む。）をすべて終えてから短期間で税額計算を行って未払法人税等の計上を行う必要がありますので、申告書を作成する時間的余裕がない場合も考えられます。

　また、大企業では様々な会計基準をすべて適用する必要がありますので、会計上の利益と法人税の課税所得に大きな乖離が生じ、法人税の所得計算が複雑になる傾向があります。

　このような状況から、大企業では、申告書を作成して税額計算を行うケースと、エクセル等の表計算を使って概算計算を行うケースの両方が考えられます。いずれによるかは、各企業の状況に応じて判断することになります。

　なお、大企業では税効果会計を適用することになりますが、税効果会計上の一時差異は法人税の所得計算上の調整と対応する関係にありますので、法人税の所得計算・税額計算と税効果会計の処理を一体として行うことを考えた場合、表計算でまとめて計算するということも考えられます。

　中小企業の場合には、自社で税務申告書を作成しているケースは少ないと思われます。通常は、会計事務所に申告書の作成を依頼しています。決算スケジュールは申告期限である期末から2ヶ月を念頭に置いていますので、大企業よりも余裕のあるスケジュールになります。こういった点から、中小企業では申告書を作成して申告税額を算出し、その算出税額を未払法人税等として計上するのが一般的であるといえます。

第4章　法人税等の算定と未払法人税等の計上

(決算書に計上する法人税等の額)

【大企業】	【中小企業】
決算の締め日が早いという事情から、一般的に次の2つの方法がとられていると思われる。 イ　申告書を作成して法人税等の額を算定する。 ロ　エクセル等の表計算を使って概算計算する。	決算の締めには日程的に余裕があることから、通常は、会計事務所が申告書を作成して法人税等の額を算定している。

(未払法人税等の額と申告納税額との関係)

【大企業】	【中小企業】
イ　申告書を作成して法人税等の額を算定する。 →未払法人税等の額と申告納税額は同額となる。 ロ　エクセル等の表計算を使って概算計算する。 →未払法人税等の額と申告納税額は一致しない。	決算の締めは日程的に余裕があることから、通常は、会計事務所が申告書を作成して法人税等の額を算定している。 →未払法人税等の額と申告納税額は同額となる。

(未払法人税等の過不足)

【大企業】	【中小企業】
イ　申告書を作成して法人税等の額を算定する。 →未払法人税等の額と申告納税額は同額となるため、基本的には過不足は生じない。 ロ　エクセル等の表計算を使って概算計算する。 →未払法人税等の額と申告納税額は一致しないため、過不足が生じる。	決算の締めは日程的に余裕があることから、通常は、会計事務所が申告書を作成して法人税等の額を算定している。 →未払法人税等の額と申告納税額は同額となるため、過不足は生じない。

第4章　法人税等の算定と未払法人税等の計上

(2)　法人税等の算定（申告書を作成する場合）

　法人税申告書の作成には主に所得計算と税額計算の2つがあります。このうち所得計算が重要です。所得計算のスタートは、損益計算書の最終値である当期純利益（税引後）になります。

　申告書の作成を行って税額計算を行うのは、税金以外の決算作業が終わり、未払法人税等の計上がまだ行われていない段階です。したがって、決算書がまだ完成していない段階で申告書の作成をすることになります。所得計算のスタートとなる損益計算書の当期純利益がまだ確定していない段階で申告書を作成するという点がポイントです。

　ここでは、具体例を使って法人税等の算定を確認していきます。

（具体例）…申告書を作成して税額計算を行う場合

　資本金2,000万円の株式会社を想定します。

　現在、税金以外の決算整理がすべて終わり、消費税申告書を作成して納付税額を確定させて未払消費税等の計上まで終わった状態にあります。

　当期の税引前当期純利益は、わかりやすく1,000万円と仮定します。

　前期の確定申告により納付した税額は下記のとおりです。なお、前期末は納付税額と同額の未払法人税等を計上していました。

148

第4章　法人税等の算定と未払法人税等の計上

（前期確定申告による納付税額）

確定申告で納付した法人税額		1,800,000円
〃	地方法人税	185,000
〃	事業税（所得割）	425,000
〃	特別法人事業税	157,000
〃	県民税	131,800
〃	市民税	790,200
	合計	3,489,000

　中間納付額と源泉所得税は仮払税金として処理しているとします。なお、貸借対照表の未払法人税等及び損益計算書の法人税、住民税及び事業税の残高はいずれもゼロです。

（仮払税金の内訳）

中間納付した法人税額		1,200,000円
〃	地方法人税	123,000
〃	事業税（所得割）	280,000
〃	特別法人事業税	103,000
〃	県民税（法人税割）	10,000
〃	県民税（均等割）	25,000
〃	市民税（法人税割）	50,000
〃	市民税（均等割）	75,000
受取配当金に対する源泉所得税		204（受取配当金1,000円）
預金利息に対する源泉所得税		2,000（預金利息13,060円）
合計		1,868,204

　なお、当期末の貸借対照表には賞与引当金が1,000,000円計上されています（前期末残高は700,000円とする。）。

149

第4章 法人税等の算定と未払法人税等の計上

【現在の B/S、P/L】

貸借対照表

資産の部		負債の部	
仮払税金	1,868,204	未払法人税等	0
		未払消費税等	××
繰延税金資産	443,443	賞与引当金	1,000,000

損益計算書

・・・	・・・
税引前当期純利益	10,000,000
法人税等	0
当期純利益	10,000,000

　法人税の所得計算は、申告書別表4で行いますが、そのスタートは損益計算書の当期純利益（最終値）になります。現在、まだ決算が完了していませんので、当期純利益10,000,000円は確定していませんが、現在の当期純利益10,000,000円をスタートにして所得計算及び税額計算を行います。

　確定申告書を作成して納付する税額を算出した結果、納付税額は下記のように算定されたとします。納付税額の合計額である712,100円を未払法人税等に計上することになります。

（納付税額一覧表）

	年間税額	中間納付額等	確定申告税額
法人税	1,507,200	1,200,000	307,200
源泉所得税	2,204	2,204	0
地方法人税	155,400	123,000	32,400
事業税（所得割）	445,300	280,000	165,300
特別法人事業税	164,700	103,000	61,700
県民税（法人税割）	15,000	10,000	5,000
県民税（均等割）	50,000	25,000	25,000
市民税（法人税割）	90,500	50,000	40,500
市民税（均等割）	150,000	75,000	75,000
合計	2,580,304	1,868,204	712,100

　この他に、賃上げ促進税制の適用や設備投資を行った場合の税額控除などの適用を受ける場合には、この段階で可能な限り反映して申告書を作成します。なお、決算の締めが早い場合には、賃上げ促進税制のデータが揃わないということも考えられますので、その場合にはこの段階では税額に反映せず（実際には反映することができず）、最終的な申告書で反映するという対応も考えられます。

　この場合の主要な申告書（別表1、別表4、第6号様式、第20号様式）は以下のようになっているとします。

第4章　法人税等の算定と未払法人税等の計上

（別表1）

第4章 法人税等の算定と未払法人税等の計上

(別表4)

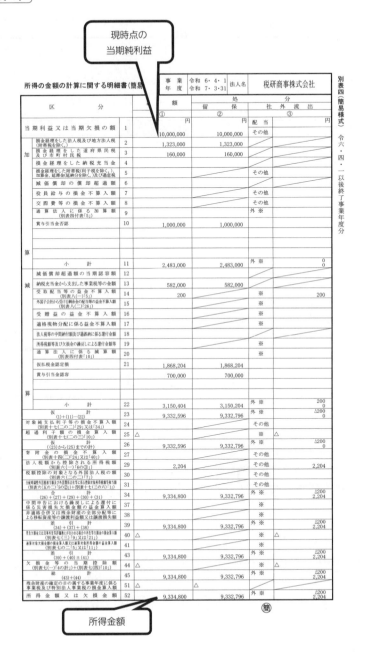

第4章　法人税等の算定と未払法人税等の計上

(第6号様式)

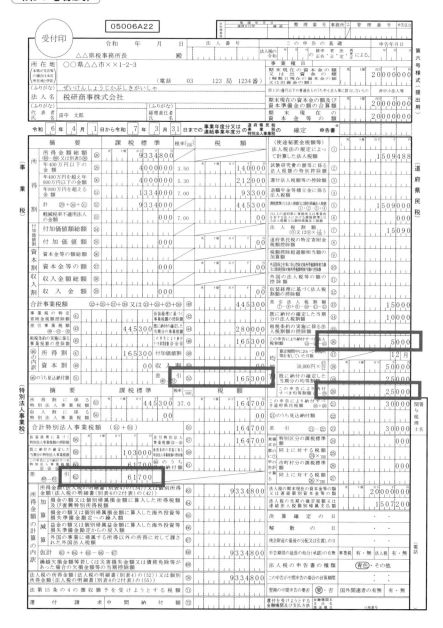

第4章 法人税等の算定と未払法人税等の計上

（第20号様式）

	電話番号		整理番号		事務処理		管理番号		申告区分
	通信日付印	確認							

第二十号様式（提出用）

受付印

令和　　年　　月　　日

△△市長　　　　　　殿

			法人番号		申告年月日

所在地	○○県△△市××1-2-3	この申告の基礎	1. 法人税の令和 年 月 日の修正申告書の提出による。 2. 法人税の令和 年 月 日の更正・決定・再更正による。
（本店所在地と支店等の場合は本店所在地を併記）	（電話 03 123 局 1234番）	事業種目	
（ふりがな）	ぜいけんしょうじかぶしきがいしゃ	期末現在の資本金の額又は出資金の額	百 十億 千百万 千 円 2 0 0 0 0 0 0 0
法人名	税研商事株式会社	期末現在の資本金の額及び資本準備金の額の合算額	2 0 0 0 0 0 0 0
（ふりがな）		（ふりがな）	経理責任者氏名	期末現在の資本金の額	2 0 0 0 0 0 0 0
代表者氏名	田中 太郎				

令和 6 年 4 月 1 日から令和 7 年 3 月 31 日までの 事業年度分又は 連結事業年度分の市町村民税の 確定 申告書 ※

摘要		課税標準	法人税割額
（使途秘匿金税額等）		十億 百万 千 円	十億 百万 千 円
法人税法の規定によって計算した法人税額	①	1509488	
試験研究費の額等に係る法人税額の特別控除額	②		
還付法人税額等の控除額	③		
退職年金等積立金に係る法人税額	④		
課税標準となる法人税額又は個別帰属法人税額及びその法人税割額 ①+②-③+④	⑤	1509000	6.0/100	90540
2以上の市町村に事務所又は事業所を有する法人における課税標準となる法人税額又は個別帰属法人税額及びその法人税割額 (⑤/⑤×⑨)	⑥	000	/100	
市町村民税の特定寄附金税額控除額	⑦		
税額控除超過額相当額の加算額	⑧		
外国関係会社等に係る控除対象所得税額等相当額又は個別控除対象所得税額等相当額の控除額	⑨		
外国の法人税等の額の控除額	⑩		
仮装経理に基づく法人税割額の控除額	⑪		
差引法人税割額 ⑤-⑦+⑧-⑨-⑩-⑪又は⑥-⑦+⑧-⑨-⑩-⑪	⑫		90500
既に納付の確定した当期分の法人税割額	⑬		50000
租税条約の実施に係る法人税割額の控除額	⑭		
この申告により納付すべき法人税割額 ⑫-⑬-⑭	⑮		40500
均等割額	算定期間中において事務所等を有していた月数	⑯ 12 月	150,000円×⑯/12	⑰	150000
	既に納付の確定した当期分の均等割額		⑱	75000
	この申告により納付すべき均等割額 ⑰-⑱		⑲	75000
この申告により納付すべき市町村民税額 ⑮+⑲	⑳		115500
⑳のうち見込納付額	㉑		
差引 ⑳-㉑	㉒		115500

関署 税理士

当該市町村内に所在する事務所、事業所又は寮等		分割基準	
名称	事務所、事業所又は寮等の所在地	当該法人の全従業者数	うち当該市町村分の従業者数	適用区分に従う従業者数
本店	○○県△△市××1-2-3	人	人 2.0
合計		㉓ 人	㉔ 人	2.0

	区名	帯止め	月数	従業者数	均等割額	決算確定の日	・ ・	法人税の申告書の種類	青色 その他
指定都市の市に申告する算定				人	0.0	解散の日	・ ・	翌期の中間申告の要否	要 ・ 否
					0.0	残余財産の最後の分配又は引渡しの日	・ ・		
					0.0	この申告が中間申告の場合の計算期間	20,000,000 円	法人税の申告期限の延長の処分の有無	有 ・ 無
					0.0	・ ・から ・ ・まで			
					0.0	還付を受けようとする金融機関及び支払方法	金融機関名 支店名 預金種類	口座番号	
					0.0	還付請求税額	十億 百万 千 円		
					0.0	法第15条の4の徴収猶予を受けようとする税額			

※従業者数は必ず記載してください。

155

第4章　法人税等の算定と未払法人税等の計上

(3)　法人税等の算定（エクセル等の表計算による場合）

　決算の最後の段階で法人税等の税額計算が必要になりますが、決算の締めが早い場合には、法人税申告書を作成している時間的な余裕がないことが考えられます。その場合には、エクセル等の表計算を使って税額の概算計算を行うことがあります。

　また、大企業の場合には税効果会計を適用しますが、繰延税金資産や繰延税金負債の計算は、エクセル等の表計算を使って法人税等の税額計算とまとめて行うことが考えられます。

①　所得・税額の概算計算

　所得計算をエクセル等の表計算を使って行う場合、法人税申告書の別表4と別表5(1)と同じような形式の表を作成して演算式を使えば、容易に計算が可能であると思われます。ただし、税務に関する詳しい知識が求められることに留意が必要です。前出の具体例のケースの場合、表計算では下記のようなイメージの表を作成して税額を算定します。

【別表4】

区　　　分		総　額	留　保	社外流出
当期利益又は当期欠損の額		10,000,000	10,000,000	－
加算	損金経理法人税等	1,323,000	1,323,000	－
	損金経理住民税	160,000	160,000	－
	損金経理納税充当金	－	－	－
	賞与引当金否認	1,000,000	1,000,000	－
減算	納税充当金支出事業税等	△582,000	△582,000	－
	受取配当等の益金不算入額	△200		△200
	仮払税金認定損	△1,868,204	△1,868,204	－
	賞与引当金認容	△700,000	△700,000	－
法人税額控除所得税額		2,204	－	2,204
所得金額又は欠損金額		9,334,800	9,332,796	2,004

156

（注）　減算は、マイナス（△）としています。

【別表5⑴】

区　分	期　首	減	増	期　末
賞与引当金	700,000	700,000	1,000,000	1,000,000
繰延税金資産	△443,443			△443,443
仮払税金			△1,868,204	△1,868,204

【税額計算】

区　分	課税標準	税率	税額
法人税	9,334,000	23.2%	2,165,400
地方法人税	2,165,400	10.3%	223,000
事業税（所得割）	9,334,000	7%	653,300
特別法人事業税	653,300	37.0%	241,700
住民税（法人税割）	2,165,400	10.4%	225,200
住民税（均等割）	－	－	200,000
合計	－	－	3,708,600

（注）　概算計算であるため、軽減税率や厳密な端数処理は考慮していない。

　実際に申告書を作成した場合と表計算で概算計算した場合では、税額に差が生じています。これは、所得金額が一致していても、適用する税率が異なっているためです。申告書を作成する場合には、軽減税率を適用したり、地方税の税率も実際の自治体の適用税率を使用するのに対して、概算計算の場合には、軽減税率を加味しなかったり、地方税の税率についても制限税率を使用するなど、あくまで概算計算であることを前提とした税率を使用しているためです。使用する税率は個々の企業が実態に合わせて判断することになります。

　表計算によって税額の概算計算を行うのは大企業ですが、実際には上記具体例よりもはるかに大きな金額が前提となりますし、軽減税率の適用もありませんので、その差額は全体からすると軽微になると想定されます。

② 税効果会計を意識した場合

　大企業の場合には税効果会計を適用する必要があります。税効果会計を意識した場合には、税引前当期純利益をスタートにして所得計算を行います。これは、税効果会計では、税引前当期純利益と所得金額との差異を一時差異と永久差異に区分して取り扱うため、実際の申告書別表4のように損益計算書の最終値である当期純利益（税引後）ではなく、税引前当期純利益をスタートとして所得計算をしていきます。なお、スタートは異なりますが、いずれによっても所得金額は同額になります。法人税や住民税の調整は、税引前当期純利益の下の項目の調整になりますので発生しません。

【別表4】

区　　　分	所得計算	一時差異	永久差異
税引前当期純利益	10,000,000		
加算　損金経理法人税等	－		
加算　損金経理住民税	－		
加算　賞与引当金否認	1,000,000	1,000,000	
減算　納税充当金支出事業税等	△582,000	△582,000	
減算　受取配当等の益金不算入額	△200		△200
減算　仮払税金認定損	－		
減算　賞与引当金認容	△700,000	△700,000	
法人税額控除所得税額	－		
中間事業税・特別法人事業税	△383,000	－	
所得金額又は欠損金額	9,334,800	－	－

（注）　減算は、マイナス（△）としています。
　　　　比較をし易くするため、不要な行もそのまま残しています。税引前当期純利益をスタートにしても所得金額が同額となっている点を確認してください。なお、留保・社外流出ではなく、一時差異と永久差異にしています。

第4章　法人税等の算定と未払法人税等の計上

⑷　未払法人税等の計上

　法人税等の税額計算が終わった後に、その税額を基に仕訳に起こします。中間納付額を仮払税金に計上している場合と法人税等に計上している場合の仕訳は、それぞれ下記のようになります。なお、この仕訳のことを税務では「納税充当金の繰入」といいます。また、未払法人税等のことを、税務では納税充当金といっています。

【中間納付額を仮払税金に計上している場合】

法人税等	××	仮払税金－中間法人税等	××
		未払法人税等	××

【中間納付額を法人税等に計上している場合】

法人税等	××	未払法人税等	××

　仕訳の起票後に、損益計算書の「法人税等」の金額が年間税額になっていることを、また貸借対照表の「未払法人税等」の残高が確定申告で納付する税額になっていることを確認します（法人税等を概算計算している場合には一致しない。）。

　なお、中間納付した法人税等を「仮払税金」として処理した場合でも、「法人税等」として処理した場合でも、起票後の貸借対照表の「未払法人税等」と損益計算書の「法人税等」の金額は同じになることを意識するようにします。

　では、前出の具体例の数値を使って、実際の納税充当金の繰入の仕訳を見ておきます。下記仕訳は、合計金額で仕訳をしていますが、税金ごとに仕訳を起こしても構いません。

159

第4章　法人税等の算定と未払法人税等の計上

【申告書を作成して税額計算をした場合】

法人税等	2,580,304	/	仮払税金	1,868,204
			未払法人税等	712,100

　この仕訳を起票した後の決算書は、下記のようになります。税効果会計を適用しない場合は、決算書はこれで完成となります。

【税金仕訳後の B/S、P/L】

貸借対照表

資産の部		負債の部	
仮払税金	−	未払法人税等	712,100
		未払消費税等	××
繰延税金資産	443,443	賞与引当金	1,000,000

損益計算書

・・・	・・・
税引前当期純利益	10,000,000
法人税等	2,580,304
当期純利益	7,419,696

(5)　納税充当金の繰入に伴う申告書の修正

　法人税等の税額計算を行い、納税充当金の繰入仕訳をすると、所得計算・税額計算を行った段階から当期純利益など一部の決算数値が変わっています。上記の具体例では、仮払税金、未払法人税等、法人税等、そして当期純利益も変わっています。

　法人税申告書の別表4のスタートとなる当期純利益は、損益計算書の最終値となる当期純利益ですので、数値が変更された部分を申告書に反

映する作業が必要になります。

　なお、エクセル等の表計算によって税額の概算計算を行っている場合、その表計算は内部の資料であって外部に提出するわけではありませんので、その表計算自体を特に修正しておく必要はありません。概算計算の場合には申告書は決算数値の確定後に、確定数値に基づいて作成することになります。

　一旦作成した申告書の数値が一部変更になったため、修正して申告書を完成させます。なお、決算数値の変更によって申告書の修正をしますが、最初に作成した申告書の所得金額や税額に変更はありません。納税充当金の繰入をしても所得金額や税額に影響がないことを意識しておく必要があります。

【税金仕訳によって金額が変わる勘定科目】

（貸借対照表）

　　仮払税金　　：税金仕訳前……中間納付額や源泉所得税が計上
　　　　　　　　　　　　　　　　　　されている

　　　　　　　　　　　↓

　　　　　　　　税金仕訳後……還付の場合を除きゼロとなる

　　未払法人税等：税金仕訳前……ゼロ
　　　　　　　　　　　↓
　　　　　　　　税金仕訳後……確定申告で納付する税額が計上
　　　　　　　　　　　　　　　　　　される

（損益計算書）

　　法人税等　　：税金仕訳前……ゼロ
　　　　　　　　　　　↓
　　　　　　　　税金仕訳後……年間税額が計上される

　前出の具体例の税金仕訳の起票後の金額に修正した申告書別表4は下

第 4 章　法人税等の算定と未払法人税等の計上

記のようになります。

【別表 4 】

区　　分	総　額	留　保	社外流出
当期利益又は当期欠損の額	7,419,696	7,419,696	－
加 算　損金経理法人税等	1,323,000	1,323,000	－
損金経理住民税	160,000	160,000	－
損金経理納税充当金	712,100	712,100	－
賞与引当金否認	1,000,000	1,000,000	－
減 算　納税充当金支出事業税等	△582,000	△582,000	－
受取配当等の益金不算入額	△200		△200
仮払税金認定損	－	－	－
賞与引当金認容	△700,000	△700,000	－
法人税額控除所得税額	2,204	－	2,204
所得金額又は欠損金額	9,334,800	9,332,796	2,004

（注）　減算は、マイナス（△）としています。

【別表 5 (1)】

区　　分	期　　首	減	増	期　　末
賞与引当金	700,000	700,000	1,000,000	1,000,000
繰延税金資産	△443,443			△443,443
納税充当金			712,100	712,100

　金額の変更があった部分について確認しておきましょう。

①　当期純利益

　税金仕訳前は、10,000,000円でしたが、税金仕訳によって年間税額2,580,304円が法人税等に計上されたことで、同額減少して7,419,696円に変更になっています。

②　損金経理納税充当金（加算）

　税金仕訳は、下記のようになっています。

法人税等	2,580,304	/	仮払税金	1,868,204
		/	未払法人税等	712,100

上記の仕訳を下記の2つに分けて考えます。

法人税等	1,868,204	/	仮払税金	1,868,204

法人税等	712,100	/	未払法人税等	712,100

　1つ目の仕訳は、中間納付税額を仮払税金として計上していましたが、これを法人税等に振り替えている仕訳です。この仕訳によって、中間納付額は損金経理されたことになります。

　中間納付額が仮払税金に計上されていたため、所得計算上は、仮払税金認定損として一旦減算調整した上で、損金不算入となる法人税（地方法人税を含む。）と住民税を加算調整していましたが、中間納付額が法人税等に計上されましたので、減算調整は必要なくなります。

　2つ目の仕訳は、確定申告で納付する税額を未払法人税等に計上しています。税務実務では、この仕訳を納税充当金の繰入と呼んでいます。納税充当金は決算書の未払法人税等と同じものです。納税充当金の繰入額は、所得計算上は損金不算入となりますので、加算調整を行います。

　所得計算の動きをまとめると、下記のようになります。当期純利益が減少（2,580,304円）していますが、それと同額（712,100円と1,868,204円の合計額）が増加して所得金額に増減がないことをしっかり確認しておきましょう。税金仕訳を起票しても所得金額には影響を与えません。

第4章　法人税等の算定と未払法人税等の計上

	仕訳前		仕訳後	増減
当期利益	10,000,000	→	7,419,696	△2,580,304
損金経理納税充当金	－	→	712,100	712,100
仮払税金認定損	△1,868,204	→	－	1,868,204
合計	－		－	0

　少しわかりづらいため、仕訳前と仕訳後の別表4を並べてみましたので、金額が変わっている部分を確認しておきましょう。

【別表4】

区　　　分		仕訳前	仕訳後
当期利益又は当期欠損の額		10,000,000	7,419,696
加算	損金経理法人税等	1,323,000	1,323,000
	損金経理住民税	160,000	160,000
	損金経理納税充当金	－	712,100
	賞与引当金否認	1,000,000	1,000,000
減算	納税充当金支出事業税等	△582,000	△582,000
	受取配当等の益金不算入額	△200	△200
	仮払税金認定損	△1,868,204	－
	賞与引当金認容	△700,000	△700,000
法人税額控除所得税額		2,204	2,204
所得金額又は欠損金額		9,334,800	9,334,800

（注）　減算は、マイナス（△）としています。

　納税充当金の繰入仕訳をすると、所得金額が変わってしまう感じを受ける人もいるようですが、税金仕訳を入れても算出税額は変わりません。もし仕訳後に所得や税額が変わってしまった場合には見直しをしてみる必要があります。

　中小企業では、通常、税効果会計を適用しませんので、これで決算数値が確定し、また申告書の作成も完了します。大企業は税効果会計を適

164

用しますので、この後、税効果仕訳と、それに伴って決算数値が再び変動するため、再度、申告書の修正作業が生じます。

第5章

税効果会計の適用

第5章　税効果会計の適用

　大企業やその子会社では、すべての会計基準を適用する必要があるため、決算の最終段階で税効果会計を適用します。税効果会計は、会計と税務の差異の調整を行う会計基準ですので、所得計算と税額計算を終えた後の決算の最終段階での作業となります。なお、中小企業では一般的に税効果会計は適用していません。

　税効果会計は見積りの要素が非常に多くなりますので、会計監査人と意見の相違が生じやすい論点といえます。税効果会計の作業自体は決算の最終段階ですが、法定実効税率や繰延税金資産の回収可能性などについては事前に会計監査人と打ち合わせをしておくのが望ましいと思われます。

(1)　税効果会計適用の流れ

　税効果会計では、一時差異に法定実効税率を乗じるだけではなく、法定実効税率の算定から、一時差異の把握、回収可能性の検討、税金負担率の差異分析まで一連の作業が行われます。

①	法定実効税率の算定	利益を課税標準とする税金の税率を用いて法定実効税率を算定します。事業税の取扱いがポイントになります。
②	一時差異の把握	所得計算の過程で発生する会計と税務の差異を一時差異と永久差異に区分して把握します。一時差異の増減は、主に法人税申告書別表5(1)から把握することができます。
③	繰延税金資産・負債の算定	一時差異に法定実効税率を乗じて繰延税金資産・負債を算定します。
④	回収可能性の検討	繰延税金資産については、資産性の有無（回収可能性）を検討します。回収可能性は、法人が5分類のいずれに該当するかに基づいて検討します。
⑤	税効果仕訳	繰延税金資産・負債の算定後、法人税等調整額を相手勘定として税効果仕訳を起こします。この仕訳によって貸借対照表と損益計算書の金額が確定します。
⑥	⑤に伴う申告書の修正	税効果仕訳によって損益計算書の当期純利益が変更になるため、既に法人税申告書を作成している場合には修正します。この修正によって法人税申告書は完成します。

168

第5章　税効果会計の適用

⑦	法人税等の負担率と法定実効税率の差異分析	税効果会計の適用によって、税引前当期純利益と法人税等（法人税等調整額を含む。）の比率は、法定実効税率と一致するように調整されます。ただし、永久差異等によって実際には一致しませんので、その差異の分析を行います。

(2)　税効果会計の対象となる税金

　税効果会計の対象となる税金は利益を課税標準とする税金です。具体的には、国税として法人税及び地方法人税、地方税として事業税、特別法人事業税、都道府県民税及び市町村民税があります。

①	法人税	会計上の利益に一定の調整を加えた所得金額に法人税率を乗じて算定する。 【計算方法】　　　　　　：所得金額×税率 【税率】　　　　　　　　：23.2% 【所得計算上の取扱い】：法人税は損金に算入されない。
②	地方法人税	法人税に税率を乗じて算定するため、利益を課税標準とする税金に該当する。 【計算方法】　　　　　　：法人税額×税率 【税率】　　　　　　　　：10.3% 【所得計算上の取扱い】：地方法人税は損金に算入されない。
③	事業税	法人が事業を行う際に提供を受ける行政サービスの対価として課される税金であり、所得金額に事業税率を乗じて算定する。 【計算方法】　　　　　　：所得金額×税率 【標準税率】　　　　　　：7％（外形標準課税法人は1％） 　　　　　　　　　　　　（自治体によって異なる。） 【所得計算上の取扱い】：事業税は損金に算入される。
④	特別法人事業税	法人事業税の一部を分離し特別法人事業税とした税であり、事業税に税率を乗じて算定する。 【計算方法】　　　　　　：事業税×税率 【税率】　　　　　　　　：37%（外形標準課税法人は260%） 【所得計算上の取扱い】：特別法人事業税は損金に算入される。

169

⑤	都道府県民税	法人が事業所を置く地方自治体に納める法人住民税のうち都道府県に納付する税金で、法人税割と均等割の2つから構成される。 【計算方法】法人税割 ：法人税×税率 　　　　　　均等割　　：会社の規模に応じて定額 【標準税率】法人税割 ：1％ 　　　　　　　　　　　（自治体によって異なる。） 【所得計算上の取扱い】：都道府県民税は損金に算入されない。
⑥	市町村民税	法人が事業所を置く地方自治体に納める法人住民税のうち市町村に納付する税金で、法人税割と均等割の2つから構成される。 【計算方法】法人税割 ：法人税×税率 　　　　　　均等割　　：会社の規模に応じて定額 【標準税率】法人税割 ：6％ 　　　　　　　　　　　（自治体によって異なる。） 【所得計算上の取扱い】：市町村民税は損金に算入されない。

　上記の税効果会計の対象となる税金のうち、事業税及び特別法人事業税は所得計算上損金の額に算入されます。この点が、後述する法定実効税率の計算に影響することになります。これ以外の税金は、所得計算において損金不算入となります。

　なお、下記の税金は、利益を課税標準としていないため、税効果会計の対象とはなりません。

・事業税　付加価値割
・事業税　資本割
・住民税　均等割

　事業税には、所得割、付加価値割及び資本割があります（収入割は特定の業種に対するものであるため、ここでは省略する。）。このうち、所得割は利益を課税標準としているため税効果会計の対象となりますが、付加価値割（付加価値を課税標準とする。）と資本割（資本金等の額を課税標準とする。）は、利益を課税標準としていないために、税効果会計の対象にはなりません。付加価値割と資本割は損益計算書の販管費に計上さ

れます（法人税等ではない。）。

　付加価値割及び資本割は外形標準課税の適用法人のみが対象とされ、原則として資本金1億円超の法人に課されます。したがって、資本金1億円以下の法人は、原則として所得割のみが課され、資本金1億円超の法人は、所得割の他に付加価値割と資本割が課されることになります。

(3)　法定実効税率の算定

　法定実効税率とは、所得に対して課税される法人税等（法人税、住民税及び事業税）の利益に対する実質的な負担率をいいます。所得を課税標準とする税金のそれぞれの税率を単に合算した税率ではなく、事業税が所得計算において損金算入される点を考慮して計算される実質的な負担率です。

　法定実効税率を構成する税金の税率（標準税率）は下記のとおりです。

①	法人税	23.2% （中小企業については軽減税率がある。）
②	地方法人税	10.3%
③	事業税	7％、外形標準課税法人は1％ （上記は標準税率、実際には自治体によって異なる。また、中小企業には軽減税率がある。）
④	特別法人事業税	37％、外形標準課税法人は260％
⑤	都道府県民税	1％ （上記は標準税率、実際には自治体によって異なる。）
⑥	市町村民税	6％ （上記は標準税率、実際には自治体によって異なる。）

　これらの税金を所得に対する税率で考えると、下記のようになります。

①	法人税	23.2%
②	地方法人税	23.2%×10.3%

第5章　税効果会計の適用

③　事業税 （特別法人事業税を含む。）	下記以外の法人　：7.0％＋7.0％×37.0％＝9.59％ 外形標準課税法人：1.0％＋1.0％×260％＝3.60％
④　住民税 （都道府県民税及び市町村民税）	23.2％×7.0％（1.0％＋6.0％）

（注）　特別法人事業税は、標準税率で計算した事業税に税率を乗じて計算します。

　上記の税効果会計の対象となる税金を基礎とすると、法定実効税率は下記のように算定されます。

（法定実効税率）

$$法定実効税率＝\frac{法人税率×（1＋地方法人税率＋住民税率）＋事業税率}{1＋事業税率}$$

（注）　事業税には特別法人事業税を含む。

　分子は各税金の所得に対する税率を合計したものです。この算式の特徴は分母にあります。分母が（1＋事業税率）となっていることを理解する必要があります。これは事業税が所得計算上、損金の額に算入されることに基因しています。事業税は損金算入されるため、所得金額は税引前当期純利益から事業税を控除して計算されることになります。したがって、税引前当期純利益に対する法人税等の負担率を考える場合には、分母が（1＋事業税率）となります。

法人税等の税率：所得金額に対して乗じる。

　　↕

法定実効税率　：税引前当期純利益に対する税金の負担率である。

　また、事業税が損金算入されるため、税引前当期純利益と所得金額が下記の関係にあることを理解する必要があります。

172

第5章　税効果会計の適用

$$税引前当期純利益　-　事業税　=　所得金額$$

　上記の法定実効税率の算式に各税金の税率（標準税率）をあてはめて計算すると、法定実効税率は下記のように算定されます。

【資本金1億円以下の場合】

$$法定実効税率 = \frac{23.2\% + 23.2\% \times 10.3\% + 23.2\% \times 7.0\% + 9.59\%}{1 + 9.59\%}$$

$$= 33.58\%$$

【資本金1億円超の法人（外形標準課税適用法人）】

$$法定実効税率 = \frac{23.2\% + 23.2\% \times 10.3\% + 23.2\% \times 7.0\% + 3.6\%}{1 + 3.6\%}$$

$$= 29.74\%$$

　なお、地方税（事業税と住民税）について、上記は標準税率で計算していますが、実際に事業所が所在する自治体が適用している税率を使用して計算することになります。例えば、東京都にある企業（超過税率適用とする。）の場合は、下記のようになります。

① 法人税	23.2%
② 地方法人税	23.2%×10.3%
③ 事業税 （特別法人事業税を含む。）	（下記以外の法人） 7.48%＋7.0%×37%＝10.07% （外形標準課税法人） 1.18%＋1.0%×260%＝3.78%
④ 住民税 （都道府県民税及び市町村民税）	23.2%×10.4%（2%＋8.4%）

（注）　特別法人事業税は、標準税率で計算した事業税に税率を乗じて計算します。

第5章　税効果会計の適用

【資本金1億円以下の法人】

$$法定実効税率 = \frac{23.2\% + 23.2\% \times 10.3\% + 23.2\% \times 10.4\% + 10.07\%}{1 + 10.07\%}$$

$$= 34.59\%$$

【資本金1億円超の法人（外形標準課税適用法人）】

$$法定実効税率 = \frac{23.2\% + 23.2\% \times 10.3\% + 23.2\% \times 10.4\% + 3.78\%}{1 + 3.78\%}$$

$$= 30.62\%$$

　法定実効税率の算定・適用にあたっては、下記の点に留意が必要です。

> ①　軽減税率が適用になる場合がありますが、一般的には軽減税率を考慮しないで計算します。
> ②　法定実効税率は、企業が所在する事業所で実際に適用される税率を用いて計算します。複数の事業所がある場合には、一般的には、主な所得源泉地である主たる事務所の税率を使用します。
> ③　繰延税金資産・負債を計算する場合に適用する法定実効税率は、将来、一時差異が解消するときに適用される税率を使います。

⑷　一時差異の把握（申告書別表5⑴から把握）

　一時差異とは、貸借対照表に計上されている資産及び負債の金額と課税所得計算上の資産及び負債の金額との差額をいいます。一時差異は、例えば、次のような場合に生じます。

① 収益又は費用の帰属年度が相違する場合
② 資産の評価替えにより生じた評価差額が直接資本の部に計上され、かつ、課税所得の計算に含まれていない場合
③ 税務上の繰越欠損金、繰越外国税額控除、繰越可能な租税特別措置法上の法人税額の特別控除等が生じた場合（一時差異に準ずるもの）

①は最も代表的な一時差異になります。会計と税務で損益の帰属時期が異なる場合に生じます。大企業の場合、債務確定前に見積りで負債の計上を行ったり、いわゆる減損損失を計上するケースが多いため多数の一時差異が発生します。

②の代表的なものは上場株式を保有している場合の時価評価差額です。

③の代表的なものは繰越欠損金です。翌期以降の課税所得を減少させる効果を持つため一時差異として把握します。

上記の一時差異は、法人税申告書から把握することができます。別表4、別表5(1)、別表7などから把握することができます。このうち、別表5(1)には会計と税務の貸借対照表の差異が記載されますので、主として別表5(1)から把握することになります。

また、決算で計上する法人税等の額をエクセル等の表計算を使用して算定している場合には、一時差異の変動額を所得計算に連動させることによって、所得計算・税額計算と税効果の計算を一体として行うことが可能です。

第4章の具体例を使って、一時差異を見ておきましょう。

第5章　税効果会計の適用

【別表4】

区　　分		総　額	留　保	社外流出
当期利益又は当期欠損の額		7,419,696	7,419,696	―
加算	損金経理法人税等	1,323,000	1,323,000	―
	損金経理住民税	160,000	160,000	―
	損金経理納税充当金	712,100	712,100	―
	賞与引当金否認	1,000,000	1,000,000	―
減算	納税充当金支出事業税等	△582,000	△582,000	―
	受取配当等の益金不算入額	△200		△200
	仮払税金認定損	―	―	―
	賞与引当金認容	△700,000	△700,000	―
法人税額控除所得税額		2,204	―	2,204
所得金額又は欠損金額		9,334,800	9,332,796	2,004

（注）　減算は、マイナス（△）としています。

【別表5(1)】

区　分	期　首	減	増	期　末
賞与引当金	700,000	700,000	1,000,000	1,000,000
繰延税金資産	△443,443			△443,443
納税充当金			712,100	712,100

　賞与引当金が一時差異として把握されます。その他に、「未払事業税」も一時差異として把握します。未払事業税は、今期の利益に対する税額ですが、損金算入は申告時である翌期となるため、一時差異となります。

　一般的に、下記のような表によって一時差異の異動状況をまとめます。

第5章　税効果会計の適用

【一時差異】

区　分	期　首	解　消	発　生	期　末
未払事業税	582,000	582,000	227,000	227,000
賞与引当金	700,000	700,000	1,000,000	1,000,000

　未払事業税は、別表5(1)には記載されていませんので、前期や当期の地方税申告書（事業税・特別法人事業税部分）から把握します。

　また、把握した一時差異は、将来減算一時差異と将来加算一時差異に分類されます。一般には、将来減算一時差異が多くなります。

（一時差異）

将来減算一時差異

　一時差異のうち、当該一時差異が解消する時にその期の課税所得を減額する効果を持つものをいう。　将来減算一時差異に法定実効税率を乗じて繰延税金資産を計算する。

将来加算一時差異

　一時差異のうち、当該一時差異が解消する時にその期の課税所得を増額する効果を持つものをいう。将来加算一時差異に法定実効税率を乗じて繰延税金負債を計算する。

　上記の「未払事業税」と「賞与引当金」は、いずれも将来減算一時差異になります。

177

第5章　税効果会計の適用

⑸　繰延税金資産・負債の算定

　将来減算一時差異に法定実効税率を乗じて繰延税金資産を、将来加算一時差異に法定実効税率を乗じて繰延税金負債を計算します。

【繰延税金資産・負債】

区　分	期末一時差異	税率	繰延税金資産・負債
未払事業税	227,000	34.59%	78,519
賞与引当金	1,000,000	34.59%	345,900
合計	1,227,000	—	424,419

⑹　繰延税金資産の回収可能性の検討

　⑸によって算定された繰延税金資産・負債のうち、繰延税金負債は基本的には必ず計上します（支払可能性が認められる（将来支払いが見込まれる）ものだけを計上するが、支払可能性が認められないケースは限定的といえる。）。

　一方、繰延税金資産は回収可能性があるものだけを計上します。繰延税金資産は「資産」ですので、資産性があるか否かを検討する必要があります。繰延税金資産を計上することで、同額だけ株主に配当可能な純資産が増加することになりますので、資産性を検討して回収可能性があるものだけを繰延税金資産に計上します。回収可能性があるとは、繰延税金資産が将来の支払税金を減額する効果を有することをいいます。

　回収可能性については、次のいずれかを満たせば「繰延税金資産の回収可能性」があると判断できます。

> ①　収益力に基づく課税所得の十分性
> ②　タックスプランニングの存在
> ③　将来加算一時差異の十分性

第5章　税効果会計の適用

　上記のうち②は特別なケースであり、また③の将来加算一時差異は、通常将来減算一時差異に比して少額なケースが多いため、繰延税金資産の回収可能性は、主に将来年度の収益力に基づく課税所得を中心に判断することになります。

　ただし、将来年度の収益力を客観的に判断することは困難な場合が多いため、会社の過去の業績等の状況を主たる判断基準として、将来年度の課税所得の見積額による繰延税金資産の回収可能性を判断する指針が出されています。この指針では、会社を5つに分類して、その分類ごとに繰延税金資産をどこまで計上できるのか（回収可能性）を定めています。

　例えば、役員退職慰労引当金には回収可能性がないと判断されると、下記のように評価性引当額として繰延税金資産の要計上額から控除され、繰延税金資産を計上しません。

【繰延税金資産・負債】

区　分	期末一時差異	税率(%)	要計上額	評価性引当額	繰延税金資産
未払事業税	227,000	34.59	78,519	—	78,519
賞与引当金	1,000,000	34.59	345,900	—	345,900
役員退職慰労引当金	3,000,000	34.59	1,037,700	△1,037,700	0
合計	4,227,000	—	1,462,119	△1,037,700	424,419

(7)　税効果仕訳

　繰延税金資産・負債の金額が確定したら税効果仕訳を起こします。繰延税金資産・負債の相手勘定は「法人税等調整額」になります。まず、前期末の繰延税金資産・負債を法人税等調整額に振り替え、その後に当期末の繰延税金資産・負債を法人税等調整額を相手勘定にして計上します。

179

第5章 税効果会計の適用

（前期末の繰延税金資産・負債の戻し）

法人税等調整額	××	/	繰延税金資産	××
繰延税金負債	××	/	法人税等調整額	××

（当期末の繰延税金資産・負債の計上）

繰延税金資産	××	/	法人税等調整額	××
法人税等調整額	××	/	繰延税金負債	××

　前出の具体例の場合、前期末の繰延税金資産を（未払事業税582,000＋賞与引当金700,000）×34.59％＝443,443とすると、下記のようになります。

（前期末の繰延税金資産・負債の戻し）

法人税等調整額	443,443	/ 繰延税金資産	443,443

（当期末の繰延税金資産・負債の計上）

繰延税金資産	424,419	/ 法人税等調整額	424,419

　なお、時価のあるその他有価証券を保有している場合の時価評価差額に対しても税効果を適用しますが、所得計算や税額計算に影響を与えないため、評価差額の時価評価仕訳を行う際に既に繰延税金資産・負債を計上していますので、この段階で行う税効果仕訳からは除かれます。

　上記の税効果仕訳を起票することで、決算数値が最終確定することになります。先ほどのケースの変更前と変更後の決算数値は下記のようになります。

180

【税効果仕訳前の B/S、P/L】

貸借対照表

資産の部		負債の部	
仮払税金	—	未払法人税等	712,100
		未払消費税等	××
繰延税金資産	443,443	賞与引当金	1,000,000

損益計算書

・・・	・・・
税引前当期純利益	10,000,000
法人税等	2,580,304
当期純利益	7,419,696

【税効果仕訳】

| 法人税等調整額 | 443,443 | / | 繰延税金資産 | 443,443 |
| 繰延税金資産 | 424,419 | / | 法人税等調整額 | 424,419 |

【税効果仕訳後の B/S、P/L（最終確定）】

貸借対照表

資産の部		負債の部	
仮払税金	―	未払法人税等	712,100
		未払消費税等	××
繰延税金資産	424,419	賞与引当金	1,000,000

損益計算書

・・・	・・・
税引前当期純利益	10,000,000
法人税等	2,580,304
法人税等調整額	19,024
当期純利益	7,400,672

⑻ 法人税等の負担率と法定実効税率の差異の分析

　税効果会計の適用によって貸借対照表に計上する「繰延税金資産」・「繰延税金負債」が確定し、損益計算書に計上する「法人税等調整額」が確定した後、決算書の法人税等の負担率と法定実効税率の差異の分析を行います。大企業で有価証券報告書を作成している場合には、この差異の内容を有価証券報告書に開示することとされています。

　法人税等の負担率とは、税引前当期純利益と法人税等（法人税、住民税及び事業税と法人税等調整額の合計額）の比率です。税引前当期純利益と課税所得に差異がある場合、税引前当期純利益と法人税等の関係は法定実効税率と一致しないことになりますが、税効果会計を適用することによって、法定実効税率と一致する方向で調整されることになります。ただし、差異のうち永久差異については調整を行いませんので、永久差異がある場合には一致しません。この他、住民税均等割や軽減税率、評価性引当額の増減などによっても一致しなくなります。

法人税等の負担率と法定実効税率の差異を分析することで、税効果会計が適正に適用できているか否かを確認できます。

なお、有価証券報告書では、①「繰延税金資産及び繰延税金負債の発生の主な原因別の内訳」や②「法定実効税率と税効果会計適用後の法人税等の負担率との間に重要な差異があるときの当該差異の原因となった主要な項目別の内訳」を開示することとされています。このうちの②が差異の記載になります。下記のような形式で開示されます。

法定実効税率	30.62%
（調整）	
交際費等永久に損金に算入されない項目	××
住民税均等割	××
評価性引当額の増減	××
その他	××
税効果会計適用後の法人税等の負担率	××

法人税等の負担率と法定実効税率の差異の分析には、法人税や地方税の知識と税効果会計についての深い理解が必要になります。

(9)　税効果仕訳後の申告書の修正（完成）

税効果仕訳によって決算数値が最終確定しますが、決算数値が再び変更になりましたので、既に作成している法人税申告書を再度修正する必要があります。

なお、税効果会計は法人税では認められていません。したがって、税効果会計仕訳によって決算数値が変更されても、課税所得や税額に変更はありません。

税効果仕訳によって損益計算書に法人税等調整額が計上され、同額の当期純利益が増減しますが、「法人税等調整額」は、所得計算上で否認されるために、所得金額は変動しないことになります。

183

第 5 章　税効果会計の適用

（法人税等調整額が借方計上の場合）

法人税等調整額　　×× 　／　　繰延税金資産　　××

→　**加算調整**

（法人税等調整額が貸方計上の場合）

繰延税金資産　　×× 　／　　法人税等調整額　　××

→　**減算調整**

　税効果会計は、法人税では認められていませんので、税効果仕訳の前後で所得金額や税額は変更がないことを念頭に置いて、当期純利益や法人税等調整額など、決算数値が変更された箇所を修正していきます。この修正によって申告書の作成も完了となります。

　では、前出の具体例を使って、税効果仕訳後の金額に修正した申告書を見ておきましょう。

184

【別表4】

区　　分		総　額	留　保	社外流出
当期利益又は当期欠損の額		7,400,672	7,400,672	―
加算	損金経理法人税等	1,323,000	1,323,000	
	損金経理住民税	160,000	160,000	
	損金経理納税充当金	712,100	712,100	
	法人税等調整額	19,024	19,024	
	賞与引当金否認	1,000,000	1,000,000	―
減算	納税充当金支出事業税等	△582,000	△582,000	
	受取配当等の益金不算入額	△200		△200
	仮払税金認定損	―	―	―
	賞与引当金認容	△700,000	△700,000	
法人税額控除所得税額		2,204	―	2,204
所得金額又は欠損金額		9,334,800	9,332,796	2,004

（注）　減算は、マイナス（△）としています。

【別表5(1)】

区　分	期　首	減	増	期　末
賞与引当金	700,000	700,000	1,000,000	1,000,000
繰延税金資産	△443,443	△19,024		△424,419
納税充当金			712,100	712,100

　金額の変更があった箇所について確認しておきましょう。

①　当期純利益

　税効果仕訳前は、7,419,696円でしたが、税効果仕訳によって法人税等調整額19,024円が計上されたことで、同額減少して7,400,672円に変更になっています。

②　法人税等調整額（加算）

　損益計算書に計上された法人税等調整額19,024円は、所得計算上否認されます。法人税等調整額は借方に計上されていますので、加算調整を

第5章　税効果会計の適用

③　繰延税金資産（別表5⑴）

　別表5⑴に計上されている繰延税金資産（△）は、期首残高△443,443円から期末残高△424,419円へと19,024円減少しています。この減少額が所得計算の加算調整と対応する関係になります。

　税効果仕訳前と仕訳後の別表4を並べてみましたので、金額の変わっている部分を確認しておきましょう。

【別表4】

<table>
<thead>
<tr><th colspan="2">区　　　分</th><th>仕訳前</th><th>仕訳後</th><th>増減</th></tr>
</thead>
<tbody>
<tr><td colspan="2">当期利益又は当期欠損の額</td><td>**7,419,696**</td><td>**7,400,672**</td><td>**△19,024**</td></tr>
<tr><td rowspan="5">加算</td><td>損金経理法人税等</td><td>1,323,000</td><td>1,323,000</td><td>―</td></tr>
<tr><td>損金経理住民税</td><td>160,000</td><td>160,000</td><td>―</td></tr>
<tr><td>損金経理納税充当金</td><td>712,100</td><td>712,100</td><td>―</td></tr>
<tr><td>法人税等調整額</td><td>―</td><td>**19,024**</td><td>**＋19,024**</td></tr>
<tr><td>賞与引当金否認</td><td>1,000,000</td><td>1,000,000</td><td>―</td></tr>
<tr><td rowspan="4">減算</td><td>納税充当金支出事業税</td><td>△582,000</td><td>△582,000</td><td>―</td></tr>
<tr><td>受取配当等の益金不算入</td><td>△200</td><td>△200</td><td>―</td></tr>
<tr><td>仮払税金認定損</td><td>―</td><td>―</td><td>―</td></tr>
<tr><td>賞与引当金認容</td><td>△700,000</td><td>△700,000</td><td>―</td></tr>
<tr><td colspan="2">法人税額控除所得税額</td><td>2,204</td><td>2,204</td><td>―</td></tr>
<tr><td colspan="2">所得金額又は欠損金額</td><td>9,334,800</td><td>9,334,800</td><td>0</td></tr>
</tbody>
</table>

（注）　減算は、マイナス（△）としています。

第6章

納付と申告書の提出

(1) 納付（納税）

　法人税等の申告・納付期限は、原則として期末から2ヶ月以内とされています。一定の法人は、申告期限の延長手続をすることによって期限が1ヶ月延長されます。3月決算の場合ですと、申告期限は原則として5月末ですが、延長の手続きによって6月末になります。

　大企業やその連結子会社では、通常、申告期限の延長手続を取っていますが、中小企業では、延長手続を取っていない場合が多いようです。

　税金の納付については、期末から2ヶ月を超えてしまうと利子税や延滞税といった附帯税が課されてしまいます。そこで、申告期限の延長をしている大企業等では、申告書の提出前であっても、利子税等が課されないように期末から2ヶ月以内に税金の納付を済ませてしまいます。これを見込納付といいます。「見込」納付といっても、納付前に申告書を作成して税額計算を行い、税額を確定させてから納付をしているケースが多いと思われます。

　なお、見込納付した後に、申告税額が修正になった場合には、差額を追加納付するか、又は還付を受けることになります。

【中小企業の場合（3月決算）】

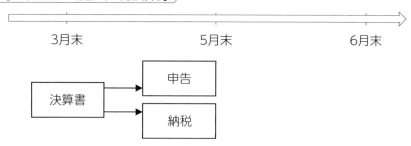

　中小企業では、一般的に申告期限を延長していない法人が多いため、5月末までに申告と納税を行います。

【大企業の場合（3月決算）】

　大企業では、一般的に申告期限を延長しているため、納税（見込納付）は5月末までに、申告は6月末までに行います。

(2) 提出期限（法人税、地方税、消費税）

① 法人税、地方税（事業税・住民税）

　法人税や地方税の申告期限は期末から2ヶ月以内とされています。また、法人税申告書は確定した決算（定時株主総会の承認を受けた決算）に基づき作成することとされています。したがって、期末から2ヶ月以内に定時株主総会を開催して決算承認を受け、その決算に基づいて作成した申告書を期末から2ヶ月以内に提出することになります。

　大企業では、監査法人等の会計監査を受けるために定時株主総会を期末から2ヶ月以内に開催することが日程的に難しくなります。また、中小企業であっても、定款に「定時株主総会は事業年度終了後3ヶ月以内に開催する」といった条項がある場合は、期末から2ヶ月以内に決算が確定しないことが考えられます。

　法人税では、申告期限の延長の特例が設けられており、「定款等の定めにより、当該事業年度以後の各事業年度終了の日の翌日から2月以内に当該各事業年度の決算についての定時総会が招集されない常況にあると認められる場合」（法75の2）には、申告書の提出期限を1ヶ月間延長することができるとされています。事業税や住民税も同様に1ヶ月の延長の特例があります。

第6章　納付と申告書の提出

税　目	提出期限	提出期限の特例
法人税 地方税	事業年度終了の日の翌日から2ヶ月以内（3月決算の場合、5月末） なお、申告書は定時株主総会の決算承認を受け決算が確定してから提出する必要がある。	「定款等」の定めにより、当該事業年度以後の各事業年度終了の日の翌日から2ヶ月以内に当該各事業年度の決算についての定時総会が招集されない常況にあると認められる場合には、当該申告書の提出期限を1ヶ月間延長することができる。 定款において「定時株主総会を事業年度終了後3ヶ月以内に行う」と規定していれば延長が可能。

　なお、上記の他に、災害その他やむを得ない理由により決算が確定しない場合に申告期限を延長する特例があります。

②　消費税

　消費税の申告は、法人税と同様に期末から2ヶ月以内とされています。ただし、法人税について申告期限の延長手続をしている場合には、届出書の提出により、消費税申告書の提出期限を1ヶ月間延長することができます。

税　目	提出期限	提出期限の特例
消費税	事業年度終了の日の翌日から2ヶ月以内（3月決算の場合、5月末）	法人税の申告期限の延長の特例の適用を受ける法人は、「消費税申告期限延長届出書」の提出により、消費税及び地方消費税の確定申告書の提出期限を1ヶ月延長することができる。

　したがって、法人税と消費税についてそれぞれ申告期限の延長の手続きを取れば、いずれも1ヶ月の延長が可能になります。3月決算の法人が延長の手続きを取っている場合、納税は5月末までに、申告は6月末までに行うこととなります。

③　延長のための提出書類

　延長手続を取るためには、提出期限までに下記の書類を提出する必要があります。なお、一度手続きをすればその後はずっと有効になりますので、毎年手続きをする必要はありません。

第6章　納付と申告書の提出

税　目	提出書類	提出期限
法人税	定款の定め等による申告期限の延長の特例の申請書	特例の適用を受けようとする事業年度終了の日まで
住民税	法人税に係る申告書の提出期限の延長の処分等の届出	延長の処分があった日の属する事業年度終了の日から22日以内
事業税	事業税等に係る申告書の提出期限の延長の承認等の申請	延長を受けようとする事業年度終了の日まで
消費税	消費税申告期限延長届出書	特例の適用を受けようとする事業年度終了の日の属する課税期間の末日まで

191

第6章　納付と申告書の提出

（定款の定め等による申告期限の延長の特例の申請書）

定款の定め等による申告期限の延長の特例の申請書

	※ 整理番号	
	※通算グループ整理番号	

税務署受付印

令和　年　月　日

提出区分	納　税　地	〒
		電話(　　　)　　―
□ 通算親法人が提出する場合	（フリガナ）	
	法 人 名 等	
	法 人 番 号	|　|　|　|　|　|　|　|　|　|　|　|　|
	（フリガナ）	
	代 表 者 氏 名	
	代 表 者 住 所	〒
	事 業 種 目	業

税務署長殿

定款、寄附行為、規則、規約その他これらに準ずるものの定めにより、若しくは特別の事情があることにより、当該事業年度以後の各事業年度終了の日の翌日から2月以内に当該各事業年度の決算についての定時総会が招集されない常況にあり、又は通算法人が多数に上ることその他これに類する理由により損益通算等による所得の金額若しくは欠損金額及び法人税の額の計算をすることができないことにより、今後、各事業年度終了の日の翌日から2月以内に法人税の確定申告書を提出できない常況にあるため、

自令和　年　月　日

至令和　年　月　日　　事業年度の所得に対する法人税の確定申告書から、適用の取りやめをするまで

提出期限の延長をし、延長月数の指定若しくは指定の取消しを受け又は延長月数の変更をしたいので申請します。

記

申告期限延長期間	(1) 申告期限が延長されていない法人
	□ 申告期限を1月（通算法人にあっては、2月）延長したい場合
	□ 申告期限の延長及び2月（通算法人にあっては、3月）以上の延長月数の指定を受けたい場合　その月数（　　）
	(2) 申告期限が1月（通算法人にあっては、2月）延長されている法人
	□ 2月（通算法人にあっては、3月）以上の延長月数の指定を受けたい場合　　　　　その月数（　　）
	(3) 2月（通算法人にあっては、3月）以上の延長月数の指定を受けている法人
	□ 延長月数の指定の取消しを受け、1月（通算法人にあっては、2月）延長としたい場合　取消し前の月数（　　）
	□ 2月（通算法人にあっては、3月）以上の範囲内で延長月数の指定を受けている月数を　変更前の月数（　　）
	変更したい場合　　　　　　　　　　　　　　　　　　　　　　　　変更後の月数（　　）

各事業年度終了の日の翌日から2月以内（延長月数の指定を受けようとする場合には各事業年度終了の日の翌日から3月以内又は通算法人の事業年度終了の日の翌日から4月以内）に各事業年度の決算についての定時総会が招集されない、又は通算法人が多数に上ることその他これに類する理由により損益通算等による所得の金額若しくは欠損金額及び法人税の額の計算をすることができない理由	根 拠 条 文	□ 法人税法第75条の2第1項柱書（同条第11項第1号の規定により読み替えて適用する場合及び同法第144条の8において準用する場合を含む。）
		□法人税法第75条の2第1項第1号（同条第11項第1号の規定により読み替えて適用する場合及び同法第144条の8において準用する場合を含む。）
		□ 法人税法第75条の2第1項第2号（同条第11項第1号の規定により読み替えて適用する場合及び同法第144条の8において準用する場合を含む。）
		□法人税法第75条の2第2項（同条第11項第1号の規定により読み替えて適用する場合及び同法第144条の8において準用する場合を含む。）
その他参考となるべき事項	書類添付等	1　定款等の写し
		2　その他

税 理 士 署 名	

※税務署処理欄	部門	決算期	業種番号	番号	入力	名簿等	通信日付印	確認
	回付先	□ 親署 → 子署　・　□ 親署 → 調査課					年　月　日	

04.06改正

（規格A4）

192

第6章　納付と申告書の提出

（申告書の提出期限の延長の処分等の届出書・承認等の申請書）—東京都—

申告書の提出期限の延長の処分等の
届出書・承認等の申請書

第十三号の二様式（令和五年改正）

受付印			整理番号	
			管理番号	

令和　年　月　日

| 東京都 | 都税事務所長 支庁長 殿 | ※処理事項 | 発信　年　月　日 通信日付印　確認 ・　・ | 受付簿入　力 | 道府県市町村 通知通知 |

所在地及び電話番号	（電話　　　　　）
（ふりがな）法人名及び法人番号	（法人番号）
（ふりがな）代表者氏名	
経理責任者氏名	
資本金の額又は出資金の額	円

法人税に係る申告書の提出期限の延長の処分等の届出（都民税関係）

令和　　年　　月　　日から の事業年度の所得に対する法人税の確定申告書から提出期限の延長について
令和　　年　　月　　日まで

- ☐ 下記のとおり延長の処分があった
- ☐ 下記のとおり指定があった
- ☐ 下記のとおり指定に係る月数が変更された　　　　　ので届け出ます。
- ☐ 指定が取り消された
- ☐ 下記のとおり延長又は指定があったものとみなされた

記

確定申告書の提出期限の延長期間　　　　　　　（　　　）月間
指定を受けた月数　　　　　　　　　　　　　　（　　　）月間
変更後の指定に係る月数　　　　　　　　　　　（　　　）月間

事業税等に係る申告書の提出期限の延長の承認等の申請

令和　　年　　月　　日から の事業年度分の事業税及び特別法人事業税の確定申告書から提出期限の延長をし、又は指定、指定の取消し若しくは
令和　　年　　月　　日まで 指定に係る月数の変更を受けたいので申請します。

1　確定申告書の提出期限の延長されていない法人
　（1）確定申告書の提出期限が延長をしたい場合（次に掲げる場合を除く。）　1月間（通算法人は2月間）
　　☐ 確定申告書の提出期限の延長及び指定を受けたい場合　　　　　　　　　（　　　）月間
　（2）確定申告書の提出期限が1月間（通算法人は2月間）延長されている法人
　　☐ 指定を受けたい場合　　　　　　　　　　　　　　　　　　　　　　　　（　　　）月間
　（3）指定を受けている法人
　　☐ 指定の取消しを受け、確定申告書の提出期限の延長期間を1月間（通算法人は2月間）としたい場合
　　　　　　　　　　　　　　　　　　　　　取消し前（　　　）月間
　　☐ 指定に係る月数の変更を受けたい場合　変更前（　　　）月間
　　　　　　　　　　　　　　　　　　　　　変更後（　　　）月間

2　各事業年度終了の日から2月以内（指定を受けようとする場合には、各事業年度終了の日から3月以内）に当該各事業年度の決算についての定時総会が招集されない理由（通算法人にあっては、各事業年度終了の日から2月以内（指定を受けようとする場合には、各事業年度終了の日から4月以内）に当該各事業年度（他の通算法人の各事業年度を含む。）の決算についての定時総会が招集されない理由又は通算法人が多数に上ることその他これに類する理由により損益通算等による法人税の所得の金額若しくは欠損金額及び法人税の額の計算を了することができない理由）

3　根拠条文
　☐ 法第72条の25第3項（注1）又は第5項（注2）
　☐ 法第72条の25第3項第1号（注1）又は第5項第1号（注2）
　☐ 法第72条の25第3項第2号（注1）又は第5項第2号（注2）
　☐ 政令第24条の4第1項（政令第24条の4第3項において準用する場合を含む。）
　（注1）法第72条の28第2項及び第72条の29第2項において準用する場合を含む。
　（注2）法第72条の28第2項並びに第72条の29第2項及び第6項において準用する場合を含む。

4　添付書類等
　☐ 定款等の写し
　☐ その他（　　　　　　　　　　　　　　　）

通算親法人の本店所在地及び電話番号	（電話　　　　　）
（ふりがな）通算親法人の名称及び法人番号	（法人番号）
関与税理士署名	（電話　　　　　）

支店等 所在地	名称	所在地	法人税に係る申告期限の延長の特例の申請書の提出の有無 法人税法 第75条の2第1項、同項第1号、第2号、同条第2項	有・無 指定等を受けようとする月数 月間 申請書提出年月日 令和　年　月　日

太枠欄のみ記入してください。

第6章　納付と申告書の提出

（消費税申告期限延長届出書）

消　費　税　申　告　期　限　延　長　届　出　書

収受印

令和　　年　月　日	届出者	（フリガナ）	
		納　税　地	（〒　　－　　　） （電話番号　　　－　　　－　　　）
		（フリガナ）	
		名　称　及　び 代表者氏名	
_____税務署長殿		法　人　番　号	

　　下記のとおり、消費税法第45条の2 第1項 に規定する消費税申告書の提出期限の特例の適用を受けたいので、届出します。

事　業　年　度	自　　　月　　　日　至　　　月　　　日	
適用開始課税期間	自　令和　　年　　月　　日　至　令和　　年　　月　　日	
適用要件等の確認	法人税法第75条の2に規定する申請書の提出有無	有　・　無
	国、地方公共団体に準ずる法人の申告期限の特例の適用を受けていない	□　は　　い
参　考　事　項		
税　理　士　署　名	（電話番号　　　－　　　－　　　）	

※税務署処理欄	整理番号		部門番号		番号確認	通信日付印　　確 　年　月　日　　認	
	届出年月日	年　月　日	入力処理	年　月　日	台帳整理	年　月　日	

194

④ 確定した決算との関係

法人税では、「内国法人は、各事業年度終了の日の翌日から 2 月以内に、税務署長に対し、確定した決算に基づき次に掲げる事項を記載した申告書を提出しなければならない。」（法74）としており、確定した決算に基づいて申告書を作成することを要求しています。確定した決算とは、定時株主総会で株主から承認を受けた決算をいいます。したがって、会社は決算作業を行って決算報告書を作成し、それを定時株主総会で株主に承認してもらいます。そして承認を受けた確定決算に基づいて申告書を作成して提出することになります。

実務においては、事前に申告書を作成しておき、定時株主総会で決算の承認を受けたのを確認してから申告書を提出するという流れになります。したがって、定時株主総会より前に申告書を提出するということはありません。法人税申告書別表 1 には、「決算確定の日」を記載する欄がありますので、そこに記載した日よりも前には提出できないことになります。

なお、中小企業の場合、株主＝会社の代表者である場合も多く、その場合には定時株主総会を行う実効性が乏しいため、実際には株主総会を行わない場合も多いと思われます。その場合でも、定時株主総会の開催日を決めて株主＝代表者から決算内容と申告書の提出の承認を受けてから提出する必要があります。

第6章 納付と申告書の提出

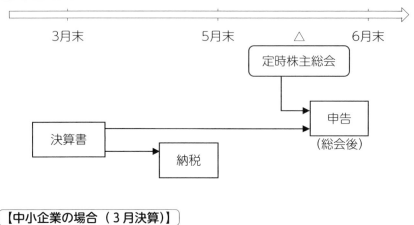

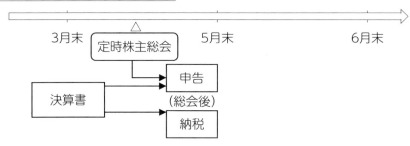

　なお、消費税申告書は、「確定した決算」に基づいて作成することは要求されていませんので、定時株主総会前に提出することが可能ですが、実務的には法人税申告書と消費税申告書を同時に提出するのが一般的であると思われます。

第6章　納付と申告書の提出

(3)　申告時の提出書類

　法人税の申告をする際に、申告書の他に提出する書類があります。

【申告時に提出する書類】
・申告書一式
・貸借対照表
・損益計算書　　　　　　　決算報告書
・株主資本等変動計算書
・適用額明細書
・勘定科目内訳明細書（所定の様式）
・法人事業概況説明書又は会社事業概況書（所定の様式）
・出資関係図

①　申告書一式

　法人税申告書は、通常の会社の場合、別表１～別表17までを作成して提出します。実務では、税務申告書作成ソフトを使って申告書を作成していますので、ソフトから一式を印刷することで準備ができます。なお、電子申告の場合には、電子データとして送信しますので紙の申告書を準備する必要はありません。

　通常の申告書一式の他に、組織再編があった場合に提出する「組織再編成に係る主要な事項の明細書」や特別償却の適用を受ける場合に提出する「特別償却の付表」などがあります。提出を失念した場合には適用が認められない取扱いなどもありますので留意が必要です。

②　決算報告書

　定時株主総会の承認を受けた決算報告書を提出します。申告書に記載している決算数値と決算報告書の数値が一致している必要があります。

③　適用額明細書

　適用額明細書は、法人税申告書を提出する法人で、法人税関係特別措

197

置のうち税額又は所得の金額を減少させる規定その他一定の規定の適用を受けようとする場合に、その法人税申告書に添付して提出するものです。一般的に適用額明細書も法人税申告書作成ソフトにおいて作成ができきます。

④　勘定科目内訳明細書

主として貸借対照表に計上されている勘定科目の明細を作成して提出します。国税庁が用意している所定の様式に記載して作成します。勘定科目内訳明細書も税務申告書作成ソフトとセットで作成することができる場合が多いと思われます。

⑤　法人事業概況説明書又は会社事業概況書

法人の概況を記載する書類です。税務署所管法人は「法人事業概況説明書」を、調査課所管法人は「会社事業概況書」を作成して提出します。いずれも国税庁が用意している様式に記載します。法人事業概況説明書・会社事業概況書も税務申告書作成ソフトとセットで作成することができる場合が多いと思われます。

⑥　出資関係図

内国法人が完全支配関係がある他の法人を有する場合に、法人税の確定申告書に当該内国法人との間に完全支配関係がある法人との関係を系統的に示した出資関係図を添付することとされています。この出資関係図には、原則として、期末において当該内国法人との間に完全支配関係があるすべての法人を記載します。

第6章　納付と申告書の提出

（適用額明細書）

■ 別記様式

FB4011 ■

令和　年　月　日

税務署長殿

自平成/令和 □□年 □□月 □□日

至平成/令和 □□年 □□月 □□日

事業年度分の適用額明細書
（当初提出分 ・ 再提出分）

この用紙はとじこまないでください

収受印

納　税　地	電話（　　　）　－	整理番号	□□□□□□□□
（フリガナ）		提出枚数	□枚　うち□枚目
法　人　名		事 業 種 目	業種番号 □
法 人 番 号	□□□□□□□□□□□□□	※税務署処理欄 提出年月日	令和 □年 □月 □日
期末現在の資本金の額又は出資金の額	先　十億　百万　千　円		
所得金額又は欠損金額	十億　百万　千　円		

当該適用額明細書を再提出する場合には、訂正箇所のみ記載するのでなく、すべての租税特別措置について記載してください。

OCR入力用（この用紙は機械で読み取ります。折ったり汚したりしないでください。）

租 税 特 別 措 置 法 の 条 項	区 分 番 号	適 用 額
		十億　百万　千　円
第　条　第　項第　号	□□□	□□□□□□□□□□
第　条　第　項第　号	□□□	□□□□□□□□□□
第　条　第　項第　号	□□□	□□□□□□□□□□
第　条　第　項第　号	□□□	□□□□□□□□□□
第　条　第　項第　号	□□□	□□□□□□□□□□
第　条　第　項第　号	□□□	□□□□□□□□□□
第　条　第　項第　号	□□□	□□□□□□□□□□
第　条　第　項第　号	□□□	□□□□□□□□□□
第　条　第　項第　号	□□□	□□□□□□□□□□
第　条　第　項第　号	□□□	□□□□□□□□□□
第　条　第　項第　号	□□□	□□□□□□□□□□
第　条　第　項第　号	□□□	□□□□□□□□□□
第　条　第　項第　号	□□□	□□□□□□□□□□
第　条　第　項第　号	□□□	□□□□□□□□□□
第　条　第　項第　号	□□□	□□□□□□□□□□
第　条　第　項第　号	□□□	□□□□□□□□□□
第　条　第　項第　号	□□□	□□□□□□□□□□
第　条　第　項第　号	□□□	□□□□□□□□□□
第　条　第　項第　号	□□□	□□□□□□□□□□
第　条　第　項第　号	□□□	□□□□□□□□□□

199

第6章　納付と申告書の提出

（法人事業概況説明書）表面のみ掲載

法人事業概況説明書

FB1007

別添「法人事業概況説明書の書き方」を参考に記載し、法人税申告書等に一部添付して提出してください。
なお、記載欄が不足する項目につきましては、お手数ですが、適宜の用紙に別途記載の上、添付願います。

整理番号

法人名	屋号（　　　　）	事業年度	自令和　年　月　日
	電話（　）　－		至令和　年　月　日
		自社ホームページの有無　有・無	（自社ホームページアドレス）

税務署処理欄

この用紙はとじこまないでください

OCR入力用（この用紙は機械で読み取ります。折ったり汚したりしないでください。）

1 事業内容
（　　　　　　　）業

2 支店・子会社の状況
- (1) 支店・店舗数
- 支店・店舗数
- 所在地名1　従業員数
- 所在地名2　従業員数

(2) 国内子会社の数
- 国内子会社
- 海外子会社
- 子会社名称
- 子会社名称

3 海外取引状況
- (1) 取引種類　輸入・輸出・無
- 相手国　主な商品
- 相手国　主な商品
- 取引金額（百万円）
- (2) 輸の出海入外取引

4 期末従事員等の状況
- (1) 常勤役員
- (2) 期末従事員の状況（単位・人）
- 計
- （うち代表者家族数）
- （うちパート・アルバイト）
- (3) 賃金の定め方　A日給・B月給・AB給
- (3) 社宅・寮の有無

5 PC利用状況
- (1) PCの有・無
- (2) OS　Windows・Mac・Linux・その他（　）
- (3) PCの利用形態
- (4) 会計ソフトの利用等　有・無
- (5) 会計ソフト名
- (6) メールソフト名
- (7) 電帳法適用状況　優良・一般・スキャナ

6 電子商取引
- 電子商取引（インターネット取引）
- 販売チャネル　自社HP・他社HP

7 株主又は株式所有異動の有無　有・無　うち株式交付

8 経理の状況
- (1) 区分・氏名・代表者との関係　管理者・現金・通帳　親族・他人
- (2) 試算表の作成状況　毎月・おおむね月ごと・決算時のみ
- (3) 源泉徴収対象所得　給与・顧問料・利子等・配当・非居住者・退職
- (4) 消費税　経理方式・税込経理・税抜経理
- (5) 社内監査　実施の有無　有・無

9 役員又は役員報酬額の異動の有無　有・無

10 主要科目（各科目の単位：千円）

項目	金額	項目	金額
売上（収入）高		特別損失	
上記のうち兼業売上（収入）高		税引前当期損益	
売上（収入）原価		資産の部合計（負債の部合計＋純資産の部合計）	
期首棚卸高		現金預金	
原材料費（仕入高）注2		受取手形※貸倒引当金控除前	
労務費※福利厚生費等を除いてください		売掛金※貸倒引当金控除前・注3（未成工事支出金）	
外注費		棚卸資産（未成工事支出金）	
期末棚卸高		貸付金	
減価償却費		建物※減価償却累計額控除後	
地代家賃		機械装置※減価償却累計額控除後	
売上（収入）総利益		車両・船舶※減価償却累計額控除後	
役員報酬		土地	
従業員給料		負債の部合計（負債の部合計＋純資産の部合計）	
交際費		支払手形	
減価償却費		買掛金注3	
地代家賃		個人借入金	
営業損益		その他借入金	
特別利益		純資産の部合計（資産の部合計－負債の部合計）	

11 代表者に対する報酬等の金額（各科目の単位：千円）

報酬	貸付金	仮払金
賃借料　支払利息	借入金	仮受金

200

第6章　納付と申告書の提出

（会社事業概況書）　1ページ目のみ掲載

別添「会社事業概況書の記載要領」を参考に記載し、法人税申告書に二部添付して提出してください。

会社事業概況書（1.総括表）

収受印

☐　　内国法人　　☐　　外国法人	

＊	
法　人　名	
事業年度（至）	

① 事業の内容

応答者	氏　名	
	部・課	
	役職名	
	電　話	

② 関与税理士

氏　名	電　話

③ 加入組合等

加入組合等	役職名

④ 上場している場合の市場名

市場名1		市場名2		未上場の場合、株主又は株式所有異動の有無（1 有、2 無）

⑤ 子会社等及び支店等数

	国内	海外		国内				海外	
子会社等			支店等	工場	店舗	営業所	その他	工場	その他

⑥ 売上構成比

品名、事業部等	売上高（単位：百万円）	構成割合
そ　の　他		
合　　　計		

⑦ 前期と比較して当期の業績（売上・利益等）に著しい変化がある場合の主な理由

⑧ 主要役員の状況

氏　　名	役職名	就任年月	所有株式（千株）
	代表取締役		

⑨従業員数

人

⑩ 申告書確認表等の活用状況（自社で作成しているチェックシートに盛り込む等、間接的に活用する場合を含みます。）

申告書確認表※の活用の有無（1 有、2 一部有、3 無）	大規模法人における税務上の要注意項目確認表※の活用の有無（1 有、2 一部有、3 無）

※「申告書確認表」及び「大規模法人における税務上の要注意項目確認表」は、国税庁ホームページ（ホーム／税の情報・手続・用紙／申告手続・用紙／申告・申請・届出等、用紙（手続の案内・様式）／確定申告等情報／法人税／申告手続に係る各種参考情報／「申告書の自主点検と税務上の自主監査」に関する情報（調査課所管法人の皆様へ）に掲載しています。

201

第6章　納付と申告書の提出

（出資関係図）

○　出資関係図の作成例

(1)　出資関係を系統的に記載した図

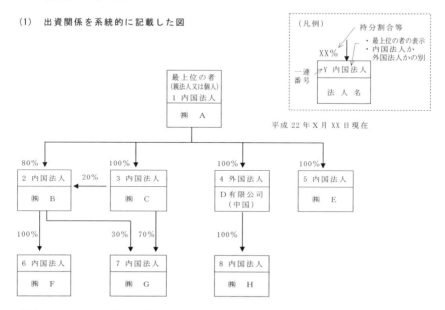

（注）1　原則として、グループ内の最上位の者及びその最上位の者との間に完全支配関係があるすべての法人を記載してください。
　　　2　グループ法人が外国法人である場合には、法人名の下にその所在地国を記載してください。

(2)　グループ一覧

平成22年X月XX日現在

一連番号	所轄税務署名	法人名	納税地	代表者氏名	事業種目	資本金等（千円）	決算期	備考
1	麹町	㈱A	千代田区大手町1-3-3	a	鉄鋼	314,158,750	3.31	
2	仙台北	㈱B	仙台市青葉区本町3-3-1	b	機械修理	34,150,000	6.30	

（出典：平成22年度税制改正に係る法人税質疑応答事例（グループ法人税制その他の資本に関係する取引等に係る税制関係）問1）

第6章　納付と申告書の提出

⑷　電子申告の義務化

　大企業は電子申告が義務化されています。紙の申告書で提出すること
は認められていません。申告書だけでなく、決算報告書や勘定科目内訳
明細書なども電子データで提出することが要求されています。

　電子申告義務化の内容は下記のとおりです。

	内　　容
対象法人	①　内国法人のうち、その事業年度開始の時において資本金の額又は出資金の額が1億円を超える法人 ②　通算法人、相互会社、投資法人及び特定目的会社
対象税目	法人税及び地方法人税並びに消費税及び地方消費税
対象手続	確定申告書、中間（予定）申告書、仮決算の中間申告書、修正申告書及び還付申告書
対象書類	申告書及び申告書に添付すべきものとされている書類のすべて

（注）　地方税も同様の取扱いです。

①　対象法人

　期首の資本金又は出資金が1億円を超える法人は、電子申告が義務化
されています。期末ではなく、期首の資本金等で判定を行います。

②　対象税目

　国税である法人税、地方法人税、消費税です。なお、地方税（事業税
や住民税）も同様の取扱いです。

③　対象書類

　申告書のみならず、添付して提出する決算報告書や勘定科目内訳明細
書、法人事業概況説明書・会社事業概況書も電子データで提出する必要
があります。

　勘定科目内訳明細書や法人事業概況説明書・会社事業概況書は、税務
申告書作成ソフトとセットで申告書と共に作成して申告書と一緒に電子
申告することができる場合が多いと思われます。

　決算報告書はCSVデータを作成して申告書に添付して送信する場合

203

や、会計ソフトから電子申告添付用の CSV データや XBRL データを作成する機能が付いている場合があります。紙の決算報告書で提出したり、電子申告の際に決算報告書の PDF データを添付して送信することはできませんので留意が必要です。

　一方で、租税特別措置の適用を受けるために申告書に添付が必要な証明書などの書類や出資関係図などはイメージデータ化（PDF 化）したものを提出することが可能です。

第7章

法人税申告書の作成実務

第7章　法人税申告書の作成実務

　中小企業の実務では、一般的に税務の取扱いに準じた会計処理をする傾向にありますので、会計の利益と法人税の所得には大きな差異は生じません。所得計算を行う別表4の調整項目についても必ず発生する税金関係の調整のみの場合も多く、シンプルなものになります。

　一方、大企業の場合には、様々な会計基準を適用しますし、また税務の取扱いに準じた会計処理をするわけではありませんので、会計の利益と法人税の所得に大きな差異が生じることになります。別表4においては、多くの加算・減算の調整が発生し、それが会計と税務の資産・負債の差異になるため、別表5(1)にも多くの記載が生じることになります。別表4や別表5(1)が1ページでは収まり切らない、というケースも多いと思われます。

　実務で必要になる申告書作成業務は、大きくは「法人税・地方税」と「消費税」の2つに分かれます。これは、法人税申告書と地方税申告書は連動する関係にあるため、まとめて作成することになるためです。税務申告ソフトも、法人税と地方税は1つのソフトの中で作成するようになっており、消費税は別のソフトになっているのが一般的です。

　消費税については、会計ソフトから自動的に申告書が作成される場合が多いことから省略し、本書では法人税・地方税の申告書作成について解説をしていきます。

　なお、本書は申告書作成を主とした書籍ではありませんので、中小企業の実務を念頭においた基本的な申告書の記載について解説します。

(1)　法人税申告書作成の概要

　法人税の計算は、主に所得計算と税額計算に分かれます。所得計算では、損益計算書の最終値である当期純利益（税引後）をスタートにして加算・減算の調整を加えて所得金額を算出します。この所得計算は「別表4」で行います。

　別表4を作成する際に、まず他の別表を作成して、その別表で算出された調整金額を別表4に転記する場合と、他に別表はなく、直接別表4

206

で加算・減算の調整をするものがあります。

　税額計算は、別表4で算出された所得金額をスタートにして、まず税率を乗じて税額を算出し、その後にいくつかの加算や控除を行って最終的に確定申告で納付する税額を算出します。この税額計算は「別表1」で行います。

　法人税申告書は「別表」といわれており、別表1から別表21まであります。必ず作成するものもあれば、必要に応じて作成するものもあります。一般的に使用されることが多い別表として、次のものがあります。

（法人税申告書別表）

別表1	各事業年度の所得に係る申告書	◎
別表1次葉	各事業年度の所得に係る申告書（次葉）	◎
別表2	同族会社等の判定に関する明細書	◎
別表3(1)	特定同族会社の留保金額に対する税額の計算に関する明細書	△
別表4	所得の金額の計算に関する明細書	◎
別表5(1)	利益積立金額及び資本金等の額の計算に関する明細書	◎
別表5(2)	租税公課の納付状況等に関する明細書	◎
別表6(1)	所得税額の控除に関する明細書	○
別表6(2)	内国法人の外国税額の控除に関する明細書	△
別表6(15)	中小企業者等が機械等を取得した場合の法人税額の特別控除に関する明細書	△
別表6(24)	給与等の支給額が増加した場合の法人税額の特別控除に関する明細書	○
別表7(1)	欠損金の損金算入等に関する明細書	○
別表8(1)	受取配当等の益金不算入に関する明細書	○
別表8(2)	外国子会社から受ける配当等の益金不算入等に関する明細書	△
別表11(1)	個別評価金銭債権に係る貸倒引当金の損金算入に関する明細書	△

207

第7章　法人税申告書の作成実務

別表11（1の2）	一括評価金銭債権に係る貸倒引当金の損金算入に関する明細書	△
別表14(2)	寄附金の損金算入に関する明細書	○
別表15	交際費等の損金算入に関する明細書	○
別表16(1)	旧定額法又は定額法による減価償却資産の償却額の計算に関する明細書	○
別表16(2)	旧定率法又は定率法による減価償却資産の償却額の計算に関する明細書	○
別表16(6)	繰延資産の償却額の計算に関する明細書	△
別表16(7)	少額減価償却資産の取得価額の損金算入の特例に関する明細書	○
別表16(8)	一括償却資産の損金算入に関する明細書	○
特別償却の付表		△

◎：必ず作成する別表
○：作成されることが多い別表
△：必要な場合に作成する別表

208

第7章　法人税申告書の作成実務

法人税申告書の作成の流れは下記のようになります。

《法人税申告書の作成の流れ》

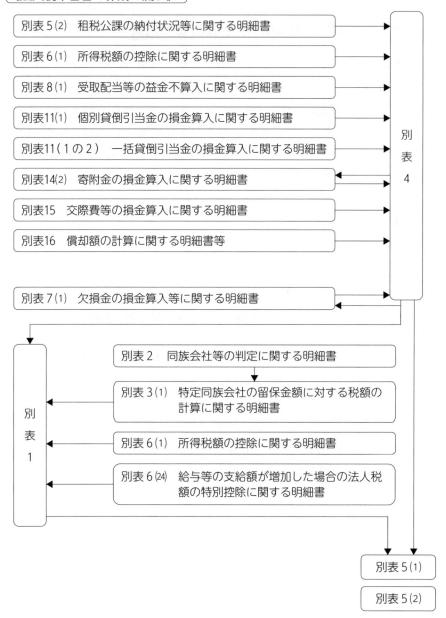

なお、別表1の下段部分は、地方法人税の申告書になっており、法人税と地方法人税を一緒に作成する様式になっています。

(2) 地方税（事業税・住民税）申告書作成の概要

地方税は、事業税（特別法人事業税を含む。）と住民税（都道府県民税及び市町村民税）の2つがあります。事業税は、法人税の所得金額に一定の調整を加えた金額（通常は同額になる。）に事業税の税率を乗じて計算します（所得割という。）。また、資本金1億円超の法人は、付加価値額と資本金等の額を課税標準とした付加価値割と資本割が別途課されます。特別法人事業税は事業税に税率を乗じて計算します。

《事業税・特別法人事業税》

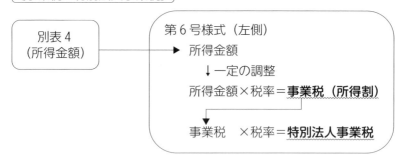

一方、住民税は、別表1の法人税額に一定の調整を加えた金額（通常は同額になる。）に税率を乗じて計算する「法人税割」と企業規模に応じて所得に関係なく課される「均等割」の2つから成ります。

第7章　法人税申告書の作成実務

《住民税》

別表1
（法人税額）

第6号様式（右側）・第20号様式
→ 法人税額
　　↓一定の調整
　　法人税額×税率　＝**法人税割**

資本金等の額
従業員数　→**均　等　割**
（定額）

別表5(1)

別表5(2)

　上記の第6号様式及び第20号様式の他に、必要に応じて作成が必要となるものがあります。

(3)　法人税申告書（別表）の作成

　各申告書（別表）の記載の概要は、下記のようになります。なお、おおむね実際の作成の順に記載していますが、作成順序が同列なものは別表番号の順に記載しています。

①　【別表2】－同族会社等の判定に関する明細書－

　この明細書は、会社が法人税法第2条第10号（定義）に規定する同族会社に該当するかどうか及び法人税法第67条第1項（特定同族会社の特別税率）に規定する特定同族会社に該当するかどうかを判定する場合に記載します。特定同族会社に該当する場合には、留保金課税が課されますので、別表3(1)を作成します。

　なお、この明細書による判定は、当期末の現況により行います。

211

第7章　法人税申告書の作成実務

《同族会社とは》

　会社の株主等（その会社が自己の株式又は出資を有する場合のその会社を除く。）の３人以下並びにこれらと政令で定める特殊の関係のある個人及び法人が、下記のいずれかに該当する会社をいいます。

---

　a　その会社の発行済株式又は出資（その会社が有する自己の株式又は出資を除く。）の総数又は総額の100分の50を超える数又は金額の株式又は出資を有する場合

　b　その会社の議決権につきその総数（当該議決権を行使することができない株主等が有する当該議決権の数を除く。）の100分の50を超える数を有する場合

　c　その会社の株主等（合名会社、合資会社又は合同会社の社員（その会社が業務を執行する社員を定めた場合にあっては、業務を執行する社員）に限る。）の総数の半数を超える数を占める場合

《特定同族会社とは》

　被支配会社で、被支配会社であることについての判定の基礎となった株主等のうちに被支配会社でない法人がある場合には、当該法人をその判定の基礎となる株主等から除外して判定するものとした場合においても被支配会社となるもの（資本金の額又は出資金の額が１億円以下であるものにあっては、非中小法人等に限る。）をいいます。

　難しい定義ですが、１つの株主グループによって支配されている会社ということになります。

《実務では》

　特定同族会社に対しては留保金課税が課されますが、実務上、別表２の判定結果が特定同族会社になって留保金課税が課されるケースは少ないと思われます。これは、資本金１億円以下の中小法人等は留保金課税

が適用されないこととされており、また、いわゆる大企業であって、かつ、1つの株主グループによって会社が支配されているケースはあまり多くないと考えられるためです。

《記載のポイント》

a　まず下段の「判定基準となる株主等の株式数等の明細」に記載し、次に左上の「同族会社の判定」、最後に右上の「特定同族会社の判定」の順に記載します。

b　「判定基準となる株主等の株式数等の明細」は、株主グループごとに、持株数の多い順に記載します。その際、株式数等は、「被支配会社でない法人株主等」と「その他の株主等」に区別して記載します。

c　同族会社は、持株数、議決権数、社員数について、上位3順位の合計数を記載し、3つのうち最も高い割合によって同族会社の判定を行います。

d　特定同族会社は、持株数、議決権数、社員数について、上位1順位の合計数を記載し、3つのうち最も高い割合によって判定を行います。

e　資本金1億円以下の法人（非中小法人等は除く。）は、特定同族会社には該当しませんので、右上の「特定同族会社の判定」欄の記載は不要です。

f　最終の判定結果（特定同族会社、同族会社、非同族会社）を記載します。

213

第7章　法人税申告書の作成実務

【別表2記載例】

同族会社等の判定に関する明細書			事業年度	令和 6・4・1 令和 7・3・31	法人名	税研商事株式会社

同族会社の判定	期末現在の発行済株式の総数又は出資の総額	1	内 1,000	特定同族会社の判定	(21)の上位1順位の株式数又は出資の金額	11	
	(19)と(21)の上位3順位の株式数又は出資の金額	2	1,000		株式数等による判定 $\frac{(11)}{(1)}$	12	%
	株式数等による判定 $\frac{(2)}{(1)}$	3	% 100.0		(22)の上位1順位の議決権の数	13	
	期末現在の議決権の総数	4	内		議決権の数による判定 $\frac{(13)}{(4)}$	14	%
	(20)と(22)の上位3順位の議決権の数	5			(21)の社員の1人及びその同族関係者の合計人数のうち最も多い数	15	
	議決権の数による判定 $\frac{(5)}{(4)}$	6	%		社員の数による判定 $\frac{(15)}{(7)}$	16	%
	期末現在の社員の総数	7			特定同族会社の判定割合 ((12)、(14)又は(16)のうち最も高い割合)	17	
	社員の3人以下及びこれらの同族関係者の合計人数のうち最も多い数	8			判　定　結　果	18	同族会社
	社員の数による判定 $\frac{(8)}{(7)}$	9	%				
	同族会社の判定割合 ((3)、(6)又は(9)のうち最も高い割合)	10	100.0				

判 定 基 準 と な る 株 主 等 の 株 式 数 等 の 明 細

順位		判定基準となる株主(社員)及び同族関係者		判定基準となる株主等との続柄	株 式 数 又 は 出 資 の 金 額 等			
					被支配会社でない法人株主等		その他の株主等	
株式数等	議決権数	住 所 又 は 所 在 地	氏 名 又 は 法 人 名		株式数又は出資の金額 19	議決権の数 20	株式数又は出資の金額 21	議決権の数 22
1		○○県△△市××1-2-3	田中 太郎	本　人			800	
1		○○県××市△△1-2-3	田中 次郎	長　男			200	

別表二　令六・四・一以後終了事業年度分

第7章　法人税申告書の作成実務

② 【別表 5 ⑵】－租税公課の納付状況等に関する明細書－

　別表 5 ⑵は、納付すべき租税公課や納付した租税公課の状況を一覧表としてまとめるものです。別表 5 ⑵に記載された情報を基に、別表 4 において加算又は減算の調整が行われます。また、別表 5 ⑴下段の「未納法人税等」の記載内容と連動しています。

　なお、下段における納税充当金の異動状況は、上記と同様に、別表 4 の調整や別表 5 ⑴の記載内容に連動しています。

《記載のポイント》

a　租税公課の納付状況の記載

　　法人税（地方法人税を含む。）、道府県民税、市町村民税、事業税（特別法人事業税を含む。）及びその他の租税公課について、①期首現在未納税額、②当期発生税額、③④⑤当期中の納付税額、⑥期末現在未納税額の記載をします。

①　期首現在未納税額

　　期首現在の未納税額を事業年度ごとに記載します。前期の別表 5 ⑵⑥の期末現在未納税額を繰り越して①に記載します。

　　なお、事業税については、前期の確定申告税額は、①期首現在未納税額欄ではなく、②当期発生税額欄に記載します。法人税や道府県民税、市町村民税は①欄に記載しますが、事業税は②欄に記載します。

②　当期発生税額

　　当期に発生した税額として中間申告税額と確定申告税額を記載します。①欄と②欄は、いずれも納付すべき税額を記載します。

　　なお、事業税は前期の確定申告税額と当期中間申告税額を②欄に記載します。

③　充当金取崩しによる納付

　　①欄又は②欄に記載された税額を納付して、納税充当金を取り崩す処理をした場合に③欄に記載します。

215

（借）納税充当金　×××　　（貸）現金預金　×××

実務上、前期の確定申告税額について、前期の決算時に納税充当金の繰入が行われ、納付時には納税充当金を取り崩す処理が行われます。

④　仮払経理による納付

①欄又は②欄に記載された税額を納付して、仮払経理をした場合に④欄に記載します。

（借）仮払税金　×××　　（貸）現金預金　×××

実務上、中間申告税額を納付し、その全部又は一部が確定申告によって還付される場合にこの処理が行われます。なお、仮払経理がなされた場合には、別表4において「仮払税金認定損」等の科目によって減算調整が行われます。

⑤　損金経理による納付

①欄又は②欄に記載された税額を納付して、損金経理をした場合に⑤欄に記載します。

（借）租税公課　×××　　（貸）現金預金　×××

又は

（借）法人税等　×××　　（貸）現金預金　×××

実務上、中間申告税額を納付し、損金経理をする処理が行われています。なお、「租税公課」であっても「法人税等」であっても、いずれも損金経理となります。

⑥　期末現在未納税額

①＋②－（③＋④＋⑤）により算出し、期末現在で未納となっている税額が記載されます。通常は、当期確定申告税額が未納税額として記載されます。

b　納税充当金の記載

納税充当金（貸借対照表上の未払法人税等）の期首から期末までの間の異動状況を記載します。

① 期首納税充当金

　　期首現在の納税充当金の残高を記載します。前期の別表５(2)の期末納税充当金の額を繰り越して記載します。

② 繰入額

　　納税充当金に繰り入れた金額を記載します。

　　　（借）納税充当金繰入　×××　　（貸）納税充当金　×××
　　　　　　（法人税等）　　　　　　　　　　（未払法人税等）

③ 取崩額

　　納税充当金の取崩しをした金額を、法人税・住民税と事業税に分けて記載します。また、それ以外で取り崩した場合も記載します。

　　　（借）納税充当金　×××　　（貸）現金預金　×××

④ 期末納税充当金

　　期末現在の納税充当金の残高を記載します。この金額は、貸借対照表の未払法人税等の計上額と一致します。

c　通算法人の通算税効果額の発生状況等の明細

　　グループ通算制度を適用している場合に使用します。適用していない場合には記載は不要です。

第7章　法人税申告書の作成実務

別表 5 ⑵記載例】

租税公課の納付状況等に関する明細書	事業年度	令和 6・4・1 令和 7・3・31	法人名	税研商事株式会社

別表五 (二)　令六・四・一以後終了事業年度分

税 目 及 び 事 業 年 度			期首現在未納税額 ①	当期発生税額 ②	当 期 中 の 納 付 税 額			期末現在未納税額 ①+②-③-④-⑤ ⑥
					充当金取崩しによる納付 ③	仮払経理による納付 ④	損金経理による納付 ⑤	
法人税及び地方法人税	・・	1	円			円		円
	令 5・4・1 令 6・3・31	2	1,985,000		1,985,000			0
	当期分 中 間	3		1,323,000 円			1,323,000	0
	確 定	4		339,600				339,600
	計	5	1,985,000	1,662,600	1,985,000	0	1,323,000	339,600
道府県民税	・・	6						
	令 5・4・1 令 6・3・31	7	131,800		131,800			0
	当期分 中 間	8		35,000			35,000	0
	確 定	9		30,000				30,000
	計	10	131,800	65,000	131,800	0	35,000	30,000
市町村民税	・・	11						
	令 5・4・1 令 6・3・31	12	790,200		790,200			0
	当期分 中 間	13		125,000			125,000	0
	確 定	14		115,500				115,500
	計	15	790,200	240,500	790,200	0	125,000	115,500
事業税及び特別法人事業税	・・	16						
	令 5・4・1 令 6・3・31	17		582,000	582,000			0
	当 期 中 間 分	18		383,000			383,000	0
	計	19	0	965,000	582,000	0	383,000	0
その他 損金算入のもの	利 子 税	20						
	延 滞 金（延納に係るもの）	21						
	印紙税他	22		125,000			125,000	0
		23						
その他 損金不算入のもの	加算税及び加算金	24						
	延 滞 税	25						
	延 滞 金（延納分を除く。）	26						
	過 怠 税	27						
	源泉所得税等	28		2,204			2,204	0
		29						

納 税 充 当 金 の 計 算			
期 首 納 税 充 当 金	30	3,489,000 円	
繰入額 損金経理をした納税充当金	31	712,100	
	32		
計 (31)+(32)	33	712,100	
取崩額 法人税額等 (5の③)+(10の③)+(15の③)	34	2,907,000	
事業税及び特別法人事業税 (19の③)	35	582,000	

その他	損金算入のもの	36	円
	損金不算入のもの	37	
		38	
	仮払税金消却	39	
計 (34)+(35)+(36)+(37)+(38)+(39)		40	3,489,000
期 末 納 税 充 当 金 (30)+(33)-(40)		41	712,100

通 算 法 人 の 通 算 税 効 果 額 の 発 生 状 況 等 の 明 細						
事 業 年 度		期首現在未決済額 ①	当期発生額 ②	当 期 中 の 決 済 額		期末現在未決済額 ⑤
				支 払 額 ③	受 取 額 ④	
・・	42	円	円	円	円	円
・・	43					
当 期 分	44		中間 円			
			確定			
計	45					

218

③ 【別表6⑴】－所得税額の控除に関する明細書－

この明細書は、法人が法人税法第68条（所得税額の控除）の規定の適用を受ける場合に記載します。

《所得税額控除》

利子や配当等を受ける際に所得税額が徴収されますが、一方で法人税の課税所得を構成することにもなり、所得税と法人税の両方が課されることとなります。そこで所得税額を法人税の前払的性格のものとして法人税の額から控除する制度です。

所得税額控除の適用の有無は納税者の任意ですが、適用する方が納付税額が少なくなります。企業規模の大小にかかわらず一般的に適用されています。

なお、復興特別所得税額を含めて税額控除を行います。

《源泉所得税の取扱い》

a　税額計算

所得税額を法人税の前払いとして、法人税額から控除します。具体的には、別表1において法人税額から税額控除します。

b　所得計算

所得税額について税額控除の適用を受ける場合には、所得計算上は、損金の額に算入されません。したがって、別表4において「法人税額から控除される所得税額」として加算調整します。

《期間按分計算》

公社債や預貯金の利子などに係る所得税額はその全額が税額控除されますが、受取配当金や投資信託の収益分配金などに係る所得税額は、その配当等の計算期間のうち元本を所有していた期間に対応する部分の金額しか税額控除することができません。この期間按分計算には個別法と銘柄別簡便法があります。

第7章　法人税申告書の作成実務

《実務では》

　中小企業の場合は、預金の利子に係る源泉所得税のみの場合が多いと思われます。また、信用金庫等の出資金を保有している場合があり、その配当金を受け取る際に源泉所得税が発生します。

　大企業の場合は、預金の利子に加えて、子会社や関連会社、政策保有の株式などから配当金を受け取るケースが多いと思われます。また、余剰資金を社債や投資信託で運用するケースや匿名組合へ出資している場合などでも源泉所得税が発生します。

《記載のポイント》

a　収入金額及びその所得税額を、イ）公社債及び預貯金の利子、ロ）受取配当金、ハ）投資信託の収益分配金、ニ）割引債の償還差益、ホ）その他、に区分して把握し、別表6(1)に記載します。

b　ロ）受取配当金、ハ）投資信託の収益分配金、ニ）割引債の償還差益、に区分された所得税額は、控除を受ける金額を、個別法又は銘柄別簡便法のいずれかによって計算して別表6(1)の③の「②のうち控除を受ける所得税額」欄に記載します。

c　控除を受ける金額は、別表4の仮計下で「法人税額から控除される所得税額」に記載して加算調整するとともに、別表1の「控除税額」欄に記載します。

d　別表5(2)のその他欄に、控除を受ける金額は「損金不算入のもの」として、控除を受けない金額は「損金算入のもの」として記載します。

e　復興特別所得税は所得税とともに税額控除の対象となりますので、所得税額に含めて記載します。

220

第7章 法人税申告書の作成実務

【別表 6(1)】 記載例

所得税額の控除に関する明細書

事業年度	令和 6・4・1 令和 7・3・31	法人名	税研商事株式会社

別表六(一) 令六・四・一以後終了事業年度分

区　分		収　入　金　額 ①	①について課される所得税額 ②	②のうち控除を受ける所得税額 ③
公社債及び預貯金の利子、合同運用信託、公社債投資信託及び公社債等運用投資信託(特定公社債等運用投資信託を除く。)の収益の分配並びに特定公社債等運用投資信託の受益権及び特定目的信託の社債的受益権に係る剰余金の配当	1	円 13,060	円 2,000	円 2,000
剰余金の配当(特定公社債等運用投資信託の受益権及び特定目的信託の社債的受益権に係るものを除く。)、利益の配当、剰余金の分配及び金銭の分配(みなし配当等を除く。)	2	1,000	204	204
集団投資信託(合同運用信託、公社債投資信託及び公社債等運用投資信託(特定公社債等運用投資信託を除く。)を除く。)の収益の分配	3			
割　引　債　の　償　還　差　益	4			
そ　　の　　他	5			
計	6	14,060	2,204	2,204

剰余金の配当(特定公社債等運用投資信託の受益権及び特定目的信託の社債的受益権に係るものを除く。)、利益の配当、剰余金の分配及び金銭の分配(みなし配当等を除く。)、集団投資信託(合同運用信託、公社債投資信託及び公社債等運用投資信託(特定公社債等運用投資信託を除く。)を除く。)の収益の分配又は割引債の償還差益に係る控除を受ける所得税額の計算

個別法による場合	銘　柄	収 入 金 額	所 得 税 額	配当等の計算期間	(9)のうち元本所有期間	所 有 期 間 割 合 $\frac{(10)}{(9)}$ (小数点以下3位未満切上げ)	控除を受ける所得税額 (8)×(11)
		7	8	9	10	11	12
	配 〇〇株式会社	円 1,000	円 204	月 12	月 12	1.000	円 204

銘柄別簡便法による場合	銘　柄	収入金額	所得税額	配当等の計算期末の所有元本数等	配当等の計算期首の所有元本数等	$\frac{(15)-(16)}{2又は12}$ (マイナスの場合は0)	所 有 元 本 割 合 $\frac{(16)+(17)}{(15)}$ (小数点以下3位未満切上げ) (1を超える場合は1)	控除を受ける所得税額 (14)×(18)
		13	14	15	16	17	18	19
		円	円					円

そ　の　他　に　係　る　控　除　を　受　け　る　所　得　税　額　の　明　細

支払者の氏名又は法人名	支払者の住所又は所在地	支払を受けた年月日	収 入 金 額 20	控除を受ける所得税額 21	参　考
		・　・	円	円	
		・　・			
		・　・			
		・　・			
		・　・			
計					

第7章　法人税申告書の作成実務

④　【別表 8 ⑴】－受取配当等の益金不算入に関する明細書－

　この明細書は、法人が法人税法第23条（受取配当等の益金不算入）（租税特別措置法第67条の 6 第 1 項（特定株式投資信託の収益の分配に係る受取配当等の益金不算入の特例）の規定により読み替えて適用する場合を含む。）の規定の適用を受ける場合に記載します。

《受取配当等の益金不算入制度》

　法人税においては、内国法人からの受取配当金は益金の額に算入しないという取扱いが置かれています。これは、配当金を支払う法人において既に法人税が課されているため、配当金を受け取る法人で法人税を課すと重複して法人税を課すことになってしまうためです。ただし、受取配当金の全額が益金不算入となるわけではなく、下記の 4 区分ごとにそれぞれ異なる取扱いを置いています。

（受取配当等の益金不算入）

受取配当金	①	完全子法人株式等	100％益金不算入
	②	関連法人株式等	（配当金－控除負債利子）を益金不算入
	③	その他株式等	配当金の50％を益金不算入
	④	非支配目的株式等	配当金の20％を益金不算入

（注）
1　完全子法人株式等
　　配当等の額の計算期間を通じてその配当等の額の支払を受ける内国法人とその配当等の額を支払う他の内国法人との間に完全支配関係があった場合の当該他の内国法人の株式等をいいます。
2　関連法人株式等
　　配当等の額の計算期間（ 6 ヶ月を超える場合には 6 ヶ月）を通じて他の内国法人の発行済株式等の 3 分の 1 を超える株式等を有している場合の当該他の内国法人の株式等をいいます。
3　非支配目的株式等
　　他の内国法人の発行済株式等の 5 ％以下の株式等を、基準日において有する場合の株式等をいいます。

222

第7章　法人税申告書の作成実務

　完全子法人株式等と関連法人株式等は、保有割合の他に保有期間の要件がありますので留意が必要です。一方で、非支配目的株式等には保有期間の要件はなく、基準日の保有割合のみで判定を行います。

《実務では》

　中小企業の場合は、受取配当金は少ないと思われますが、信用金庫等の出資金を保有している場合があり、その配当金を受け取る場合があります。

　大企業の場合は、子会社や関連会社、政策保有の株式から配当金を受け取るケースが多いと思われます。

《記載のポイント》

a　まず、中段以降の4区分ごとの受取配当等の額の明細を記載します。

b　関連法人株式等に係る配当等がある場合には、下段の支払利子等の額の明細を記載します。

c　上段で、4区分ごとの受取配当等の額の合計額を中段から転記し、それぞれの区分ごとの益金不算入額の計算を行ってその合計額を受取配当等の益金不算入額とします。

223

【別表 8 (1)】 記載例

受取配当等の益金不算入に関する明細書

事業年度	令和 6・4・1 令和 7・3・31	法人名	税研商事株式会社

別表八(一) 令六・四・一以後終了事業年度分

完全子法人株式等に係る受取配当等の額 (9の計)	1	非支配目的株式等に係る受取配当等の額 (33の計) 4	円 1,000
関連法人株式等に係る受取配当等の額 (16の計)	2	受取配当等の益金不算入額 (1)＋((2)－(20の計))＋(3)×50％＋(4)×(20％又は40％) 5	
その他株式等に係る受取配当等の額 (26の計)	3		200

受取配当等の額の明細

完全子法人株式等	法人名	6					計
	本店の所在地	7					
	受取配当等の額の計算期間	8	・・	・・	・・	・・	
	受取配当等の額	9	円	円	円	円	円
関連法人	法人名	10					計
	本店の所在地	11					
	受取配当等の額の計算期間	12	・・	・・	・・	・・	
	保有割合	13					
	受取配当等の額	14	円	円	円	円	円
	同上のうち益金の額に算入される金額	15					
	益金不算入の対象となる金額 (14)－(15)	16					
株式等	(34)が「不適用」の場合又は別表八(一)付表「13」が「非該当」の場合 (16)×0.04	17					
	同上以外の場合 (16)／(16の計)	18					
	支払利子等の10％相当額 (((38)×0.1)又は(別表八(一)付表「14」))×(18)	19	円	円	円	円	円
	受取配当等の額から控除する支払利子等の額 (17)又は(19)	20					
その他株式等	法人名	21					計
	本店の所在地	22					
	保有割合	23					
	受取配当等の額	24	円	円	円	円	円
	同上のうち益金の額に算入される金額	25					
	益金不算入の対象となる金額 (24)－(25)	26					
非支配目的株式等	法人名又は銘柄	27	○○株式会社				計
	本店の所在地	28	○○都△△区××1-2-3				
	基準日等	29	令 6・3・31				
	保有割合	30	0.01				
	受取配当等の額	31	円 1,000	円	円	円	円 1,000
	同上のうち益金の額に算入される金額	32					
	益金不算入の対象となる金額 (31)－(32)	33	1,000				1,000

支払利子等の額の明細

令第19条第2項の規定による支払利子控除額の計算	34	
当期に支払う利子等の額	35	円
国外支配株主等に係る負債の利子等の損金不算入額、対象純支払利子等の損金不算入額又は恒久的施設に帰せられるべき資本に対応する負債の利子の損金不算入額 (別表十七(一)「35」と別表十七(二の二)「29」のうち多い金額)又は(別表十七(二の二)「34」と別表十七の二(二)「17」のうち多い金額)	36	
超過利子額の損金算入額 (別表十七(二の三)「10」)	37	円
支払利子等の額の合計額 (35)－(36)＋(37)	38	

224

第7章　法人税申告書の作成実務

⑤　**【別表11(1)】**－個別評価金銭債権に係る貸倒引当金の損金算入に関する明細書－

　この明細書は、法人が法人税法第52条第1項又は第5項（個別評価金銭債権に係る貸倒引当金）の規定の適用を受ける場合に記載します。

《貸倒引当金の取扱い》

　貸倒損失は発生したときに損金の額に算入するのが原則ですが、法人税では貸倒引当金繰入額として損金経理した金額のうち繰入限度額までの損金算入を認めています。

　ただし、貸倒引当金の繰入ができる法人を下記の法人に限定しています（個別貸倒引当金及び一括貸倒引当金のいずれについても法人は限定されている。）。

　　イ　資本金1億円以下の法人等（資本金5億円以上の法人等の100％子法人（非中小法人等）を除く。）

　　ロ　銀行法第2条第1項に規定する銀行

　　ハ　保険業法第2条第2項に規定する保険会社

　　ニ　その他一定の法人

　したがって、資本金1億円超の大企業や非中小法人では、法人税の計算上、貸倒引当金の繰入は認められません。

《個別貸倒引当金の計上事由》

　法人税における個別貸倒引当金の繰入は、下記の4つの場合に認められています。実務では、ハの形式基準が最も利用されています。

　　イ　長期棚上げ基準（更生計画の認可決定等により棚上等になった場合）

　　ロ　実質基準

　　ハ　形式基準（会社更生法の申立等の事由が生じた場合）

　　ニ　外国政府等に対する一定の金銭債権

225

第7章　法人税申告書の作成実務

《実務では》

　中小企業では、上記イからニの個別貸倒引当金の計上事由に該当する場合に、繰入限度額と同額の繰入をすることが多くなります。また、4つの基準の中では形式基準による繰入が最も多いと思われます。

　大企業では、貸倒引当金の繰入が全く認められていませんので、別表11(1)を作成する必要はありません。繰入額は全額が加算調整となります。

《記載のポイント》

a　個別貸倒引当金の設定対象債権（相手先）ごとに、タテに上から順に記載していきます。

b　債務者の情報、個別評価の事由やその発生時期を記載します。

c　「5」には貸倒引当金繰入額を記載します。

d　「6」から「13」で設定対象となる債権の集計をします。形式基準の場合、取立等見込額を記載して債権から控除します。

e　繰入限度額を4つの事由ごとに「14」から「17」にそれぞれ記載します。

f　繰入限度超過額を「18」に記載して、別表4の加算調整欄に記載します。

226

【別表11⑴】記載例

個別評価金銭債権に係る貸倒引当金の損金算入に関する明細書

事業年度	令和 6・4・1 令和 7・3・31	法人名	税研商事株式会社

別表十一(一)　令六・四・一以後終了事業年度分

債務者	住　所　又　は　所　在　地	1	○○県△△市××1−2−3				計
	氏　名　又　は　名　称 （外国政府等の別）	2	○○商事㈱	(　　　)	(　　　)	(　　　)	
	個　別　評　価　の　事　由	3	令第96条第1項 第3号ロ該当	令第96条第1項 第　号　該当	令第96条第1項 第　号　該当	令第96条第1項 第　号　該当	
	同　上　の　発　生　時　期	4	令 6・8・2	・・	・・	・・	
当　期　繰　入　額		5	円 450,000	円	円	円	円 450,000
繰入限度額の計算	個　別　評　価　金　銭　債　権　の　額	6	1,000,000				1,000,000
	(6)のうち5年以内に弁済される金額 (令第96条第1項第1号に該当する場合)	7					
	(6)のうち取立て等の見込額　担保権の実行による取立て等の見込額	8	100,000				
	他の者の保証による取立て等の見込額	9					
	その他による取立て等の見込額	10					
	(8)＋(9)＋(10)	11	100,000				
	(6)のうち実質的に債権とみられない部分の金額	12					
	(6)−(7)−(11)−(12)	13	900,000				
	令第96条第1項第1号該当 (13)　繰入限度額	14					円
	令第96条第1項第2号該当 (13)	15					
	令第96条第1項第3号該当 (13)×50%	16	450,000				450,000
	令第96条第1項第4号該当 (13)×50%	17					
繰　入　限　度　額　超　過　額 (5)−((14)、(15)、(16)又は(17))		18	0				0
貸倒実績率の計算の基礎となる金額の明細	貸倒れによる損失の額等の合計額に加える金額 ((6)の個別評価金銭債権等が売掛債権等である場合の (5)と((14)、(15)、(16)又は(17)のうち少ない金額)	19	450,000				450,000
	前期の個別評価金銭債権の額 (前期の(6))　貸倒れによる損失の額等の合計額から控除する金額	20					0
	(20)の個別評価金銭債権が売掛債権等である場合の当該個別評価金銭債権に係る損金算入額(前期の(19))	21					0
	(21)に係る売掛債権等が当期において貸倒れとなった場合のその貸倒れとなった金額	22					0
	(21)に係る売掛債権等が当期においても個別評価の対象となった場合のその対象となった金額	23					0
	(22)又は(23)に金額の記載がある場合の(21)の金額	24					0

第7章　法人税申告書の作成実務

⑥　【別表11（1の2）】－一括評価金銭債権に係る貸倒引当金の損金算入に関する明細書－

この明細書は、法人が法人税法第52条第2項若しくは第6項（一括評価金銭債権に係る貸倒引当金）又は租税特別措置法第57条の9（中小企業者等の貸倒引当金の特例）の規定の適用を受ける場合に記載します。

なお、個別貸倒引当金と同様に、繰入が認められる法人は限定されています。

《一括貸倒引当金の繰入限度額》

繰入限度額の計算方法には、イ貸倒実績率により計算する方法とロ法定繰入率により計算する方法があります。いずれを選択するかは任意です。

イ　貸倒実績率により計算する方法

繰入限度額＝期末一括評価金銭債権の帳簿価額の合計額×貸倒実績率

貸倒実績率は、過去3年間の貸倒損失の発生割合を使用します。

ロ　法定繰入率により計算する方法

繰入限度額＝（期末一括評価金銭債権の帳簿価額の合計額－実質的に債権とみられないものの額）×法定繰入率

ハ　実質的に債権とみられないものの額

原則法と簡便法があり、いずれか有利な方（小さい方）を選択します。

イ）原則法

取引先ごとに、債務者から受け入れた金額があるため実質的に債権とみられない金銭債権（同一人に対する債権と債務とで相殺することができる金額）を計算します。

ロ）簡便法

基準年度（平成27年4月1日から平成29年3月31日までの間に開始した各事業年度）における一括評価金銭債権の額の合計額に対する

実質的に債権とみられないものの額の合計額の割合を、期末一括評価金銭債権の額に乗じて計算します。

ニ　法定繰入率

法人が営む主たる事業の区分によって下記のように定められています。

卸売業・小売業………………………………………10/1,000
製造業…………………………………………………… 8 /1,000
金融業・保険業……………………………………… 3 /1,000
割賦販売小売業等…………………………………… 7 /1,000
その他…………………………………………………… 6 /1,000

《実務では》

中小企業の場合は、一括貸倒引当金の繰入限度額と同額を繰り入れる場合が多くなります。また、貸倒実績率ではなく、法定繰入率を使用して繰入限度額の計算を行っているケースが多いと思われます。

大企業では、貸倒引当金の繰入が全く認められていませんので、別表11（1の2）を作成する必要はありません。繰入額は全額が加算調整となります。

《記載のポイント》

a　下段で一括評価金銭債権の集計を行い、右上で貸倒実績率を計算して、左上で繰入限度額及び繰入限度超過額の算定をします。

b　下段の「16」から「24」を記載して一括評価金銭債権を集計します。その際、個別貸倒引当金の対象となった債権は「19」に記載して控除します。

c　実質的に債権とみられないものの額を簡便法で計算する場合は「25」から「28」に記載します。原則法の場合は、「23」に直接記載します。

d　貸倒実績率を使用して繰入限度額を計算する場合は右上で貸倒実績

率を計算します。「8」と「9」で分母の一括評価金銭債権を計算
し、「10」から「14」で分子の貸倒損失の額を記載します。貸倒実績
率は、小数点以下4位未満を切り上げます。

e　左上で、貸倒実績率又は法定繰入率を使って「6」繰入限度額を計
算します。そして、「7」で繰入限度超過額を算出します。

第7章　法人税申告書の作成実務

【別表11（1の2）】記載例

一括評価金銭債権に係る貸倒引当金の損金算入に関する明細書

事業年度	令和　6・4・1 令和　7・3・31	法人名	税研商事株式会社

別表十一（二）　令六・四・一以後終了事業年度分

繰入限度額の計算			
当　期　繰　入　額	1	140,000	円
期末一括評価金銭債権の帳簿価額の合計額（22の計）	2	17,500,000	
貸　倒　実　績　率（15）	3		
実質的に債権とみられないものの額を控除した期末一括評価金銭債権の帳簿価額の合計額（24の計）	4	14,000,000	円
法　定　の　繰　入　率	5	$\frac{10}{1,000}$	
繰　入　限　度　額　((2)×(3))又は((4)×(5))	6	140,000	円
繰　入　限　度　超　過　額　(1)-(6)	7	0	

貸倒実績率の計算

前3年内事業年度(設立事業年度である場合には当該事業年度)の(2)の合計額	8	円
$\frac{(8)}{前3年内事業年度における事業年度の数}$	9	
（前3年内事業年度には当該事業年度（設立事業年度である場合には当該事業年度）の）売掛債権等の貸倒れによる損失の額の合計額	10	
別表十一(一)「19の計」の合計額	11	
別表十一(一)「24の計」の合計額	12	
貸倒れによる損失の額等の合計額(10)+(11)-(12)	13	
$(13)×\frac{12}{前3年内事業年度の月数の合計}$	14	
貸　倒　実　績　率　$\frac{(14)}{(9)}$（小数点以下4位未満切上げ）	15	

一括評価金銭債権の明細

勘定科目	期末残高	売掛債権等とみなされる額及び貸倒否認額	(16)のうち税務上貸倒れがあったものとみなされる額及び売掛債権等に該当しないものの額	個別評価の対象となった売掛債権及び貸倒等の額並びに非適格合併等により移転する売掛債権等の額	法第52条第1項第3号に該当する法人の令第96条第2項各号の金銭債権以外の金銭債権の額	完全支配関係がある他の法人に対する売掛債権等の額	期末一括評価金銭債権の額(16)+(17)-(18)-(19)-(20)-(21)	実質的に債権とみられないものの額	差引期末一括評価金銭債権の額(22)-(23)
	16	17	18	19	20	21	22	23	24
売掛金	15,000,000 円	円	円	1,000,000 円	円	円	14,000,000 円	3,500,000 円	10,500,000 円
未収入金	500,000						500,000		500,000
長期貸付金	3,000,000						3,000,000		3,000,000
計	18,500,000	0	0	1,000,000	0	0	17,500,000	3,500,000	14,000,000

基準年度の実績により実質的に債権とみられないものの額を計算する場合の明細

項目	No.	金額	項目	No.	金額
平成27年4月1日から平成29年3月31日までの間に開始した各事業年度末の一括評価金銭債権の額の合計額	25	円	債権からの控除割合 $\frac{(26)}{(25)}$（小数点以下3位未満切捨て）	27	
同上の各事業年度末の実質的に債権とみられないものの額の合計額	26		実質的に債権とみられないものの額（22の計）×(27)	28	円

231

第7章　法人税申告書の作成実務

⑦　【別表14⑵】－寄附金の損金算入に関する明細書－

　この明細書は、法人が法人税法第37条（寄附金の損金不算入）の規定等の適用を受ける場合に記載します。なお、寄附金の損金算入限度額の計算には、別表4の仮計の金額を使用しますので、仮計までの金額を確定させておく必要があります。

《寄附金の取扱い》

　寄附金は反対給付を伴わない支出であり、また事業関連性に乏しいなど損金性が不明であるといった理由から、法人税法においては損金算入限度額を設けており、それを超える寄附金については損金不算入としています。ただし、公共性・公益性の高い寄附金に関しては、別途、損金算入ができる特例が置かれています。

《損金不算入額の計算》

　損金不算入額は、下記の算式によって計算することとされています。

　　損金不算入額　＝　支出寄附金－損金算入限度額

　ただし、上記の支出寄附金には、下記の2つの寄附金の額は含まれません。

イ　指定寄附金等

　　国又は地方公共団体に対する寄附金及び指定寄附金をいいます。指定寄附金等はその全額が損金の額に算入されますので、上記算式の支出寄附金から除かれます。災害義援金や赤い羽根の募金などが該当します。

ロ　特定公益増進法人等に対する寄附金

　　特定公益増進法人等に対する寄附金、認定特定非営利活動法人に対する寄附金及び認定特定公益信託の信託財産とするための寄附金をいい、特別損金算入限度額までの金額は上記算式の支出寄附金から除かれ、損金の額に算入されます。公益社団法人や公益財団法人に対する寄附金などが該当します。

第7章　法人税申告書の作成実務

《損金算入限度額》

$$
(1) \quad 期末（資本金＋資本準備金） \times \frac{当期の月数}{12} \times \frac{2.5}{1,000} = \times\times\times
$$

$$
(2) \quad \begin{matrix}当期の\\所得金額\end{matrix}\left(\begin{matrix}別\ 表\ 4\\仮計の金額\end{matrix} + \begin{matrix}支\ \ \ 出\\寄附金額\end{matrix}\right) \times \frac{2.5}{100} = \times\times\times
$$

$$
(3) \quad 損金算入限度額\ \{(1)+(2)\} \times \frac{1}{4} = \times\times\times
$$

《実務では》

　中小企業では、寄附金はそれほど多くは出てきません。災害があった場合の義援金などが中心になります。大企業では、その他に、政治献金や社会貢献のための寄附金などが発生してくる可能性があります。

《記載のポイント》

a　下段の指定寄附金等、特定公益増進法人等に対する寄附金の明細を記載します。それ以外の寄附金については、明細の記載は不要です。

b　公益法人等以外の法人は、左上を上から順に記載していきます。

c　支出した寄附金を、イ指定寄附金等、ロ特定公益増進法人等に対する寄附金、ハその他の寄附金に分けて記載します。イとロは下段で明細を記載したものの合計額です。

d　一般の損金算入限度額と特別損金算入限度額を計算します。その際、別表4の仮計の金額を使用しますので、別表4の仮計の金額を確定させておく必要があります。

e　損金不算入額を計算します。損金不算入額は、別表4の仮計下の所定の箇所に記載して加算調整します。

233

第7章　法人税申告書の作成実務

【別表14(2)】記載例

寄附金の損金算入に関する明細書

事業年度	令和 6 ・ 4 ・ 1 令和 7 ・ 3 ・31	法人名	税研商事株式会社

別表十四(二)　令六・四・一以後終了事業年度分

公益法人等以外の法人の場合				公益法人等の場合			
一般寄附金の額の損金算入限度額の計算	支出した寄附金の額	指定寄附金等の金額 (41の計)	1	100,000 円	損金算入限度額の計算	支出した寄附金の額	長期給付事業への繰入利子額	25	円
		特定公益増進法人等に対する寄附金額 (42の計)	2				同上以外のみなし寄附金額	26	
		その他の寄附金額	3	5,000			その他の寄附金額	27	
		計 (1)+(2)+(3)	4	105,000			計 (25)+(26)+(27)	28	
	完全支配関係がある法人に対する寄附金額	5				所得金額仮計 (別表四「26の①」)	29	
	計 (4)+(5)	6	105,000			寄附金支出前所得金額 (28)+(29) (マイナスの場合は0)	30	
	所得金額仮計 (別表四「26の①」)	7	9,332,596			同上の 50/100 相当額 (50/100 相当額が年200万円に満たない場合 (当該法人が公益社団法人又は公益財団 法人である場合を除く。)は、年200万円)	31	
	寄附金支出前所得金額 (6)+(7) (マイナスの場合は0)	8	9,437,596					
	同上の 2.5/100 相当額	9	235,939			公益社団法人又は公益財団法人の公益法人特別限度額 (別表十四(二)付表「3」)	32	
	期末の資本金の額及び資本準備金の額の合計額又は出資金の額 (別表五(一)「32の④」+「33の④」)	10	20,000,000			長期給付事業を行う共済組合等の損金算入限度額 (25)と融資額の年5.5%相当額のうち少ない金額)	33	
	同上の月数換算額 (10)× 12/12	11	20,000,000			損金算入限度額 (31)、((31)と(32)のうち多い金額)又は ((31)と(33)のうち多い金額)	34	
	同上の 2.5/1,000 相当額	12	50,000					
	一般寄附金の損金算入限度額 ((9)+(12))× 1/4	13	71,484			指定寄附金等の金額 (41の計)	35	
特定公益増進法人等に対する寄附金の特別損金算入限度額の計算	寄附金支出前所得金額の 6.25/100 相当額 (8)× 6.25/100	14						
	期末の資本金の額及び資本準備金の額の合計額又は出資金の月数換算額の 3.75/1,000 相当額 (11)× 3.75/1,000	15				国外関連者に対する寄附金及び完全支配関係がある法人に対する寄附金額	36	
	特定公益増進法人等に対する寄附金の特別損金算入限度額 ((14)+(15))× 1/2	16						
特定公益増進法人等に対する寄附金の損金算入額 ((2)と((14)又は(16))のうち少ない金額)	17			損金不算入額	(28)の寄附金額のうち同上の寄附金以外の寄附金額 (28)-(36)	37	
指定寄附金等の金額 (1)	18	100,000			同上のうち損金の額に算入されない金額 (37)-(34)-(35)	38	
国外関連者に対する寄附金額及び本店等に対する内部寄附金額	19				国外関連者に対する寄附金及び完全支配関係がある法人に対する寄附金額 (36)	39	
(4)の寄附金額のうち同上の寄附金以外の寄附金額 (4)-(19)	20	105,000					
損金不算入額	同上のうち損金の額に算入されない金額 (20)-((9)又は(13))-(17)-(18)	21	0		計 (38)+(39)	40	
	国外関連者に対する寄附金額及び本店等に対する内部寄附金額 (19)	22						
	完全支配関係がある法人に対する寄附金額 (5)	23						
	計 (21)+(22)+(23)	24						

指定寄附金等に関する明細

寄附した日	寄附先	告示番号	寄附金の使途	寄附金額 41
令 6 ・10・ 5	日本赤十字社		災害義援金	100,000 円
・ ・				
計				100,000

特定公益増進法人若しくは認定特定非営利活動法人等に対する寄附金又は認定特定公益信託に対する支出金の明細

寄附した日又は支出した日	寄附先又は受託者	所在地	寄附金の使途又は認定特定公益信託の名称	寄附金額又は支出金額 42
・ ・				円
・ ・				
・ ・				
計				

その他の寄附金のうち特定公益信託(認定特定公益信託を除く。)に対する支出金の明細

支出した日	受託者	所在地	特定公益信託の名称	支出金額
・ ・				円
・ ・				
・ ・				

234

第7章　法人税申告書の作成実務

⑧　【別表15】－交際費等の損金算入に関する明細書－

この明細書は、法人が租税特別措置法第61条の４（交際費等の損金不算入）の規定の適用を受ける場合に記載します。

《交際費等の取扱い》

交際費等のうち一定の金額は損金の額に算入されず、損金不算入とされます。接待飲食費には50％損金算入の特例があり、また、資本金１億円以下の中小法人には、損金算入が認められる年間800万円の定額控除限度額が与えられます。

イ　期末資本金が１億円以下の法人（非中小法人は除く。）

$$損金不算入額 = 支出交際費等 - いずれか大 \left\{ \begin{array}{l} 支出交際費等 \\ 800万円 \times \dfrac{当期の月数}{12} \\ 接待飲食費の額 \times 50\% \end{array} \right. 小$$

ロ　上記以外の法人

損金不算入額＝支出交際費等－接待飲食費の額×50％

（注）　資本金100億円超の法人は、接待飲食費の50％損金算入の取扱いは適用できません。

《飲食費の取扱い》

イ　１人当たり１万円以下の飲食費

飲食その他これに類する行為のために要する費用であって、その支出する金額が１人当たり１万円以下のもの（役員もしくは従業員又はこれらの親族に対する接待のために支出するものを除く。）は、交際費等から除きます。

ロ　１人当たり１万円超の飲食費

１人当たり１万円超の飲食費は、その50％相当額が損金の額に算入され、残りの50％相当額は損金の額に算入されません。

235

第7章　法人税申告書の作成実務

《実務では》

　中小企業では、年間800万円の定額控除限度額がありますので支出交際費等がこの範囲内で収まって損金不算入額が生じない場合が多いと思われます。ただし、建設業界など業種によっては交際費が800万円を超えてしまう場合もあります。

　大企業では、定額控除限度額はなく、企業の規模も大きいことから交際費等の損金不算入額が生じてきます。1人当たり1万円以下の飲食費は会議費等で処理している法人が多く、飲食費の50％の損金算入の取扱いを適用しているケースが多いと思われます。

《記載のポイント》

a　まず、中段から下の「支出交際費等の額の明細」を記載して、その後、上段の各欄を記載して損金不算入額を算出します。

b　中段では、「6」には支出額を記載し、そのうち交際費等に該当しない金額を「7」に記載して控除し、「8」が損金不算入の対象となる交際費となります。

c　「6」に含まれる1人当たり1万円以下の飲食費は、「7」に記載して交際費から控除します。

d　1人当たり1万円超の飲食費は、「9」に記載します。そしてその50％相当額を「2」に記載します。

e　「3」には、中小法人等の年間800万円の定額控除限度額を記載します。

f　「5」で損金不算入額を算出して、別表4で加算調整を行います。

236

第7章　法人税申告書の作成実務

【別表15】記載例

交際費等の損金算入に関する明細書		事業年度	令和 6・4・1 令和 7・3・31	法人名	税研商事株式会社

支 出 交 際 費 等 の 額 （8 の 計）	1	円 506,000	損 金 算 入 限 度 額 （2）又は（3）	4	円 506,000
支出接待飲食費損金算入基準額 （9の計）× $\frac{50}{100}$	2	110,000	損 金 不 算 入 額 （1）－（4）	5	0
中小法人等の定額控除限度額 （(1)と((800万円×$\frac{12}{12}$)又は(別表十五付表「5」))のうち少ない金額）	3	506,000			

支 出 交 際 費 等 の 額 の 明 細

科　　　　　目	支　出　　額	交際費等の額から 控除される費用の額	差引交際費等の額	(8)のうち接待飲食費の額
	6	7	8	9
交　　際　　費	円 560,000	円 84,000	円 476,000	円 220,000
会　　　　　費	284,000	254,000	30,000	
計	844,000	338,000	506,000	220,000

別表十五　令六・四・一以後終了事業年度分

237

第7章　法人税申告書の作成実務

⑨　【別表16⑴⑵】－減価償却資産の償却額の計算に関する明細書－

　この明細書は、法人の減価償却資産につき、旧定額法又は定額法、旧
定率法又は定率法により減価償却資産の償却限度額等の計算を行う場合
に記載します。

　　別表16⑴…旧定額法又は定額法による減価償却資産の償却額の計算に
　　　　　　　関する明細書
　　別表16⑵…旧定率法又は定率法による減価償却資産の償却額の計算に
　　　　　　　関する明細書

《減価償却費の取扱い》

　法人税では、減価償却費の計算には恣意性が入りやすいため、会社が
償却費として損金経理した金額のうち償却限度額に達するまでの金額を
損金の額に算入します。

《償却限度額》

イ　償却限度額（平成19年3月31日以前取得の資産）
　⑷　旧定額法
　　　償却限度額＝（取得価額－残存価額）×法定償却率
　　　有形減価償却資産の償却計算では、取得価額の10％を残存価額と
　　します。
　㋺　旧定率法
　　　償却限度額＝期首帳簿価額×法定償却率
ロ　償却限度額（平成19年4月1日以後取得の資産）
　⑷　定額法
　　　償却限度額＝取得価額×法定償却率
　㋺　定率法
　　　㋑　期首帳簿価額×法定償却率
　　　㋺　取得価額×保証率（償却保証額）
　　　㋑≧㋺の場合：期首帳簿価額×法定償却率

238

　　　　㋑＜㋺の場合：改定取得価額×改定償却率

《償却方法》

イ　平成10年４月１日以後取得の建物……定額法のみ

ロ　平成28年４月１日以後取得の建物附属設備・構築物……定額法のみ

ハ　上記以外の有形減価償却資産……定率法（法定）又は定額法

ニ　無形減価償却資産……定額法のみ

（注）　法定償却方法……定率法

《実務では》

　実務では、通常、償却限度額相当額を減価償却費として計上しているため、償却超過額は生じません。

　ただし、大企業の場合は、減損損失を計上したり、あえて法定耐用年数よりも短い年数で償却することがあるため、その場合には償却超過額が生じることになります。

《記載のポイント》

a　定額法を適用している場合には、別表16(1)に１つの資産につき１列を使ってタテに上から順に記載します。上から、資産の基本情報、取得価額、帳簿価額、償却限度額、償却超過・不足額の順に記載します。

b　定率法を適用している場合にも、 a と同様に、別表16(2)に１つの資産につき１列を使ってタテに上から順に記載します。

c　別表16(1)と別表16(2)は、資産ごとではなく、資産の種類ごとの合計額により記載することができます。

第7章　法人税申告書の作成実務

【別表16⑴】記載例

旧定額法又は定額法による減価償却資産の償却額の計算に関する明細書

事業年度	令和 6・4・1 令和 7・3・31	法人名	税研商事株式会社

別表十六(一)　令六・四・一以後終了事業年度分

資産区分	種　　　　　　　類	1	ソフトウェア				合　　計
	構　　　　　　　造	2					
	細　　　　　　　目	3					
	取　得　年　月　日	4	令 6・10・25	・ ・	・ ・	・ ・	・ ・
	事業の用に供した年月	5	令 6年10月	年　月	年　月	年　月	年　月
	耐　用　年　数	6	5 年	年	年	年	年
取得価額	取得価額又は製作価額	7	外　500,000円	外　円	外　円	外　円	外　500,000
	(7)のうち積立金方式による圧縮記帳の場合の償却額計算の対象となる取得価額に算入しない金額	8					
	差　引　取　得　価　額 (7) － (8)	9	500,000				500,000
帳簿価額	償却額計算の対象となる期末現在の帳簿記載金額	10	450,000				450,000
	期末現在の積立金の額	11					
	積立金の期中取崩額	12					
	差　引帳簿記載金額 (10) － (11) － (12)	13	外△　450,000	外△	外△	外△	外△　450,000
	損金に計上した当期償却額	14	50,000				50,000
	前期から繰り越した償却超過額	15	外	外	外	外	外
	合　　　　　計 (13) + (14) + (15)	16	500,000				500,000
当期分の普通償却限度額等	残　存　価　額	17					
	差引取得価額 × 5 % (9) × 5/100	18					
	旧定額法の償却額計算の基礎となる金額 (9) － (17)	19					
	旧定額法の償却率	20					
	0.6 > 0.9の場合　算　出　償　却　額 (19) × (20)	21	円	円	円	円	円
	増　加　償　却　額 (21) × 割増率	22	（　　　）	（　　　）	（　　　）	（　　　）	（　　　）
	計 (21) + (22) 又は ((16)－0.6)	23					
	0.650の場合　算　出　償　却　額 ((18)－1円) × 12/60	24					
	定額法の償却額計算の基礎となる金額 (9)	25	500,000				500,000
	定　額　法　の　償　却　率	26	0.200				
	算　出　償　却　額 (25) × (26)	27	50,000円	円	円	円	50,000円
	増　加　償　却　額 (27) × 割増率	28	（　　　）	（　　　）	（　　　）	（　　　）	（　　　）
	計 (27) + (28)	29	50,000				50,000
	当期分の普通償却限度額等 (23)、(24) 又は (29)	30	50,000				50,000
当期分の償却限度額	特別償却限度額 租税特別措置法適用条項	31	条　項 （　　　）	条　項 （　　　）	条　項 （　　　）	条　項 （　　　）	条　項 （　　　）
	特　別　償　却　限　度　額	32	外　円	外　円	外　円	外　円	外　円
	前期から繰り越した特別償却不足額又は合併等特別償却不足額	33					
	合　　　　　計 (30) + (32) + (33)	34	50,000				50,000
	当　期　償　却　額	35	50,000				50,000
差引	償　却　不　足　額 (34) － (35)	36					
	償　却　超　過　額 (35) － (34)	37					
償却超過額	前　期　からの　繰　越　額	38	外	外	外	外	外
	当期損金認容額　償却不足によるもの	39					
	積立金取崩しによるもの	40					
	差引合計翌期への繰越額 (37) + (38) － (39) － (40)	41					
特別償却不足額	翌期に繰り越すべき特別償却不足額 ((36)－(39))と((32)+(33))のうち少ない金額	42					
	当期において切り捨てる特別償却不足額又は合併等特別償却不足額	43					
	差引翌期への繰越額 (42) － (43)	44					
	翌期繰越額の内訳	45					
	当　期　分　不　足　額	46					
	適格組織再編成により引き継ぐべき合併等特別償却不足額 ((36)－(39))と(32)のうち少ない金額	47					

備考

240

【別表16(2)】記載例

旧定率法又は定率法による減価償却資産の償却額の計算に関する明細書

事業年度	令和 6・4・1 令和 7・3・31	法人名	税研商事株式会社

別表十六(二) 令六・四・一以後終了事業年度分

区分				器具及び備品				合　計
資産区分	種　　類	1		器具及び備品				合　　計
	構　　造	2						
	細　　目	3		電子計算機				
	取 得 年 月 日	4		令 6・7・6	・・	・・	・・	・・
	事業の用に供した年月	5		令 6年 7月	年　月	年　月	年　月	年　月
	耐 用 年 数	6		4 年	年	年	年	年
取得価額	取得価額又は製作価額	7	外	350,000円	外　　円	外　　円	外　　円	外 350,000円
	(7)のうち積立金方式による圧縮記帳の場合の償却額計算の対象となる取得価額に算入しない金額	8						
	差 引 取 得 価 額 (7)-(8)	9		350,000				350,000
償却額計算の基礎となる額	償却額計算の対象となる期末現在の帳簿記載金額	10		218,750				218,750
	期末現在の積立金の額	11						
	積立金の期中取崩額	12						
	差引帳簿記載金額 (10)-(11)-(12)	13	外△	218,750	外△	外△	外△	外△ 218,750
	損金に計上した当期償却額	14		131,250				131,250
	前期から繰り越した償却超過額	15	外		外	外	外	外
	合　計 (13)+(14)+(15)	16		350,000				350,000
	前期から繰り越した特別償却不足額又は合併等特別償却不足額	17						
	償却額計算の基礎となる金額 (16)-(17)	18		350,000				350,000
当期分の普通償却限度額等	平成19年3月31日以前取得分	差引取得価額×5% (9)×5/100	19						
		旧定率法の償却率	20						
		(16)>(19)の場合 算出償却額 (18)×(20)	21	円	円	円	円	円
		増加償却額 (21)×割増率	22	( )	( )	( )	( )	( )
		計 (21)+(22)又は(18)-(19)	23						
		(16)≦(19)の場合 算出償却額 ((19)-1円)×12/60	24						
	平成19年4月1日以後取得分	定率法の償却率	25		0.500				
		調整前償却額 (18)×(25)	26	(9月)175,000円 131,250	円	円	円	131,250円
		保　証　率	27		0.12499				
		償却保証額 (9)×(27)	28		43,746円	円	円	43,746円
		改定取得価額	29						
		(26)<(28)の場合 改定償却率	30						
		改定償却額 (29)×(30)	31	円	円	円	円	円
		増加償却額 ((26)又は(31))×割増率	32	( )	( )	( )	( )	( )
		計 ((26)又は(31))+(32)	33		131,250				131,250
	当期分の普通償却限度額等 (23)、(24)又は(33)	34		131,250				131,250
当期分の償却限度額	特別償却限度額	租税特別措置法適用条項	35	( )条( )項	条　項	条　項	条　項	( )条( )項
		特別償却限度額	36	外 円	外 円	外 円	外 円	外 円
		前期から繰り越した特別償却不足額又は合併等特別償却不足額	37						
	合　計 (34)+(36)+(37)	38		131,250				131,250
当 期 償 却 額	39		131,250				131,250
差引	償却不足額 (38)-(39)	40						
	償却超過額 (39)-(38)	41						
償却超過額	前期からの繰越額	42	外		外	外	外	外
	当期損金認容額 償却不足によるもの	43						
	積立金取崩しによるもの	44						
	差引合計翌期への繰越額 (41)+(42)-(43)-(44)	45						
特別償却不足額	翌期に繰り越すべき特別償却不足額 ((40)-(43))+(36)+(37)のうち少ない金額	46						
	当期において切り捨てる特別償却不足額又は合併等特別償却不足額	47						
	差引翌期への繰越額 (46)-(47)	48						
	翌期への繰越額の内訳	・・	49						
		当期分不足額	50						
適格組織再編成により引き継ぐべき合併等特別償却不足額 ((40)-(43))と(36)のうち少ない金額	51						

備考

⑩　【別表16⑺⑻】

●別表16⑺…少額減価償却資産の取得価額の損金算入の特例に関する明
　　　　　　細書

　　この明細書は、青色申告書を提出する法人が租税特別措置法第67条
の5（中小企業者等の少額減価償却資産の取得価額の損金算入の特例）の
規定の適用を受ける場合に記載します。

●別表16⑻…一括償却資産の損金算入に関する明細書

　　この明細書は、法人が一括償却資産について法人税法施行令第133
条の2（一括償却資産の損金算入）又は令和4年改正前の令第133条の
2（一括償却資産の損金算入）の規定により損金算入額等の計算を行
う場合に記載します。

《10万円未満の資産》

　取得価額が10万円未満の資産は、全額損金経理を要件に損金算入が認
められます。別表の作成の必要はありません。

《20万円未満の資産》

　取得価額が20万円未満の資産は、3年間で均等に償却する3年一括償
却制度が置かれています。この場合、別表16⑻を作成します。

《10万円以上30万円未満の資産》

　中小企業者は、10万円以上30万円未満の資産について、全額損金経理
を要件として年間300万円まで損金算入が認められます。この場合、別
表16⑺を作成します。

《実務では》

　企業規模にかかわらず、通常、10万円未満の資産は固定資産に計上せ
ず経費として処理します。

第7章　法人税申告書の作成実務

　中小企業者では、一般的に10万円以上30万円未満の資産は年間300万円までは経費処理をして、別表16(7)を作成します。

　大企業では、10万円以上20万円未満の資産は一括償却を適用している法人が多いと思われます。その際に、経費処理をして超過額の加算調整を行う場合と、固定資産に計上して毎年1/3ずつ償却していく場合があります。

《記載のポイント》

a　10万円未満の資産を全額損金経理した場合、特に、別表に記載する必要はありません。

b　20万円未満の資産の全部又は一部について一括償却を適用する場合には、別表16(8)を作成します。事業年度ごとにタテに一列ずつ記載していきます。なお、年度ごとの取得価額の合計額を用いて記載します。

c　中小企業者が、10万円以上30万円未満の資産を全額損金経理した場合には、その明細（個々の資産の資産区分及び取得価額）を別表16(7)に記載します。なお、取得価額の合計額は、年間で300万円が上限となります。

243

第7章　法人税申告書の作成実務

【別表16(7)】記載例

少額減価償却資産の取得価額の損金算入の特例に関する明細書			事業年度	令和 6・4・1 令和 7・3・31	法人名	税研商事株式会社			
資産区分	種　　　　　類	1	器具及び備品	器具及び備品					
	構　　　　　造	2							
	細　　　　　目	3	ノートパソコン	パソコン					
	事業の用に供した年月	4	令 6・11	令 7・2	・	・	・		
取得価額	取得価額又は製作価額	5	円 250,000	円 180,000	円	円	円		
	法人税法上の圧縮記帳による積立金計上額	6							
	差引改定取得価額　(5)−(6)	7	250,000	180,000					
資産区分	種　　　　　類	1							
	構　　　　　造	2							
	細　　　　　目	3							
	事業の用に供した年月	4	・	・	・				
取得価額	取得価額又は製作価額	5	円	円	円	円	円		
	法人税法上の圧縮記帳による積立金計上額	6							
	差引改定取得価額　(5)−(6)	7							
資産区分	種　　　　　類	1							
	構　　　　　造	2							
	細　　　　　目	3							
	事業の用に供した年月	4	・	・	・				
取得価額	取得価額又は製作価額	5	円	円	円	円	円		
	法人税法上の圧縮記帳による積立金計上額	6							
	差引改定取得価額　(5)−(6)	7							
当期の少額減価償却資産の取得価額の合計額 ((7)の計)		8			円 430,000				

別表十六(七)　令六・四・一以後終了事業年度分

第7章 法人税申告書の作成実務

【別表16⑻】 記載例

一括償却資産の損金算入に関する明細書		事業年度	令和 6・4・1 令和 7・3・31	法人名	税研商事株式会社

事 業 の 用 に 供 し た 事 業 年 度	1	・・ ・・	・・ ・・	・・ ・・	・・ ・・	令 5・4・1 令 6・3・31	(当期分)
同 上 の 事 業 年 度 に お い て事業の用に供した一括償却資産の取 得 価 額 の 合 計 額	2	円	円	円	円	円 120,000	円 165,000
当 期 の 月 数 (事業の用に供した事業年度の中間申告の場合は、当該事業年度の月数)	3	月	月	月	月	月 12	月 12
当 期 分 の 損 金 算 入 限 度 額 $(2) \times \dfrac{(3)}{36}$	4	円	円	円	円	円 40,000	円 55,000
当 期 損 金 経 理 額	5					40,000	55,000
差 引	損 金 算 入 不 足 額 (4)-(5)	6						
	損 金 算 入 限 度 超 過 額 (5)-(4)	7						
損金算入限度超過額	前 期 か ら の 繰 越 額	8						
	同上のうち当期損金認容額 ((6)と(8)のうち少ない金額)	9						
	翌 期 へ の 繰 越 額 (7)+(8)-(9)	10						

別表十六(八)　令六・四・一以後終了事業年度分

245

第7章 法人税申告書の作成実務

⑪ 【別表16⑹】－繰延資産の償却額の計算に関する明細書－

この明細書のⅠは、法人が繰延資産について法人税法施行令第64条第1項第2号（繰延資産の償却限度額）の規定により償却限度額等の計算を行う場合に記載します。

この明細書のⅡは、法人が繰延資産について法人税法施行令第64条第1項第1号の規定により償却限度額等の計算を行う場合に記載します。

《繰延資産とは》

繰延資産とは、法人が支出する費用のうち支出の効果がその支出の日以後1年以上に及ぶものであり、会計上の繰延資産と税法独自に繰延資産としているものがあります。

《会計上の繰延資産》

法人が支出する費用（資産の取得に要した金額とされるべき費用及び前払費用を除く。）のうち次に掲げるものをいいます。

イ　創立費（発起人に支払う報酬、設立登記のために支出する登録免許税その他法人の設立のために支出する費用で、当該法人の負担に帰すべきものをいう。）

ロ　開業費（法人の設立後事業を開始するまでの間に開業準備のために特別に支出する費用をいう。）

ハ　開発費（新たな技術若しくは新たな経営組織の採用、資源の開発又は市場の開拓のために特別に支出する費用をいう。）

ニ　株式交付費（株券等の印刷費、資本金の増加の登記についての登録免許税その他自己の株式（出資を含む。）の交付のために支出する費用をいう。）

ホ　社債等発行費（社債券等の印刷費その他債券（新株予約権を含む。）の発行のために支出する費用をいう。）

《税法独自の繰延資産》

　次に掲げる費用で支出の効果がその支出の日以後1年以上に及ぶものをいいます。

イ　自己が便益を受ける公共的施設又は共同的施設の設置又は改良のために支出する費用

ロ　資産を賃借し又は使用するために支出する権利金、立ちのき料その他の費用

ハ　役務の提供を受けるために支出する権利金その他の費用

ニ　製品等の広告宣伝の用に供する資産を贈与したことにより生ずる費用

ホ　上記に掲げる費用のほか、自己が便益を受けるために支出する費用

《償却限度額》

イ　会計上の繰延資産‥‥‥‥その繰延資産の未償却残高（償却超過額は発生しない）

ロ　税法独自の繰延資産‥‥‥繰延資産の額 × $\dfrac{その事業年度の月数}{支出の効果の及ぶ月数}$

《実務では》

　会計上の繰延資産は、任意に償却することができますので、どのように処理しても所得計算上の調整は生じません。一方、税法独自の繰延資産は償却限度額が設定されているため留意が必要となります。

　実務で生じることが多いものとしては、権利金・更新料、入会金などがあります。

　税法独自の繰延資産について、中小企業では、長期前払費用に計上して償却限度額と同額を償却する場合が多く、通常、償却超過額も生じません。大企業では、資産には計上しないで経費処理するケースも多いため、その場合には償却超過額の調整を行うことになります。

第7章　法人税申告書の作成実務

《記載のポイント》

a 「Ⅰ　均等償却を行う繰延資産の償却額の計算に関する明細書」には、税法独自の繰延資産について、個々の繰延資産ごとにタテに記載をしていきます。

b 償却期間の月数には、法人税基本通達8－2－3（繰延資産の償却期間）等の償却期間を記載します。

c 「Ⅱ　一時償却が認められる繰延資産の償却額の計算に関する明細書」には、会計上の繰延資産について、個々の繰延資産ごとにタテに記載をしていきます。

d 会計上の繰延資産は、償却額にかかわらず償却超過額は生じません。

248

【別表16⑹】記載例

繰延資産の償却額の計算に関する明細書

事業年度	令和 6・4・1 令和 7・3・31	法人名	税研商事株式会社

別表十六(六)　令六・四・一以後終了事業年度分

Ⅰ　均等償却を行う繰延資産の償却額の計算に関する明細書

項目		番号					合計
繰 延 資 産 の 種 類		1	同業者団体加入金				合　　計
支 出 し た 年 月		2	令 6・12	・	・	・	・
支 出 し た 金 額		3	円 600,000	円	円	円	円 600,000
償 却 期 間 の 月 数		4	月 60	月	月	月	月
当期の期間のうちに含まれる償却期間の月数		5	4				
当期分の償却限度額	当 期 分 の 普 通 償 却 限 度 額 $(3) \times \frac{(5)}{(4)}$	6	円 40,000	円	円	円	円 40,000
	租 税 特 別 措 置 法 適 用 条 項	7	条　　項 (　　)	条　　項 (　　)	条　　項 (　　)	条　　項 (　　)	条　　項 (　　)
	特 別 償 却 限 度 額	8	外　　円	外　　円	外　　円	外　　円	外　　円
	前期から繰り越した特別償却不足額 又は合併等特別償却不足額	9					
	合　　　　　計 (6)＋(8)＋(9)	10	40,000				40,000
当 期 償 却 額		11	40,000				40,000
差引	償 却 不 足 額 (10)－(11)	12					
	償 却 超 過 額 (11)－(10)	13					
償却超過額	前 期 か ら の 繰 越 額	14					
	同上のうち当期損金認容額 ((12)と(14)のうち少ない金額)	15					
	差引合計翌期への繰越額 (13)＋(14)－(15)	16					
特別償却不足額	翌期に繰り越すべき特別償却不足額 ((12)と((8)＋(9))のうち少ない金額)	17					
	当期において切り捨てる特別償却不足額又は合併等特別償却不足額	18					
	差 引 翌 期 へ の 繰 越 額 (17)－(18)	19					
	翌期への繰越額の内訳	20	・　・ ・　・				
	当 期 分 不 足 額	21					
適格組織再編成により引き継ぐべき合併等特別償却不足額 ((12)と(8)のうち少ない金額)		22					

Ⅱ　一時償却が認められる繰延資産の償却額の計算に関する明細書

繰 延 資 産 の 種 類	23					合　　計
支 出 し た 金 額	24	円	円	円	円	円
前 期 ま で に 償 却 し た 金 額	25					
当 期 償 却 額	26					
期 末 現 在 の 帳 簿 価 額	27					

第7章　法人税申告書の作成実務

⑫　【別表4】－所得の金額の計算に関する明細書－

　別表4は、損益計算書の当期純利益を出発点として、加算又は減算の調整を加えて課税標準である所得金額を算出する明細書です。算出された所得金額は、別表1に転記されて税額計算が行われます。

　また、別表4では利益積立金額が増減する項目を留保欄に記載し、それを別表5⑴の増減欄に転記することによって別表5⑴で利益積立金額を算出します。

　なお、一般的な法人では、別表4は「簡易様式」を使用して記載します。

《所得計算》

　損益計算書の最終値である当期純利益を出発点にして、加算・減算の調整を加えて所得金額を算出します。

　なお、加算・減算の調整には他の別表で調整金額を算出して別表4に転記するものと、直接別表4に記載するものがあります。直接記載する項目は、1年間の会計処理を通じて所得計算で必要な調整を把握しておく必要があります。

第7章　法人税申告書の作成実務

【別表4】

区　　分		
当期利益又は当期欠損の額	1	
加算	損金経理をした法人税及び地方法人税	2	← 別表5(2)
	損金経理をした住民税	3	← 別表5(2)
	損金経理をした納税充当金	4	← 別表5(2)
	損金経理をした附帯税等	5	← 別表5(2)
	減価償却の償却超過額	6	← 別表16
	役員給与の損金不算入額	7	← 直接入力
	交際費等の損金不算入額	8	← 別表15
減算	減価償却超過額の当期認容額	12	← 別表16
	納税充当金から支出した事業税等の金額	13	← 別表5(2)
	受取配当等の益金不算入額	14	← 別表8(1)
	外国子会社から受ける配当等の益金不算入額	15	← 別表8(2)
	受贈益の益金不算入額	16	← 直接入力
	適格現物分配に係る益金不算入額	17	← 直接入力
	法人税等の還付金額	18	← 別表5(2)又は直接入力
	所得税額等の還付金額等	19	← 直接入力
寄附金の損金不算入額	27	← 別表14(2)
法人税額から控除される所得税額	29	← 別表6(1)
控除対象外国法人税額	30	← 別表6(2の2)
欠損金等の当期控除額	44	← 別表7(1)
所得金額又は欠損金額	52	

《総額、留保、社外流出》

　別表4には所得計算を行うタテの機能の他にヨコの機能があります。①総額欄に記載された金額（「1」①を含む。）を、利益積立金額を増減させる「留保」と、利益積立金額に影響しない「社外流出」のいずれかに記載します。

イ　留保

　　留保欄に記載される金額は、会計上の利益剰余金に当たる「利益積立金額」に影響する項目です。例えば、「減価償却超過額」は、当期純利益を増加させる調整ですが、同時に会計上の利益剰余金よりも税

第7章　法人税申告書の作成実務

務上の利益積立金額を同額増加させることになるため、「留保」欄に
記載することになります。

ロ　社外流出

　社外流出には、利益積立金額には影響を与えない加算調整・減算調
整と配当金の支払額を記載します。

　例えば、「交際費等の損金不算入額」の加算調整は、所得を増加さ
せますが、減価償却超過額のように、加算調整によって利益積立金額
は増加しません。支払った交際費という費用が損金にならないだけ
で、加算調整によって利益積立金額が増加するわけではありません。

【別表4の記載イメージ】

区　　分	総　額	処　　　分		
		留　保	社外流出	
	①	②	③	
当期利益又は当期欠損の額	100	90	配当	10
			その他	
加算 交際費等の損金不算入額	50		→	50
加算 減価償却の償却超過額	20	→ 20		
減算 受取配当等の益金不算入額	30		→	30
所得金額又は欠損金額	140	110		30

　「1」①当期純利益についても、留保と社外流出に分けて記載しま
す。当期に配当した金額10は社外に流出していますので、③「社外流
出」欄へ、①－③＝90（100－10＝90）は②「留保」欄に記載します。

　当期に獲得した利益が100であり、当期に配当金の支払いにより社外
に流出した利益が10ですので、差引100－10＝90が社内に留保された利
益となって利益積立金額の増加として別表5(1)に記載されていきます。

第7章　法人税申告書の作成実務

《租税公課の調整》

　別表4の調整項目のうち租税公課関係の調整については、留保・社外流出に関して少し特殊な記載をします。これは、別表5⑴の記載との関係からくるものです。

　下記のように、租税公課の調整のうち、附帯税等の加算調整及び所得税額等の還付金等の減算調整以外は、「留保」の調整となります。例えば、中間納付した法人税を損金経理した場合に加算調整を行いますが、これは「損金経理をした法人税及び地方法人税」として加算・留保の調整をします。

【租税公課の調整】

区　　分	総　額	処　　分		
		留　保	社外流出	
	①	②	③	
当期利益又は当期欠損の額			配当	
			その他	
加算　損金経理をした法人税及び地方法人税	○○→	○○		
加算　損金経理をした住民税	○○→	○○		
加算　損金経理をした納税充当金	○○→	○○		
加算　損金経理をした附帯税等	△△──		→ △△	
減算　納税充当金から支出した事業税等の金額	○○→	○○		
減算　法人税等の還付金額	○○→	○○		
減算　所得税額等の還付金額等	△△──		→ △△	
所得金額又は欠損金額				

《実務では》

　中小企業では、租税公課の調整以外は、あまり調整項目は出てきません。

　大企業では、租税公課の調整の他に、減損損失の計上、引当金の繰入、資産除去債務などによって、直接別表4で加減算の調整を行うことが多くなります。

253

第7章　法人税申告書の作成実務

《記載のポイント》

a　「1」①には、損益計算書で算出された当期純利益を記載します。また、③には配当金の支払額を記載します。

b　加算調整欄及び減算調整欄には、既に調整項目が一部記載されていますが、追加で記載が必要な項目については、余白に適宜追加記載します。

c　仮計より下は、記載する項目が決まっていますので、所定の箇所に記載します。

d　「52」所得金額又は欠損金額が、法人税における所得金額になります。この金額がマイナスとなった場合には欠損金といい、別表7に記載します。

e　別表4は、他の別表で調整金額が算出されて、それを転記してくる項目（例えば、交際費等の損金不算入額）と直接別表4で調整する項目（例えば、役員給与の損金不算入額）があります。

f　①総額欄に記載された金額（「1」①を含む。）を、利益積立金額を増減させる「留保」と、利益積立金額に影響しない「社外流出」のいずれかに分けて記載します。

第7章　法人税申告書の作成実務

【別表4】記載例

所得の金額の計算に関する明細書（簡易様式）

事業年度	令和 6・4・1 令和 7・3・31	法人名	税研商事株式会社

別表四（簡易様式）令六・四・一以後終了事業年度分

区　分		総　額 ①	処分 留　保 ②	社外流出 ③
当期利益又は当期欠損の額	1	7,400,672 円	7,400,672 円	配当 / その他
加算 損金経理をした法人税及び地方法人税（附帯税を除く。）	2	1,323,000	1,323,000	
損金経理をした道府県民税及び市町村民税	3	160,000	160,000	
損金経理をした納税充当金	4	712,100	712,100	
損金経理をした附帯税（利子税を除く。）、加算金、延滞金（延納分を除く。）及び過怠税	5			その他
減価償却の償却超過額	6			
役員給与の損金不算入額	7			その他
交際費等の損金不算入額	8			その他
通算法人に係る加算額（別表四付表「5」）	9			外※
賞与引当金否認	10	1,000,000	1,000,000	
法人税等調整額		19,024	19,024	
小　　　計	11	3,214,124	3,214,124	外※ 0 / 0
減算 減価償却超過額の当期認容額	12			
納税充当金から支出した事業税等の金額	13	582,000	582,000	
受取配当等の益金不算入額（別表八（一）「5」）	14	200		※ 200
外国子会社から受ける剰余金の配当等の益金不算入額（別表八（二）「26」）	15			
受贈益の益金不算入額	16			※
適格現物分配に係る益金不算入額	17			※
法人税等の中間納付額及び過誤納に係る還付金額	18			
所得税額等及び欠損金の繰戻しによる還付金額等	19			※
通算法人に係る減算額（別表四付表「10」）	20			※
賞与引当金認容	21	700,000	700,000	
小　　　計	22	1,282,200	1,282,000	外※ 200 / 0
仮　　　計 (1)+(11)-(22)	23	9,332,596	9,332,796	外※ △200 / 0
対象純支払利子等の損金不算入額（別表十七（二の二）「29」又は「34」）	24			その他
超過利子額の損金算入額（別表十七（二の三）「10」）	25	△		※ △
仮　　計 (23)から(25)までの計	26	9,332,596	9,332,796	外※ △200 / 0
寄附金の損金不算入額（別表十四（二）「24」又は「40」）	27			その他
法人税額から控除される所得税額（別表六（一）「6の③」）	29	2,204		その他 2,204
税額控除の対象となる外国法人税の額（別表六（二の二）「7」）	30			その他
分配時調整外国税相当額及び外国関係会社等に係る控除対象所得税額等相当額（別表六（五の二）「5の②」)+(別表十七（三の六）「1」)	31			その他
合　　計 (26)+(27)+(29)+(30)+(31)	34	9,334,800	9,332,796	外※ △200 / 2,204
中間申告における繰戻しによる還付に係る災害損失欠損金額の益金算入額	37			※
非適格合併又は残余財産の全部分配等による移転資産等の譲渡利益額又は譲渡損失額	38			※
差　　引　　計 (34)+(37)+(38)	39	9,334,800	9,332,796	外※ △200 / 2,204
更生欠損金又は民事再生等評価換えが行われる場合の再生等欠損金の損金算入額（別表七（三）「9」又は「21」）	40	△		※ △
通算対象欠損金額の損金算入額又は通算対象所得金額の益金算入額（別表七の二「5」又は「11」）	41			
差　　引　　計 (39)+(40)±(41)	43	9,334,800	9,332,796	外※ △200 / 2,204
欠損金等の当期控除額（別表七（一）「4の計」)+(別表七（四）「10」)	44	△		※ △
総　　　計 (43)+(44)	45	9,334,800	9,332,796	外※ △200 / 2,204
残余財産の確定の日の属する事業年度に係る事業税及び特別法人事業税の損金算入額	51	△	△	
所得金額又は欠損金額	52	9,334,800	9,332,796	外※ △200 / 2,204

第7章　法人税申告書の作成実務

⑬　【別表7⑴】－欠損金の損金算入等に関する明細書－

　この明細書は、法人が法人税法第57条（欠損金の繰越し）若しくは平成27年改正前の法人税法第57条（青色申告書を提出した事業年度の欠損金の繰越し）の規定の適用を受ける場合等に記載します。

《青色欠損金の繰越控除・繰戻還付》

　青色欠損金（青色申告書を提出する事業年度に生じた欠損金）には、翌年度以降に繰り越して所得金額から控除する繰越控除と前年度に遡って前年度の法人税の還付を受ける繰戻還付のいずれかの制度が適用できます。

（青色欠損金に関する制度）

| 青色欠損金 | 繰越控除……翌年度以降の所得金額から控除する |
| | 繰戻還付……前年度の法人税の還付を受ける |

《青色欠損金の繰越控除》

　確定申告書を提出する法人の各事業年度開始の日前10年（平成30年4月1日前に開始した事業年度において生じた欠損金額は9年）以内に開始した事業年度で青色申告書を提出した事業年度に生じた欠損金額は、各事業年度の所得金額の計算上損金の額に算入されます。

　なお、中小法人等以外の法人の所得金額から控除できる限度額は、繰越控除前の所得金額の50％相当額とされています。

《青色欠損金の繰戻還付》

　青色申告書である確定申告書を提出する事業年度に欠損金額が生じた場合において、その欠損金額をその事業年度開始の日前1年以内に開始したいずれかの事業年度に繰り戻して法人税額の還付を請求することができます。

　なお、中小法人等は繰戻還付の適用を受けることができますが、中小

256

第7章　法人税申告書の作成実務

法人等以外の法人（大法人や非中小法人）は適用することができません。

《実務では》

　中小企業では、欠損金が生じた場合、一般的に繰戻還付の適用ができる場合は法人税の還付を受け、繰戻還付の適用できない場合に繰越控除を適用します。

　大企業では、繰戻還付の適用ができないため繰越控除を適用します。なお、大企業では、繰越欠損金がある状態で所得金額が黒字になった場合、所得金額の50％相当額しか欠損金の控除ができないために課税所得が生じることに留意が必要です。

《記載のポイント》

a　前期から繰り越された欠損金を、「3」控除未済欠損金額に発生年度ごとに記載します。

b　当期の所得金額を「1」に記載して、「2」で損金算入限度額を計算します。中小法人では所得金額の100％、中小法人以外では所得金額の50％が限度額になります。

c　当期の所得金額から控除する欠損金を別表4の所定欄に記載するとともに、「4」当期控除額にも記載して、「5」に翌期繰越額（「3」－「4」）を記載します。

d　当期において欠損金が発生した場合には、中段に発生した欠損金を記載して翌期に繰り越します。

257

第7章　法人税申告書の作成実務

【別表7(1)】記載例

欠損金の損金算入等に関する明細書

事業年度	令和 6・4・1 令和 7・3・31	法人名	税研商事株式会社

別表七(一)　令六・四・一以後終了事業年度分

控除前所得金額 (別表四「43の①」)	1	円 9,334,800	損金算入限度額 (1)×100/100	2	円 9,334,800

事業年度	区分	控除未済欠損金額 3	当期控除額 (当該事業年度の(3)と((2)-当該事業年度前の(4)の合計額)のうち少ない金額) 4	翌期繰越額 ((3)-(4))又は(別表七(四)「15」) 5
・　・	青色欠損・連結みなし欠損・災害損失	円	円	
・　・	青色欠損・連結みなし欠損・災害損失			円
・　・	青色欠損・連結みなし欠損・災害損失			
・　・	青色欠損・連結みなし欠損・災害損失			
・　・	青色欠損・連結みなし欠損・災害損失			
令 2・4・1 令 3・3・31	(青色欠損)・連結みなし欠損・災害損失	3,874,210	3,874,210	0
令 3・4・1 令 4・3・31	(青色欠損)・連結みなし欠損・災害損失	15,819,630	5,460,590	10,359,040
・　・	青色欠損・連結みなし欠損・災害損失			
・　・	青色欠損・連結みなし欠損・災害損失			
・　・	青色欠損・連結みなし欠損・災害損失			
計		19,693,840	9,334,800	10,359,040

当期分	欠損金額 (別表四「52の①」)		欠損金の繰戻し額	
	同上のうち	青色欠損金額		
		災害損失欠損金額	(16の③)	
合計				10,359,040

災害により生じた損失の額がある場合の繰越控除の対象となる欠損金額等の計算

災害の種類		災害のやんだ日 又はやむを得ない事情のやんだ日	・　・

災害を受けた資産の別		棚卸資産 ①	固定資産 (固定資産に準ずる繰延資産を含む。) ②	計 ① + ② ③
当期の欠損金額 (別表四「52の①」)	6			円
災害により生じた損失の額	資産の滅失等により生じた損失の額	7	円	円	
	被害資産の原状回復のための費用等に係る損失の額	8			
	被害の拡大又は発生の防止のための費用に係る損失の額	9			
	計 (7) + (8) + (9)	10			
保険金又は損害賠償金等の額		11			
差引災害により生じた損失の額 (10) - (11)		12			
同上のうち所得税額の還付又は欠損金の繰戻しの対象となる災害損失金額		13			
中間申告における災害損失欠損金の繰戻し額		14			
繰戻しの対象となる災害損失欠損金額 ((6の③)と((13の③)-(14の③))のうち少ない金額)		15			
繰越控除の対象となる欠損金額 ((6の③)と((12の③)-(14の③))のうち少ない金額)		16			

258

⑭ 【別表1】－各事業年度の所得に係る申告書－

　この申告書は、内国法人が法人税及び地方法人税の確定申告若しくは仮決算による中間申告又はこれらの申告に係る修正申告をする場合に記載します。別表4において所得金額を算出した後、別表1において所得金額をスタートにして納付税額まで算出します。

　なお、別表1の下段において地方法人税の納付税額も算出します。

《法人税額・地方法人税額の計算》

　別表4で所得金額を算出した後、法人税率を乗じて法人税額を算出します。それ以外に、法人税の特別控除の適用、留保金課税の適用、所得税及び外国税の税額控除などを適用します。年間税額の算出後に中間納付額を控除して確定申告において納付する法人税額を算出します。

　また、法人税額に税率を乗じて地方法人税額を算出します。

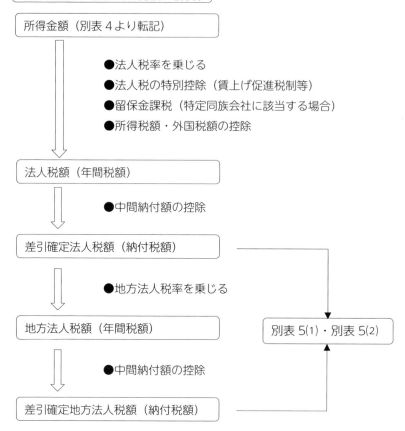

《税率》

　法人税及び地方法人税の計算に適用する税率は、下記のとおりです。

a　法人税

　　……23.2%

　（中小法人は、年間800万円までの所得に15%の軽減税率を適用可）

b　地方法人税

　　……10.3%

第7章　法人税申告書の作成実務

《実務では》

　通常、所得金額に税率を乗じた後に記載する項目としては、所得税額の控除や中間納付額の控除があります。その他、適用要件を満たしていれば法人税の特別控除（賃上げ促進税制など）の適用があります。また、外国税額がある場合には外国税額控除を適用します。

《記載のポイント》

a　別表1上段部分の記載

　　別表1の上段部分は、法人の基本情報を記載する欄になっています。納税地や法人名、代表者の氏名、住所などを記載します。

b　法人税額の計算

　・「1」に別表4で算出した所得金額を転記します。

　・別表1次葉に所得金額を記載して、税率を乗じて法人税額を算出します。中小法人では年間800万円まで軽減税率の適用があります。

　・「3」には、法人税額の特別控除額を記載します。

　・「7」「8」は、別表2の判定の結果、特定同族会社に該当する場合に記載します。

　・「12」には所得税額と外国税額の控除合計額を記載して「13」差引所得に対する法人税額（年間税額、100円未満切捨）を算出します。

　・「14」に中間申告税額を記載して、「15」差引確定法人税額（確定申告で納付する税額）を算出します。

c　地方法人税額の計算

　・「28」「29」に上段の法人税額を転記します。別表1次葉に課税標準を記載し、税率を乗じて地方法人税額を算出します。

　・「38」に年間税額を100円未満を切り捨てて記載し、中間申告税額を控除して「40」に差引確定地方法人税額を記載します。

d　決算確定の日

　　右側下段に決算確定の日を記載する欄があります。定時株主総会の日付を記載します。

261

第7章 法人税申告書の作成実務

【別表1】記載例

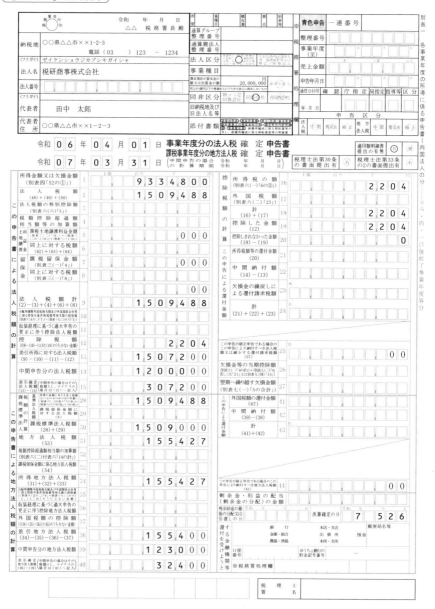

第 7 章　法人税申告書の作成実務

【別表１次葉】記載例

事業 年度等	令和 6・4・1 令和 7・3・31	法人名	税研商事株式会社

別表一次葉　令六・四・一以後終了事業年度等分

法 人 税 額 の 計 算						
(1)のうち中小法人等の年800万円相当額以下の金額 ((1)と800万円×$\frac{12}{12}$のうち少ない金額)又は(別表一付表「5」)	45	8,000,000	(45) の 15 % 相 当 額	48		1,200,000
(1)のうち特例税率の適用がある協同組合等の年10億円相当額を超える金額 (1)-10億円×$\frac{12}{12}$	46	000	(46) の 22 % 相 当 額	49		
そ の 他 の 所 得 金 額 (1)-(45)-(46)	47	1,334,000	(47) の 23.2 % 相 当 額	50		309,488

地 方 法 人 税 額 の 計 算						
所 得 の 金 額 に 対 す る 法 人 税 額 (28)	51	1,509,000	(51) の 10.3 % 相 当 額	53		155,427
課 税 留 保 金 額 に 対 す る 法 人 税 額 (29)	52	000	(52) の 10.3 % 相 当 額	54		

こ の 申 告 が 修 正 申 告 で あ る 場 合 の 計 算								
法人税額の計算	この申告前の	法 人 税 額	55		地方法人税額の計算	この申告前の	確 定 地 方 法 人 税 額	58	
		還 付 金 額	56	外			還 付 金 額	59	
							欠 損 金 の 繰 戻 し に よ る 還 付 金 額	60	
	この申告により納付すべき法人税額又は減少する還付請求税額 ((15)-(55))若しくは((15)+(56))又は((56)-(24))		57	外 00		この申告により納付すべき地方法人税額 ((40)-(58))若しくは((40)+(59)+(60))又は(((59)-(43))+((60)-(43の外書)))		61	00

土 地 譲 渡 税 額 の 内 訳						
土 地 譲 渡 税 額 (別表三(二)「25」)	62	0	土 地 譲 渡 税 額 (別表三(三)「21」)	64		00
同 上 (別表三(二の二)「26」)	63	0				

地 方 法 人 税 額 に 係 る 外 国 税 額 の 控 除 額 の 計 算						
外 国 税 額 (別表六(二)「56」)	65		控 除 し き れ な か っ た 金 額 (65)-(66)	67		
控 除 し た 金 額 (37)	66					

263

第7章　法人税申告書の作成実務

⑮　【別表5(1)】－利益積立金額及び資本金等の額の計算に関する明細書－

　別表5(1)は、上段が「Ⅰ　利益積立金額の計算に関する明細書」、下段が「Ⅱ　資本金等の額の計算に関する明細書」です。会計上の利益剰余金に当たる利益積立金額と会計上の資本金及び資本剰余金に当たる資本金等の額を計算します。

　ヨコの構造は、①期首現在の金額－②減＋③増＝④差引翌期首現在の金額の計算になっています。期首の金額に当期の増減を記載して期末の金額を算出します。

　別表5(1)Ⅱは資本金や資本準備金の増減を記載する程度で、通常は難しい記載になりませんが、別表5(1)Ⅰは難しくなります。

　別表5(1)Ⅰでは、利益積立金額を会計上の利益剰余金＋税務調整－未納法人税額等によって算出します。このうちの税務調整部分は、別表4留保欄から転記されることになります。また、未納法人税額等の部分は、別表5(2)の記載金額と連動します。

《会計上の利益剰余金の増減の記載》

　利益積立金額は、会計上の利益剰余金に税務と会計の差異を追加で記載することによって算出しますので、会計上の利益剰余金の記載が基本となります。会計上の利益剰余金の当期における増減は、株主資本等変動計算書に記載されています。

　株主資本等変動計算書は次ページのような場合、当期純利益は2,000であり、当期中に配当金の支払いが600発生しています。当期中の増減は2,000－600＝1,400です。したがって、会計上の利益剰余金は、期首1,600＋2,000－600＝期末3,000となります。

264

第7章　法人税申告書の作成実務

【株主資本等変動計算書】

区　　分	利益剰余金			
	利　益準備金	その他利益剰余金		利益剰余金合計
		別　途積立金	繰越利益剰余金	
当期首残高	100	500	1,000	1,600
当期変動額				
剰余金の配当	60		△ 660	△ 600
当期純利益			2,000	2,000
当期変動額合計	60	0	1,340	1,400
当期末残高	160	500	2,340	3,000

この場合の別表 5 (1) の記載は下記のようになります。

【別表 5 (1) の Ⅰ】

Ⅰ　利益積立金額の計算に関する明細書				
区　　分	期首利益積立金額	当期の増減		期末利益積立金額
		減	増	
	①	②	③	④
利益準備金	100		60	160
別途積立金	500			500
⋮				
繰越損益金	1,000	1,000	2,340	2,340
合　　計	1,600	1,000	2,400	3,000

当期の利益積立金額の増加額は、60 - 1,000 + 2,340 = 1,400 です。

265

第7章　法人税申告書の作成実務

この場合の別表4の当期利益の行は、下記のようになります。

【別表4】

区　　分	総　　額	処　　分		
		留　　保	社外流出	
当期利益の額	2,000	1,400	配　当	600
			その他	

当期純利益は2,000ですが、配当を600行って社内に留保された金額は1,400です。この1,400が、別表5(1)において利益準備金と繰越損益金に分かれて記載されています。

なお、繰越損益金は洗替えで記載します。

《別表4留保欄からの転記》

別表4の留保欄に記載された金額は、利益積立金額を増減させる項目であるため別表5(1)に転記されます。ただし、租税公課の留保の調整は、別表5(1)には個別転記をしません。

【別表4】

区　　分		総　　額	処　　分		
			留　　保	社外流出	
		①	②	③	
当期利益又は当期欠損の額		2,000	1,400	配当	600
				その他	
加算	損金経理をした法人税及び地方法人税	800	800 ──▶ 転記不要		
	損金経理をした住民税	100	100 ──▶ 転記不要		
	損金経理をした納税充当金	900	900 ──▶ 転記不要		
	交際費等の損金不算入額	200		200	
	貸倒損失否認	300	**300** ──▶ 転記する		
減算	納税充当金から支出した事業税等の金額	500	500 ──▶ 転記不要		

第7章　法人税申告書の作成実務

所　得　金　額	3,800	3,000		800

【別表5⑴のⅠ】

	Ⅰ　利益積立金額の計算に関する明細書				
区　　分	期首利益積立金額	当期の増減		期末利益積立金額	
		減	増		
	①	②	③	④	
売　掛　金			300	300	
⋮					

　「貸倒損失否認300（加算・留保）」の調整は、所得を増加させるとともに利益積立金額を増加させることになります。この税務調整は、下記の仕訳で考えることができますが、貸借対照表ではその下の仕訳のようになります。貸倒損失否認の加算調整は、利益積立金額を同額増加させることになります。

（借）売掛金	300	（貸）貸倒損失	300	

↓

（借）売掛金	300	（貸）**利益積立金額**	**300**	

《納税充当金・未納法人税額等の記載》

　別表5⑴の納税充当金と未納法人税額等は、別表4から個別転記せずに、別表5⑵の情報をもとに記載します。

《納税充当金》

　期首残高に対して、取り崩した金額を②減に記載し、繰り入れた金額を③増に記載します。この情報は、別表5⑵の下段の納税充当金の計算欄の金額と対応します。

267

第7章　法人税申告書の作成実務

【別表5(1)】

I　利益積立金額の計算に関する明細書				
区　　分	期首利益積立金額	当期の増減		期末利益積立金額
		減	増	
	①	②	③	④
繰越損益金				
納税充当金	1,000	1,000	1,500	1,500
合　　計				

【別表5(2)】

納　税　充　当　金　の　計　算							
	期首納税充当金	30	1,000		損金算入のもの	36	
繰入額	損金経理をした納税充当金	31	1,500	取崩額 その他	損金不算入のもの	37	
		32				38	
	計	33	1,500		仮払税金消却	39	
取崩額	法人税額等	34	700		計	40	1,000
	事業税等	35	300	期末納税充当金		41	1,500

《未納法人税額等》

イ　①期首現在利益積立金額

　　前期の別表5(1)の④差引翌期首現在利益積立金額を繰り越して記載
します。

ロ　②減

　　①（期首）及び③（中間）のうち当期に納付した金額を記載します。

ハ　③増

　　中間申告税額及び確定申告税額を記載します。申告書に記載した納
付すべき金額を記載します。

ニ　④差引翌期首現在利益積立金額

①－②＋③＝によって期末現在の未納残高を算出します。納付もれがない場合、③確定欄に記載した金額と同額が④欄に記載されることになります。

《別表5(2)と未納法人税額等の関係》

別表5(2)と別表5(1)の未納法人税額等の金額は下記のように対応しています。

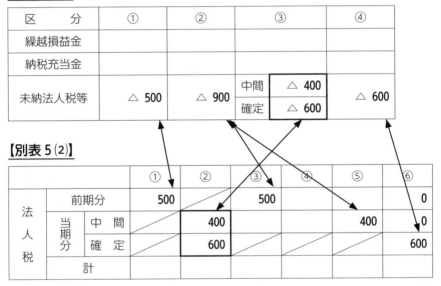

《検算》

別表4と別表5(1)は、連動関係にあるために、下記の検算によって転記の正確性についての確認をします。

　　　別表5(1)　期首「31」①
　＋別表4　　留保欄最終値「52」②
　－別表5(1)　「27〜30」増③（中間＋確定）
　＝　× × × ×　⟵⟶　別表5(1)　期末「31」④
　　　　　　　　　一致する

【別表5(1)】記載例

利益積立金額及び資本金等の額の計算に
関する明細書

事業年度	令和 6・4・1 令和 7・3・31	法人名	税研商事株式会社

別表五(一) 令六・四・一以後終了事業年度分

Ⅰ 利益積立金額の計算に関する明細書

区　　　　分		期首現在 利益積立金額 ①	当期の増減 減 ②	当期の増減 増 ③	差引翌期首現在 利益積立金額 ①-②+③ ④
利　益　準　備　金	1	円	円	円	円
積　立　金	2				
賞与引当金	3	700,000	700,000	1,000,000	1,000,000
繰延税金資産	4	△443,443	△19,024		△424,419
	5				
	6				
	7				
	8				
	9				
	10				
	11				
	12				
	13				
	14				
	15				
	16				
	17				
	18				
	19				
	20				
	21				
	22				
	23				
	24				
繰越損益金(損は赤)	25	10,000,000	10,000,000	17,400,672	17,400,672
納　税　充　当　金	26	3,489,000	3,489,000	712,100	712,100
未納法人税等 未納法人税及び未納地方法人税 (附帯税を除く。)	27	△1,985,000	△3,308,000	中間 △1,323,000 確定 △339,600	△339,600
未払通算税効果額 (附帯税の額に係る部分の金額を除く。)	28			中間 確定	
未納道府県民税 (均等割を含む。)	29	△131,800	△166,800	中間 △35,000 確定 △30,000	△30,000
未納市町村民税 (均等割を含む。)	30	△790,200	△915,200	中間 △125,000 確定 △115,500	△115,500
差　引　合　計　額	31	10,838,557	9,779,976	17,144,672	18,203,253

Ⅱ 資本金等の額の計算に関する明細書

区　　　　分		期首現在 資本金等の額 ①	当期の増減 減 ②	当期の増減 増 ③	差引翌期首現在 資本金等の額 ①-②+③ ④
資本金又は出資金	32	20,000,000円	円	円	20,000,000円
資　本　準　備　金	33				
	34				
	35				
差　引　合　計　額	36	20,000,000			20,000,000

⑷　地方税申告書の作成

　地方税申告書には、都道府県に提出する第6号様式と市町村に提出する第20号様式があります。その他に、必要に応じていくつか提出が必要となるものがあります。

①　第6号様式

　第6号様式の左側が事業税と特別法人事業税、右側が都道府県民税の記載になります。

(第6号様式)

法人の基本情報 (会社名、住所など)	
事業税	都道府県民税 (法人税割)
特別法人事業税	都道府県民税 (均等割)

《記載のポイント》

イ　事業税

　　a　左側の下段で所得計算を行います。別表4から所得金額を転記して、一定の加算減算の調整を加えて事業税の所得金額を算出します。中小企業の実務では、別表4の所得金額と同額になるのが一般的です。

　　b　事業税の所得金額を左側の一番上に記載し、税率を乗じて事業税所得割を計算します。

　　c　資本金1億円超の法人では、所得割の下で付加価値割と資本割を計算します。

第7章　法人税申告書の作成実務

ロ　特別法人事業税

a　事業税所得割が標準税率で計算されている場合には、所得割額をそのまま課税標準として記載します。超過税率を適用している場合には、別途、第6号様式別表14（基準法人所得割額及び基準法人収入割額に関する計算書）によって課税標準を計算します。

b　課税標準に税率を乗じて税額を計算します。

ハ　都道府県民税

a　右側の上段で法人税割の計算をし、その下で均等割の計算をします。

b　法人税割は、法人税別表1「9　法人税額計」の金額を記載して、税率を乗じて計算します。別表1の法人税額に対して一定の調整を加えた金額が法人税割の課税標準になりますが、中小企業ではこの調整はほとんどありません。

c　均等割は、資本金等の額によって決まります。

② **第20号様式**

第20号様式では市町村民税を計算しますが、第6号様式の道府県民税の部分の記載とほぼ同じです。

（第20号様式）

法人の基本情報 （会社名、住所など）
市町村民税（法人税割）
市町村民税（均等割）

272

第7章　法人税申告書の作成実務

《記載のポイント》

a　上段で法人税割の計算をし、その下で均等割の計算をします。

b　法人税割は、法人税別表1「9　法人税額計」の金額を記載して、税率を乗じて計算します。別表1の法人税額に対して一定の調整を加えた金額が法人税割の課税標準になりますが、中小企業ではこの調整はほとんどありません。

c　均等割は、資本金等の額と従業員数によって決まります。

【第6号様式】記載例

05006A22

第六号様式（提出用）

処理事項	通信日付印	確認	整理番号	事務所	管理番号	申告区分

受付印　　令和　年　月　日

△△県税事務所長　殿

項目	内容
所在地（本県が支店等の場合は本店所在地と併記）	○○県△△市××1-2-3　（電話　03　123 局　1234 番）
（ふりがな）	ぜいけんしょうじかぶしきがいしゃ
法人名	税研商事株式会社
（ふりがな）	
代表者氏名	田中　太郎
（ふりがな）経理責任者氏名	

項目	内容
法人番号	
この申告の基礎	法人税の　年　月　日の申告・修正・更正・決定・再更正による。
申告年月日	
事業種目	
期末現在の資本金の額又は出資金の額（解散日現在の資本金の額又は出資金の額）	20000000
同上が1億円以下の普通法人のうち中小法人等に該当しないもの	非中小法人等
期末現在の資本金の額及び資本準備金の額の合算額	20000000
期末現在の資本金等の額	20000000

令和 6 年 4 月 1 日から令和 7 年 3 月 31 日までの事業年度分の道府県民税・事業税・特別法人事業税の　確定　申告書

（事業税）

摘要		番号	課税標準	税率（/100）	税額
所得割	所得金額総額（㊿−㊾）又は別表5㉟	㉘	9334800		
所得割	年400万円以下の金額	㉙	4000000	3.50	140000
所得割	年400万円を超え年800万円以下の金額	㉚	4000000	5.30	212000
所得割	年800万円を超える金額	㉛	1334000	7.00	93300
所得割	計　㉙＋㉚＋㉛	㉜	9334000		445300
所得割	軽減税率不適用法人の金額	㉝	000	7.00	00
付加価値割	付加価値額総額	㉞			
付加価値割	付加価値額	㉟	000		00
資本割	資本金等の額総額	㊱			
資本割	資本金等の額	㊲	000		00
収入割	収入金額総額	㊳			
収入割	収入金額	㊴	000		00
合計事業税額	㉜＋㉟＋㊲＋㊴又は㉝＋㉟＋㊲＋㊴	㊵			445300

摘要	番号	金額	摘要	番号	金額
事業税の特定寄附金税額控除額	㊶		仮装経理に基づく事業税額の控除額	㊷	
差引事業税額 ㊵−㊶−㊷	㊸	445300	既に納付の確定した当期分の事業税額	㊹	280000
租税条約の実施に係る事業税額の控除額	㊺		この申告により納付すべき事業税額 ㊸−㊹−㊺	㊻	165300
㊻の内訳　所得割	㊼	165300	付加価値割	㊽	00
㊻の内訳　資本割	㊾	00	収入割	㊿	00
㊻のうち見込納付額	51		差引 ㊻−51	52	165300

（特別法人事業税）

摘要	番号	課税標準	税率（/100）	税額
所得割に係る特別法人事業税額	53	445300	37.0	164700
収入割に係る特別法人事業税額	54	00		00
合計特別法人事業税額（53＋54）	55			164700

摘要	番号	金額	摘要	番号	金額
仮装経理に基づく特別法人事業税額の控除額	56		差引特別法人事業税額 55−56	57	164700
既に納付の確定した当期分の特別法人事業税額	58	103000	租税条約の実施に係る特別法人事業税額の控除額	59	
この申告により納付すべき特別法人事業税額 57−58−59	60	61700	60のうち見込納付額	61	
差引 60−61	62	61700			

（道府県民税）

摘要	番号	税額
（使途秘匿金税額等）		
法人税法の規定によって計算した法人税額	①	1509488
試験研究費の額等に係る法人税額の特別控除額	②	
還付法人税額等の控除額	③	
退職年金等積立金に係る法人税額	④	
課税標準となる法人税額 ①＋②−③＋④	⑤	1509000
2以上の道府県に事務所又は事業所を有する法人における課税標準となる法人税額	⑥	000
法人税割額（⑤又は⑥×1.0/100）	⑦	15090
道府県民税の特定寄附金税額控除額	⑧	
税額控除超過額相当額の加算額	⑨	
外国関係会社等に係る控除対象所得税額等相当額の控除額	⑩	
外国の法人税等の額の控除額	⑪	
仮装経理に基づく法人税割額の控除額	⑫	
差引法人税割額 ⑦−⑧＋⑨−⑩−⑪−⑫	⑬	15000
既に納付の確定した当期分の法人税割額	⑭	10000
租税条約の実施に係る法人税割額の控除額	⑮	
この申告により納付すべき法人税割額 ⑬−⑭−⑮	⑯	5000
均等割額　算定期間中において事務所等を有していた月数	⑰	12 月
均等割額　50,000円×⑰/12	⑱	50000
均等割額　既に納付の確定した当期分の均等割額	⑲	25000
均等割額　この申告により納付すべき均等割額 ⑱−⑲	⑳	25000
この申告により納付すべき道府県民税額 ⑯＋⑳	㉑	30000
㉑のうち見込納付額	㉒	
差引 ㉑−㉒	㉓	30000
東京都の場合の合計　特別区分の課税標準額	㉔	000
東京都の場合の合計　同上に対する税額 ㉔×/100	㉕	
東京都の場合の合計　市町村分の課税標準額	㉖	000
東京都の場合の合計　同上に対する税額 ㉖×/100	㉗	

関与税理士名

所得金額の計算の内訳

摘要		番号	金額
所得金額（法人税の明細書（別表4）の（34））		63	9334800
加算	損金の額に算入した所得税額及び復興特別所得税額	64	
加算	損金の額に算入した海外投資等損失準備金勘定への繰入額	65	
減算	益金の額に算入した海外投資等損失準備金勘定からの戻入額	66	
減算	外国の事業に帰属する所得以外の所得に対して課された外国法人税額	67	
仮計　63＋64＋65−66−67		68	9334800
繰越欠損金額等若しくは災害損失欠損金額又は債務免除等があった場合の欠損金額等の当期控除額		69	
法人税の所得金額（法人税の明細書（別表4）の（52））		70	9334800
法第15条の4の徴収猶予を受けようとする税額		71	
還付請求　中間納付額		72	

項目	内容
法人税の期末現在の資本金等の額	20000000
法人税の当期の確定税額	1507200
決算確定の日	7・5・26
解散の日	・　・
残余財産の最後の分配又は引渡しの日	・　・
申告期限の延長の処分（承認）の有無	事業税　有・無　法人税　有・無
法人税の申告書の種類	（青色）・その他
この申告が中間申告の場合の計算期間	：　：
翌期の中間申告の要否	（要）・否
国外関連者の有無	有・無
還付を受けようとする金融機関及び支払方法	金融機関名　支店名　預金種目　口座番号

（電話）

第7章 法人税申告書の作成実務

【第20号様式】記載例

第8章

具体的なケース

第8章　具体的なケース

　この章では、具体的なケースを使って決算整理から決算数値の確定や法人税申告書の完成までの一連の決算業務を見ていきます。一般的に、大企業と中小企業では会計処理が異なってくるケースが多いと思いますので、それぞれ見ていくことにします。

大企業の場合

　大企業では、収益認識会計基準、金融商品会計基準、税効果会計基準など、すべての会計基準を適用する必要があります。したがって、税務で認められないような会計処理も行っていくことになります。その場合、会計と税務に乖離が生じますので所得計算上の税務調整が多数生じると共に、それを調整するために税効果会計を適用するという特徴があります。

【前提】（大企業）
(基本情報)
・会社名：税研コンサルティング株式会社
・本社　：〇〇県△△市××1－1－1（本社以外に事業所無し）
・代表者：代表取締役　田中　真裕子
・株主　：田中真裕子　　　　　　　200株
　　　　　AAAホールディングス㈱　800株　（合計1,000株）
　　　　　（被支配会社ではない。）
・資本金：2億円
・期末従業員数：48人
・決算期：3月（消費税は税抜経理）
・決算の締め：8営業日
・定時株主総会：令和7年6月20日

1　大企業の場合

・外形標準課税は考慮しないこととします。

(1)　決算整理（納税充当金以外）

　下記の決算整理以外は、すべて完了しているとします。

①　不良債権に対する貸倒引当金の計上

　滞留債権について内容確認を行ったところ、Ａ株式会社に対する売掛金1,000,000円について売掛先からの回収が難しい状況に陥っており、回収可能額はゼロと見込まれるため、貸倒引当金の繰入が必要であると判断しました。

　なお、法人税ではこの貸倒引当金の繰入は認められないと判断されます。

【決算処理】

　回収見込額はゼロであるため、売掛金と同額の1,000,000円の貸倒引当金の繰入を行います。

　　貸倒引当金繰入額　1,000,000　／　貸倒引当金　1,000,000

【法人税】

　法人税では貸倒引当金の繰入が認められないため、所得計算において加算調整を行います。

②　少額の減価償却資産

　当期に取得して事業供用した10万円以上20万円未満の固定資産の取得価額の合計額2,400,000円は消耗品費として処理されています。当社では、20万円未満の固定資産は費用処理することとしており、法人税においては、いわゆる３年一括償却を適用します。

【決算処理】

　取得等のときに消耗品費として処理されており、決算では特別な会計処理はありません。

279

第 8 章　具体的なケース

【法人税】

　法人税では 3 年一括償却を適用するため、所得計算において取得価額の合計額2,400,000円×12/36＝800,000を損金とし、損金不算入となる2,400,000円－800,000円＝1,600,000円を加算調整します。

　なお、前期において消耗品費として処理していた 3 年一括償却適用資産3,600,000円については所得計算において2,400,000円を加算調整していました。これについては、当期に1,200,000円を減算調整します。

③　投資有価証券の時価評価

　当期に取得して保有する B 上場株式（簿価5,000,000円）の当期末時価は5,800,000円になっています。当期末において時価評価（全部純資産直入法）を行うこととします。

　なお、法定実効税率を30.62％として税効果会計を適用します。

【決算処理】

　全部純資産直入法による時価評価を行います。評価差額金800,000円について、その30.62％相当額の244,960円を繰延税金負債とし、残額を評価差額金として処理します。

投資有価証券	800,000	その他有価証券 評価差額金	555,040
		繰延税金負債	244,960

【法人税】

　法人税では、その他有価証券は原価評価になりますが、上記の時価評価を行っても損益には影響していないため所得計算上の調整は必要ありません。ただし、別表 5 (1)において投資有価証券の時価を簿価に修正する記載が必要になります。

280

1　大企業の場合

④　投資有価証券の減損

　従来より継続して保有しているＣ株式（非上場株式、簿価2,000,000円）について業績の悪化から１株当たりの純資産額が取得時の30％まで低下しています。今後の回復の見込みについては不明です。

【決算処理】

　投資有価証券の簿価を2,000,000円×30％＝600,000円まで切り下げる必要があると判断し、簿価2,000,000円と600,000円の差額1,400,000円の減損損失を計上します。

減損損失　　1,400,000　／　投資有価証券　　1,400,000

【法人税】

　法人税では回復の見込みが不明の場合には、有価証券の評価損の損金算入は認められません。したがって、所得計算において加算調整を行います。

⑤　同業者団体の入会金

　当期の期首に同業者団体に加入し、入会金（返還されないものである。）500,000円を支払っています。この支出について検討した結果、資産性がないと判断して支払手数料として処理しています。この入会金は法人税では繰延資産に該当し、５年間で定額償却することとされています。

【決算処理】

　資産性がないと判断して支出時に費用処理しており、決算では特別な会計処理はありません。

—

【法人税】

　法人税では、この入会金は繰延資産に該当し、５年間で定額償却する

第8章　具体的なケース

必要があります。支出時に費用処理をしているため500,000円－500,000
円×12/60＝400,000円の繰延資産償却超過額が発生し、所得計算におい
て加算調整を行います。

⑥　資産除去債務

　当期首にオフィスの賃借契約を締結しました。契約には退去時に原状
回復義務がある旨が記載されており、原状回復費用の見積額を現在価値
に割り引いた金額は2,400,000円です。今期の減価償却費は160,000円、
利息費用は48,000円と計算されます。

【決算処理】

　資産除去債務（原状回復費用）に関して下記の会計処理を行います。

建物附属設備	2,400,000	/	資産除去債務	2,400,000
減価償却費	160,000	/	建物附属設備	160,000
利息費用	48,000	/	資産除去債務	48,000

【法人税】

　資産除去債務に関する会計処理は見積りに過ぎないため、法人税では
認められません。したがって、会計処理をすべて取り消す調整を行いま
す。計上された減価償却費及び利息費用は、所得計算において加算調整
を行います。また、「建物附属設備」や「資産除去債務」は、税務上は
認識されないため、別表5(1)で修正の記載を行います。

282

(2) 消費税の処理

(1)の決算整理後の貸借対照表上、消費税に関する勘定科目の残高は下記のようになっています。

【現在のB/S】

貸借対照表

資産の部		負債の部	
仮払税金（中間消費税）	275,000,000	未払消費税等	―
仮払消費税等	213,764,092	仮受消費税等	500,498,449

この段階で消費税申告書を作成して納付税額を算出します。通常、会計ソフトや会計システムが消費税申告書の作成に必要なデータを自動的に集計してくれます。また、消費税申告書を作成する機能が付いている場合も多いと思われます。

会計ソフトや会計システムが消費税申告書を作成してくれる場合には、そこから消費税の納付税額を把握します。または、別途、消費税申告書作成ソフトやエクセル等の表計算を使って納付税額を算出します。

ここでは、会計ソフトや会計システムで集計されたデータを基に消費税申告書作成ソフトによって、下記のような申告書を作成したとします。

第8章　具体的なケース

【消費税申告書】

第3－（1）号様式

令和　年　月　日		△△ 税務署長殿

納税地　○○県△△市××1-1-1
　　　　（電話番号　　　－　　　－　　）

（フリガナ）ゼイケンコンサルティング

法人名　税研コンサルティング株式会社

法人番号

（フリガナ）

代表者氏名　田中　真裕子

（個人の方）振替継続希望

※税務署処理欄

所管　要否　整理番号

申告年月日　令和　　年　　月　　日

申告区分　指導等　庁指定　局指定

通信日付印　確認

　年　月　日

指導　年　月　日　相談　区分1　区分2　区分3
令和

法人用　第一表

自 平成（令和）06年04月01日
至 令和07年03月31日

課税期間分の消費税及び地方
消費税の（　確定　）申告書

中間申告 自 平成・令和　　年　　月　　日
の場合の
対象期間 至 令和　　年　　月　　日

令和五年十月一日以後終了課税期間分（一般用）

この申告書による消費税の税額の計算

課税標準額	①	5 0 0 4 9 8 4 0 0 0	03
消費税額	②	3 9 0 3 8 8 7 5 2	06
控除過大調整税額	③		07
控除税額　控除対象仕入税額	④	1 6 6 7 3 4 3 5 8	08
返還等対価に係る税額	⑤		09
貸倒れに係る税額	⑥		10
控除税額小計（④＋⑤＋⑥）	⑦	1 6 6 7 3 4 3 5 8	11
控除不足還付税額（⑦－②－③）	⑧		13
差引税額（②＋③－⑦）	⑨	2 2 3 6 5 4 3 0 0	15
中間納付税額	⑩	2 1 4 5 0 0 0 0 0	16
納付税額（⑨－⑩）	⑪	9 1 5 4 3 0 0	17
中間納付還付税額（⑩－⑨）	⑫	0 0	18
この申告書が修正申告である場合　既確定税額	⑬		19
差引納付税額	⑭	0 0	20
課税売上割合　課税資産の譲渡等の対価の額	⑮	5 0 0 4 9 8 4 4 8 5	21
資産の譲渡等の対価の額	⑯	5 0 0 5 0 4 9 7 8 5	22

この申告書による地方消費税の税額の計算

地方消費税の課税標準となる消費税額　控除不足還付税額	⑰		51
差引税額	⑱	2 2 3 6 5 4 3 0 0	52
譲渡割額　還付額	⑲		53
納税額	⑳	6 3 0 8 1 9 0 0	54
中間納付譲渡割額	㉑	6 0 5 0 0 0 0 0	55
納付譲渡割額（⑳－㉑）	㉒	2 5 8 1 9 0 0	56
中間納付還付譲渡割額（㉑－⑳）	㉓	0 0	57
この申告書が修正申告である場合　既確定譲渡割額	㉔		58
差引納付譲渡割額	㉕	0 0	59
消費税及び地方消費税の合計（納付又は還付）税額	㉖	1 1 7 3 6 2 0 0	60

⑪・⑫又は⑫・⑬の記入をお忘れなく

付記事項・参考事項

割賦基準の適用	有 ○無	31
延払基準等の適用	有 ○無	32
工事進行基準の適用	有 ○無	33
現金主義会計の適用	有 ○無	34
課税標準額に対する消費税額の計算の特例の適用	有 ○無	35

控除税額の計算方法　課税売上高5億円超又は課税売上割合95%未満　○　個別対応方式　一括比例配分方式　41
上記以外　全額控除

基準期間の課税売上高　4,674,717 千円

税額控除に係る経過措置の適用（2割特例）　42

還付を受けようとする金融機関等

銀行	本店・支店
金庫・組合	出張所
農協・漁協	本所・支所

預金　口座番号

ゆうちょ銀行の貯金記号番号　　－

郵便局名等

（個人の方）公金受取口座の利用

※税務署整理欄

税理士署名
（電話番号　　－　　－　　）

税理士法第30条の書面提出有
税理士法第33条の2の書面提出有

284

申告書では、納付税額は11,736,200円と算定されていますので、この金額を未払消費税等として計上します。消費税仕訳は下記のようになります。

【消費税仕訳】

仮受消費税等	500,498,449	仮払消費税等	213,764,092
雑損失	1,843	仮払税金（中間消費税）	275,000,000
		未払消費税等	11,736,200

・未払消費税等として計上する金額は、申告書の納付税額と一致させます。
・貸借差額は、控除対象額消費税額等と消費税差額（端数差額）から構成されると考えられますが、少額のためまとめて雑損失として処理しています。

　なお、この具体例の企業規模ですと中間納付は11回が想定され、その場合には期末時点現在では11回目の中間納付が未了のため、11回目の中間納付額と確定申告による納付税額の合計額が未払消費税等の残高となります。上記仕訳では、この点は加味しておりませんので留意してください。

　上記の消費税仕訳の起票後の貸借対照表の消費税に関する勘定科目の残高は、次のようになります。

第8章　具体的なケース

【消費税仕訳後の B/S】

貸借対照表

資産の部		負債の部	
仮払税金（中間消費税）	―	未払消費税等	11,736,200
仮払消費税等	―	仮受消費税等	―

　仮に、決算締めの日程が早いため消費税の納付税額を算定する時間的な余裕がなく、また、非課税売上高が少額であるため課税売上割合が100％に近いことから控除対象外消費税額等が少額になることが想定される場合には、簡便的に仮受消費税等と仮払消費税等・中間納付額を相殺した額を未払消費税等として処理することも考えられます。この場合の消費税仕訳は、下記のようになります。

【消費税仕訳】

仮受消費税等	500,498,449	仮払消費税等	213,764,092
		仮払税金（中間消費税）	275,000,000
		未払消費税等	11,734,357

・未払消費税等は、貸借の差額として計上します。
・消費税申告書の納付税額と計上した未払消費税等の額との差額1,843円は、法人税の所得計算において加算又は減算の調整（このケースでは減算調整）をする必要があります。

286

(3) 法人税等の算定

　消費税の処理後、次は、法人税等の額を算定して決算書に計上します。消費税処理後の勘定科目の残高は下記のようになっているとします。

【現在の B/S、P/L】

貸借対照表

資産の部		負債の部	
仮払税金	―	未払法人税等	0
貸倒引当金	△1,000,000	未払消費税等	11,736,200
建物附属設備	2,240,000	資産除去債務	2,448,000
繰延税金資産	1,087,622	繰延税金負債	244,960

損益計算書

・・・	・・・
交際費	1,825,000
・・・	・・・
税引前当期純利益	100,000,000
法人税等	12,480,400
当期純利益	87,519,600

（注）　交際費には、飲食費は含まれていないものとします。

① 前期の納付税額

　前期の確定申告により納付した税額は下記のとおりです。なお、前期は納付税額と同額の未払法人税等を計上していたため、納付後は未払法人税等の残高がゼロになっています。

第8章　具体的なケース

（前期確定申告による納付税額）

確定申告で納付した法人税額		7,424,000円
〃	地方法人税	764,600
〃	事業税（所得割）	320,000
〃	特別法人事業税	832,000
〃	法人県民税	139,200
〃	法人市民税	525,400
	合計	10,005,200

②　当期の中間納付税額

　中間納付額及び源泉所得税は、法人税等として処理しています。

（法人税等の内訳）

中間納付した法人税額		9,280,000円
〃	地方法人税	955,800
〃	事業税（所得割）	400,000
〃	特別法人事業税	1,040,000
〃	法人県民税	157,800
〃	法人市民税	636,800
預金利息に対する源泉所得税		10,000（預金利息65,300円）
	合計	12,480,400

③　法人税等の算定

　法人税等の算定は、法人税申告書を作成して税額を算出する場合とエクセル等の表計算を使って概算計算する場合があります。決算の締め日が早い場合には、申告書を作成している時間的な余裕がないため、表計算を使った概算計算を行う場合が多くなります。なお、概算計算を行う場合には、申告書の納付税額と未払法人税等に計上される金額が異なります。この過不足差額については、翌期で調整を行うことになります。

　この具体例では、決算の締め日が早いために表計算を使って概算計算を行うこととします。また、この概算計算を行った表計算のデータを基にして繰延税金資産・負債の算定も行います。

税効果会計の適用をする場合には、所得計算は税引前当期純利益をスタートにして行うケースが多くなります。これは、税効果会計では税引前当期純利益と課税所得との差異を一時差異と永久差異に区分して把握する必要があるためです。なお、税引前当期純利益をスタートにしても、法人税申告書のように（税引後）当期純利益をスタートにしても、所得金額は同額になります。

　この具体例の場合、所得計算は下記のようになります。

【所得計算】

区　　分		総　額	一時差異	永久差異
税引前当期純利益		100,000,000	―	―
加算	貸倒引当金繰入額	1,000,000	1,000,000	―
	一括償却資産超過額	1,600,000	1,600,000	
	減損損失否認（C株式）	1,400,000	1,400,000	
	繰延資産償却超過額	400,000	400,000	
	減価償却費否認	160,000	160,000	
	利息費用否認	48,000	48,000	
	交際費等の損金不算入額	1,825,000	―	1,825,000
減算	未払事業税認容	△1,152,000	△1,152,000	―
	一括償却資産超過額認容	△1,200,000	△1,200,000	
中間事業税・特別法人事業税		△1,440,000	―	―
所得金額又は欠損金額		102,641,000	―	―

（注）　減算は、マイナス（△）としています。

　上記により算定した所得金額を基に税額を概算計算すると下記のようになります。

第8章　具体的なケース

【税額の概算計算】

区　分	課税標準	税率	税額
法人税	102,641,000	23.2%	23,812,700
地方法人税	23,812,000	10.3%	2,452,600
事業税（所得割）	102,641,000	1.18%	1,211,100
特別法人事業税	1,026,400	260.0%	2,668,600
法人県民税（法人税割）	23,812,000	2.0%	476,200
法人県民税（均等割）			130,000
法人市民税（法人税割）	23,812,000	8.4%	2,000,200
法人市民税（均等割）			160,000
合計	―	―	32,911,400

(注)　地方税は実際の税率は使用せず、税効果会計における法定実効税率の基礎となっている税率を使用しています。したがって、実際の申告税額とは一致しません。あくまで、決算書に計上する税額の概算計算を行っているためです。

【法人税等の額一覧表】

	年間税額	中間納付額	差引（未払法人税等）
法人税（源泉所得税含む）	23,812,700	9,290,000	14,522,700
地方法人税	2,452,600	955,800	1,496,800
事業税（所得割）	1,211,100	400,000	811,100
特別法人事業税	2,668,600	1,040,000	1,628,600
法人県民税（法人税割）	476,200	92,800	383,400
法人県民税（均等割）	130,000	65,000	65,000
法人市民税（法人税割）	2,000,200	556,800	1,443,400
法人市民税（均等割）	160,000	80,000	80,000
合計	32,911,400	12,480,400	20,431,000

　上記の概算計算を基に未払法人税等の計上（納税充当金の繰入）仕訳

を行います。

【未払法人税等の計上仕訳】

法人税等　　　20,431,000　/　未払法人税等　　20,431,000

　上記の未払法人税等の計上（納税充当金の繰入）仕訳後は、下記のようになります。

【未払法人税等計上後の B/S、P/L】

貸借対照表

資産の部		負債の部	
仮払税金	―	未払法人税等	20,431,000
貸倒引当金	△1,000,000	未払消費税等	11,736,200
建物附属設備	2,240,000	資産除去債務	2,448,000
繰延税金資産	1,087,622	繰延税金負債	244,960

損益計算書

・・・	・・・
交際費	1,825,000
・・・	・・・
税引前当期純利益	100,000,000
法人税等	32,911,400
当期純利益	67,088,600

第 8 章　具体的なケース

(4)　税効果会計の適用

　法人税等の計上が終わりましたら、次に税効果会計を適用します。

①　法定実効税率

　あらかじめ法定実効税率を確認しておきます。ここでは、一般的に東京の上場会社等で適用されている下記の税率を使用することとします。税率の改正がある場合には、法定実効税率も変更する必要がありますので留意が必要です。

【資本金1億円超の場合】

$$
法定実効税率 = \frac{23.2\% + 23.2\% \times 10.3\% + 23.2\% \times 10.4\% + 3.78\%}{1 + 3.78\%}
$$
$$
= 30.62\%
$$

②　一時差異の把握

　一時差異の異動を、下記のように表にまとめます。法人税の所得計算から将来減算一時差異と将来加算一時差異に区分して一時差異の異動を把握します。前期末残高に解消と発生を加減して一時差異の期末残高を計算します。

　なお、その他有価証券の時価評価差額は、所得計算に影響しない一時差異になりますので、別途、把握するようにします。

【一時差異の異動状況】

区　分	期　首	解　消	発　生	期　末
（将来減算一時差異） 　未払事業税	1,152,000	1,152,000	2,439,700	2,439,700
貸倒引当金			1,000,000	1,000,000
一括償却資産	2,400,000	1,200,000	1,600,000	2,800,000

投資有価証券（C株式）			1,400,000	1,400,000
繰延資産			400,000	400,000
資産除去債務			2,400,000 48,000	2,448,000
（将来加算一時差異） 建物附属設備		△160,000	△2,400,000	△2,240,000
その他有価証券 評価差額金			△800,000	△800,000

③ 繰延税金資産・負債の計算

　将来減算一時差異に法定実効税率を乗じて繰延税金資産を、将来加算一時差異に法定実効税率を乗じて繰延税金負債を、下記のように計算します。

【繰延税金資産・負債の要計上額】

区　　分	期末一時差異	税率	要計上額
未払事業税	2,439,700	30.62%	747,036
貸倒引当金	1,000,000	30.62%	306,200
一括償却資産	2,800,000	30.62%	857,360
投資有価証券（C株式）	1,400,000	30.62%	428,680
繰延資産	400,000	30.62%	122,480
資産除去債務	2,448,000	30.62%	749,578
建物附属設備	△2,240,000	30.62%	△685,888
小計	8,247,700		2,525,446
その他有価証券評価差額金	△800,000	30.62%	△244,960
合計	7,447,700	―	2,280,486

第8章　具体的なケース

④　回収可能性の検討

　繰延税金負債は基本的には必ず計上しますが、繰延税金資産は回収可能性があるものだけを計上します。

　このケースでは「繰延税金資産の回収可能性に関する適用指針」における回収可能性の「分類2」に該当するものとします。「分類2」では、スケジューリングが可能なものは回収可能性があるとして繰延税金資産を計上し、スケジューリングできないものは評価性引当額として控除して繰延税金資産を計上しません。

　ここでは、貸倒引当金、投資有価証券（C株式）及び資産除去債務については、スケジューリング不能として回収可能性がないものとします。

【繰延税金資産・負債】

区　分	期末一時差異	税率	要計上額	評価性引当額	繰延税金資産負債
未払事業税	2,439,700	30.62%	747,036	—	747,036
貸倒引当金	1,000,000	30.62%	306,200	△306,200	0
一括償却資産	2,800,000	30.62%	857,360	—	857,360
投資有価証券（C株式）	1,400,000	30.62%	428,680	△428,680	0
繰延資産	400,000	30.62%	122,480	—	122,480
資産除去債務	2,448,000	30.62%	749,578	△749,578	0
建物附属設備	△2,240,000	30.62%	△685,888	—	△685,888
小計	8,247,700		2,525,446	△1,484,458	1,040,988
その他有価証券評価差額金	△800,000	30.62%	△244,960	—	△244,960
合計	7,447,700	—	2,280,486	△1,484,458	796,028

294

⑤ 税効果仕訳

繰延税金資産・負債の金額が確定したら、税効果仕訳を行います。前期末の繰延税金資産・負債を戻し入れ、当期末の金額を計上します。

その他有価証券評価差額金に係る繰延税金資産・負債は、既に決算整理で処理済みです。

（前期末の繰延税金資産・負債の戻し）

法人税等調整額	1,087,622	/	繰延税金資産	1,087,622

（注）　前期末　未払事業税　　1,152,000×30.62％＝352,742
　　　　　　　　一括償却資産　2,400,000×30.62％＝734,880　　合計1,087,622

（当期末の繰延税金資産・負債の計上）

繰延税金資産	1,040,988	/	法人税等調整額	1,040,988

なお、繰延税金資産と繰延税金負債は相殺して純額で投資その他の資産又は固定負債に計上します。

上記で計上した繰延税金資産とその他有価証券評価差額金の繰延税金負債を相殺します。

（繰延税金資産と繰延税金負債の相殺）

繰延税金負債	244,960	/	繰延税金資産	244,960

(5) 決算数値の確定

税効果仕訳を行うと決算数値が確定します。最終的な決算数値は下記のようになります。実務では、これまでの一連の作業を決算の締め日までに行います。

第8章　具体的なケース

【最終的な B/S、P/L】

貸借対照表

資産の部		負債の部	
仮払税金	—	未払法人税等	20,431,000
		未払消費税等	11,736,200
繰延税金資産	796,028	繰延税金負債	—

損益計算書

・・・	・・・
税引前当期純利益	100,000,000
法人税等	32,911,400
法人税等調整額	46,634
当期純利益	67,041,966

(6)　税率差異の分析

　決算数値が確定したら、当期の税金負担率が合理的なものとなっているか、下記のように分析してみます。

法定実効税率	30.62%
（調整）	
交際費等永久に損金に算入されない項目	0.56%
住民税均等割	0.29%
評価性引当額の増減	1.48%
その他	—
税効果会計適用後の法人税等の負担率	32.95%

（注）

交際費等永久に損金に算入されない項目

　　：1,825,000×30.62％/100,000,000＝0.56％

住民税均等割

　　：290,000/100,000,000＝0.29％

評価性引当額の増減

　　：（1,000,000＋1,400,000＋2,448,000）×30.62％/100,000,000＝1.48％

この場合の法人税等の負担率は、下記のように計算されます。

【法人税等の負担率】

$$\text{法人税等の負担率}=\frac{32,911,400＋46,634＝32,958,034}{100,000,000}≒32.95\%$$

(7)　法人税申告書の作成

　大企業の場合、基本的には申告期限の延長（1ヶ月間）をしていると考えられます。3月決算の場合、申告書の提出は6月の定時株主総会終了後になりますが、納税は5月中に行います。これを見込納付といいます。5月中に納税をしておかないと、利子税や延滞金という附帯税（利子のようなもの）が課されてしまうためです。この見込納付を行うまでに、法人税申告書を作成して納付税額を確定させる必要があります。

　この具体例の法人税申告書は、下記のように作成されます。

　未払法人税等に計上した税額と最終的な納付税額が異なりますので、差額は納付時に損益に計上するのが一般的です。なお、差額が大きくならないように留意する必要があります。

第8章　具体的なケース

■ ■ OCR入力用　・この用紙はとじこまないでください。
・この用紙は機械で読み取ります。折ったり汚したりしないでください。　(法)　FB0613　■ ■

納税地	○○県△△市××1-1-1
電話（　　　）　－	
（フリガナ）	ゼイケンコンサルティング
法人名	税研コンサルティング株式会社（大企業）
法人番号	
（フリガナ）	
代表者氏名	田中　真裕子
代表者住所	○○県××市△△1-2-3

事業種目	コンサルティング業
期末現在の資本金の額又は出資金の額	200,000,000 円

青色申告　一連番号

令和 06 年 04 月 01 日	事業年度分の法人税　確　定　申告書
令和 07 年 03 月 31 日	課税事業年度分の地方法人税　確　定　申告書

税理士法第30条の書面提出有
税理士法第33条の2の書面提出有

所得金額又は欠損金額（別表四「52の①」）	1	1 0 2 6 4 1 0 0 0
法人税額 (48)+(49)+(50)	2	2 3 8 1 2 7 1 2
法人税額の特別控除額（別表六(六)「5」）	3	
税額控除超過額相当額等の加算額	4	
課税土地譲渡利益金額 (62)+(63)+(64)	5	0 0 0
同上に対する税額	6	
留保税額（別表三(一)「4」）	7	
同上に対する税額（別表三(一)「8」）	8	0 0
法人税額計 (2)-(3)+(4)+(6)+(8)	9	2 3 8 1 2 7 1 2
	10	
仮装経理に基づく過大申告の更正に伴う控除法人税額	11	
控除税額	12	1 0 0 0 0
差引所得に対する法人税額 (9)-(10)-(11)-(12)	13	2 3 8 0 2 7 1 2
中間申告分の法人税額	14	9 2 8 0 0 0 0
差引確定/中間申告の場合はその法人税額/税額とし、マイナスの場合は(22)へ記入 (13)-(14)	15	1 4 5 2 2 7 1 2

課税標準法人税額	28	2 3 8 1 2 7 1 2
課税留保金額に対する法人税額	29	
課税標準法人税額 (28)+(29)	30	2 3 8 1 2 0 0 0
地方法人税額 (53)	31	2 4 5 2 6 3 6
税額控除超過額相当額の加算額（別表六(二)付表六「14の計」）	32	
課税留保金額に係る地方法人税額 (54)	33	
所得地方法人税額 (31)+(32)+(33)	34	2 4 5 2 6 3 6
	35	
仮装経理に基づく過大申告の更正に伴う控除地方法人税額	36	
外国税額の控除額	37	
差引地方法人税額 (34)-(35)-(36)-(37)	38	2 4 5 2 6 0 0
中間申告分の地方法人税額	39	9 5 5 8 0 0
差引確定/中間申告の場合はその地方法人税額/税額とし、マイナスの場合は(42)へ記入 (38)-(39)	40	1 4 9 6 8 0 0

所得税の額（別表六(一)「6の③」）	16	1 0 0 0 0
外国税額（別表六(二)「23」）	17	
計 (16)+(17)	18	1 0 0 0 0
控除した金額 (12)	19	1 0 0 0 0
控除しきれなかった金額 (18)-(19)	20	0
所得税額等の還付金額 (20)	21	
中間納付額 (14)-(13)	22	
欠損金の繰戻しによる還付請求税額	23	
計 (21)+(22)+(23)	24	

この申告が修正申告である場合の既に納付すべき法人税額又は減少する還付請求税額 (57)	25	0 0
欠損金等の当期控除額 (67)	26	
翌期へ繰り越す欠損金額（別表七(一)「5の合計」）	27	

外国税額の還付金額 (39)-(38)	41	
中間納付額 (39)-(38)	42	
計 (41)+(42)	43	

この申告が修正申告である場合のこの申告により納付すべき地方法人税額 (61)	44	0 0

剰余金・利益の配当（剰余金の分配）の金額

決算確定の日　07 06 20

298

事 業 年度等	令和 6・4・1 令和 7・3・31	法人名	税研コンサルティング株式会社 (大企業)

法 人 税 額 の 計 算

(1)のうち中小法人等の年800万円 相 当 額 以 下 の 金 額 ((1)と800万円×$\frac{12}{12}$のうち少ない金額)又は(別 表一付表「5」)	45	000	(45) の 15 ％ 相 当 額	48	
(1)のうち特例税率の適用がある協同組合 等の年10億円相当額を超える金額 (1)－10億円×$\frac{12}{12}$	46	000	(46) の 22 ％ 相 当 額	49	
そ の 他 の 所 得 金 額 (1)－(45)－(46)	47	102,641,000	(47) の 23.2 ％ 相 当 額	50	23,812,712

地 方 法 人 税 額 の 計 算

所 得 の 金 額 に 対 す る 法 人 税 額 (28)	51	23,812,000	(51) の 10.3 ％ 相 当 額	53	2,452,636
課税留保金額に対する法人税額 (29)	52	000	(52) の 10.3 ％ 相 当 額	54	

こ の 申 告 が 修 正 申 告 で あ る 場 合 の 計 算

法人税額の計算	この申告前の	法 人 税 額	55		地方法人税額の計算	この申告前の	確 定 地 方 法 人 税 額	58	
		還 付 金 額	56	外			還 付 金 額	59	
							欠 損 金 の 繰 戻 し に よ る 還 付 金 額	60	
	この申告により納付すべき法人 税額又は減少する還付請求税額 ((15)－(55)) 若しくは((15)+(56)) 又は((56)－(24))		57	外 00		この申告により納付 すべき地方法人税額 ((40)－(58)) 若しくは((40)+(59) +(60)) 又は(((59)－(43))+((60) －(43の外書)))		61	00

土 地 譲 渡 税 額 の 内 訳

土 地 譲 渡 税 額 (別表三(二)「25」)	62	0	土 地 譲 渡 税 額 (別表三(三)「21」)	64	
同 上 (別表三(二の二)「26」)	63	0			00

地 方 法 人 税 額 に 係 る 外 国 税 額 の 控 除 額 の 計 算

外 国 税 額 (別表六(二)「56」)	65		控 除 し き れ な か っ た 金 額 (65)－(66)	67	
控 除 し た 金 額 (37)	66				

第8章　具体的なケース

| | | 同族会社等の判定に関する明細書 | | | 事業年度 | 令和　6・4・1
令和　7・3・31 | 法人名 | 税研コンサルティング株式会社（大企業） | 別表二 令六・四・一以後終了事業年度分 |

同族会社の判定						特定同族会社の判定				
期末現在の発行済株式の総数又は出資の総額	1	内 1,000			(21)の上位1順位の株式数又は出資の金額	11	200
(19)と(21)の上位3順位の株式数又は出資の金額	2	1,000			株式数等による判定 (11)/(1)	12	％ 20.0
株式数等による判定 (2)/(1)	3	％ 100.0			(22)の上位1順位の議決権の数	13	
期末現在の議決権の総数	4	内			議決権の数による判定 (13)/(4)	14	％
(20)と(22)の上位3順位の議決権の数	5				(21)の社員の1人及びその同族関係者の合計人数のうち最も多い数	15	
議決権の数による判定 (5)/(4)	6	％			社員の数による判定 (15)/(7)	16	％
期末現在の社員の総数	7				特定同族会社の判定割合 ((12)、(14)又は(16)のうち最も高い割合)	17	20.0
社員の3人以下及びこれらの同族関係者の合計人数のうち最も多い数	8				判　定　結　果	18	同族会社
社員の数による判定 (8)/(7)	9	％					
同族会社の判定割合 ((3)、(6)又は(9)のうち最も高い割合)	10	100.0					

判定基準となる株主等の株式数等の明細

順位		判定基準となる株主(社員)及び同族関係者		判定基準となる株主等との続柄	株式数又は出資の金額等			
					被支配会社でない法人株主等		その他の株主等	
株式数等	議決権数	住所又は所在地	氏名又は法人名		株式数又は出資の金額 19	議決権の数 20	株式数又は出資の金額 21	議決権の数 22
1		○○県△△市××1-2-3	AAAホールディングス㈱	本人	800			
2		○○県××市△△1-2-3	田中　真裕子	本人			200	

所得の金額の計算に関する明細書(簡易様式)

事業年度 令和 6・4・1 〜 令和 7・3・31　**法人名** 税研コンサルティング株式会社(大企業)

別表四(簡易様式)　令六・四・一以後終了事業年度分

区 分		総 額 ①	留 保 ②	社 外 流 出 ③	
当期利益又は当期欠損の額	1	67,041,966	67,041,966	配当 / その他	
損金経理をした法人税及び地方法人税(附帯税を除く。)	2	10,235,800	10,235,800		
損金経理をした道府県民税及び市町村民税	3	794,600	794,600		
損金経理をした納税充当金	4	20,431,000	20,431,000		
損金経理をした附帯税(利子税を除く。)、加算金、延滞金(延納分を除く。)及び過怠税	5			その他	
減価償却の償却超過額	6				
役員給与の損金不算入額	7			その他	
交際費等の損金不算入額	8	1,825,000		その他	1,825,000
通算法人に係る加算額(別表四付表「5」)	9			外※	
貸倒引当金繰入額	10	1,000,000	1,000,000		
繰延資産償却超過額		400,000	400,000		
一括償却資産超過額		1,600,000	1,600,000		
次葉合計		4,054,634	4,054,634		
小 計	11	40,341,034	38,516,034	外※	0 / 1,825,000
減価償却超過額の当期認容額	12				
納税充当金から支出した事業税等の金額	13	1,152,000	1,152,000		
受取配当等の益金不算入額(別表八(一)「5」)	14			※	
外国子会社から受ける剰余金の配当等の益金不算入額(別表八(二)「26」)	15			※	
受贈益の益金不算入額	16			※	
適格現物分配に係る益金不算入額	17			※	
法人税等の中間納付額及び過誤納に係る還付金額	18				
所得税額等及び欠損金の繰戻しによる還付金額等	19			※	
通算法人に係る減算額(別表四付表「10」)	20			※	
一括償却資産超過額認容	21	1,200,000	1,200,000		
建物附属設備否認		2,400,000	2,400,000		
小 計	22	4,752,000	4,752,000	外※	0 / 0
仮 計 (1)+(11)-(22)	23	102,631,000	100,806,000	外※	0 / 1,825,000
対象純支払利子等の損金不算入額(別表十七(二の二)「29」又は「34」)	24			その他	
超過利子額の損金算入額(別表十七(二の三)「10」)	25	△		※	△
仮 計 ((23)から(25)までの計)	26	102,631,000	100,806,000	外※	0 / 1,825,000
寄附金の損金不算入額(別表十四(二)「24」又は「40」)	27			その他	
法人税額から控除される所得税額(別表六(一)「6の③」)	29	10,000		その他	10,000
税額控除の対象となる外国法人税の額(別表六(二の二)「7」)	30			その他	
分配時調整外国税相当額及び外国関係会社等に係る控除対象所得税額等相当額(別表六(五の二)「5の②」)+(別表十七(三の六)「1」)	31			その他	
合 計 (26)+(27)+(29)+(30)+(31)	34	102,641,000	100,806,000	外※	0 / 1,835,000
中間申告における繰戻しによる還付に係る災害損失欠損金額の益金算入額	37			※	
非適格合併又は残余財産の全部分配等による移転資産等の譲渡利益額又は譲渡損失額	38			※	
差 引 計 (34)+(37)+(38)	39	102,641,000	100,806,000	外※	0 / 1,835,000
更生欠損金又は民事再生等評価換えが行われる場合の再生等欠損金の損金算入額(別表七(三)「9」又は「21」)	40	△		※	△
通算対象欠損金額の損金算入額又は通算対象所得金額の益金算入額(別表七の二「5」又は「11」)	41			※	
差 引 計 (39)+(40)±(41)	43	102,641,000	100,806,000	外※	0 / 1,835,000
欠損金等の当期控除額(別表七(一)「4の計」)+(別表七(四)「10」)	44			※	△
総 計 (43)+(44)	45	102,641,000	100,806,000	外※	0 / 1,835,000
残余財産の確定の日の属する事業年度に係る事業税及び特別法人事業税の損金算入額	51	△	△		
所得金額又は欠損金額	52	102,641,000	100,806,000	外※	0 / 1,835,000

(注) 建物附属設備2,400,000の減算調整と資産除去債務2,400,000の加算調整は理解しやすいように両建で調整していますが省略可能です。

第8章　具体的なケース

| 所得の金額の計算に関する明細書（次　葉） | 事業年度 | 令和 6・4・1
令和 7・3・31 | 法人名 | 税研コンサルティング株式会社（大企業） | 別表四
次葉 |

区　分	総　額	処　　　　　分	
		留　保	社　外　流　出
	①	②	③
加算	資産除去債務否認	2,400,000 円	2,400,000 円	円
	減損損失否認（C株式）	1,400,000	1,400,000	
	減価償却費否認	160,000	160,000	
	利息費用否認	48,000	48,000	
	法人税等調整額否認	46,634	46,634	
	次 葉 合 計	4,054,634	4,054,634	
減算				

302

1 大企業の場合

利益積立金額及び資本金等の額の計算に関する明細書

事業年度	令和 6・4・1 令和 7・3・31	法人名	税研コンサルティング株式会社（大企業）

別表五(一) 令六・四・一以後終了事業年度分

I 利益積立金額の計算に関する明細書

区分		期首現在利益積立金額①	当期の増減 減②	当期の増減 増③	差引翌期首現在利益積立金額①-②+③④
利 益 準 備 金	1	円	円	円	円
積 立 金	2				
一括償却資産	3	2,400,000	1,200,000	1,600,000	2,800,000
繰延資産（入会金）	4			400,000	400,000
建物附属設備	5		△160,000	△2,400,000	△2,240,000
資産除去債務	6			2,448,000	2,448,000
C株式（減損損失）	7			1,400,000	1,400,000
貸倒引当金	8			1,000,000	1,000,000
繰延税金資産	9	△1,087,622		46,634	△1,040,988
その他有価証券	10			△800,000	△800,000
その他有価証券評価差額金	11			555,040	555,040
繰延税金負債	12			244,960	244,960
	13				
	14				
	15				
	16				
	17				
	18				
	19				
	20				
	21				
	22				
	23				
	24				
繰越損益金（損は赤）	25	300,000,000	300,000,000	367,041,966	367,041,966
納 税 充 当 金	26	10,005,200	10,005,200	20,431,000	20,431,000
未納法人税及び未納地方法人税（附帯税を除く。）	27	△8,188,600	△18,424,400	中間 △10,235,800 / 確定 △16,019,500	△16,019,500
未払通算税効果額（附帯税の額に係る部分の金額を除く。）	28			中間 / 確定	
未納道府県民税（均等割を含む。）	29	△139,200	△297,000	中間 △157,800 / 確定 △400,800	△400,800
未納市町村民税（均等割を含む。）	30	△525,400	△1,162,200	中間 △636,800 / 確定 △1,237,600	△1,237,600
差 引 合 計 額	31	302,464,378	291,161,600	363,279,300	374,582,078

II 資本金等の額の計算に関する明細書

区分		期首現在資本金等の額①	当期の増減 減②	当期の増減 増③	差引翌期首現在資本金等の額①-②+③④
資 本 金 又 は 出 資 金	32	200,000,000円	円	円	200,000,000円
資 本 準 備 金	33				
	34				
	35				
差 引 合 計 額	36	200,000,000			200,000,000

303

第8章　具体的なケース

別表五(二) 令六・四・一以後終了事業年度分

租税公課の納付状況等に関する明細書

事業年度	令和 6・4・1　令和 7・3・31	法人名	税研コンサルティング株式会社（大企業）

税目及び事業年度			期首現在未納税額①	当期発生税額②	当期中の納付税額 充当金取崩しによる納付③	仮払経理による納付④	損金経理による納付⑤	期末現在未納税額⑥（①+②-③-④-⑤）
法人税及び地方法人税	・　・	1	円		円	円	円	円
	令5・4・1　令6・3・31	2	8,188,600		8,188,600			0
	当期分 中間	3		10,235,800			10,235,800	0
	確定	4		16,019,500				16,019,500
	計	5	8,188,600	26,255,300	8,188,600	0	10,235,800	16,019,500
道府県民税	・　・	6						
	令5・4・1　令6・3・31	7	139,200		139,200			0
	当期分 中間	8		157,800			157,800	0
	確定	9		400,800				400,800
	計	10	139,200	558,600	139,200		157,800	400,800
市町村民税	・　・	11						
	令5・4・1　令6・3・31	12	525,400		525,400			0
	当期分 中間	13		636,800			636,800	0
	確定	14		1,237,600				1,237,600
	計	15	525,400	1,874,400	525,400		636,800	1,237,600
事業税及び特別法人事業税	・　・	16						
	令5・4・1　令6・3・31	17		1,152,000	1,152,000			0
	当期中間分	18		1,440,000			1,440,000	0
	計	19	0	2,592,000	1,152,000		1,440,000	
その他 損金算入のもの	利子税	20						
	延滞金（延納に係るもの）	21						
		22						
		23						
損金不算入のもの	加算税及び加算金	24						
	延滞税	25						
	延滞金（延納分を除く。）	26						
	過怠税	27						
	源泉所得税等	28		10,000			10,000	0
		29						

納税充当金の計算

期首納税充当金	30	10,005,200 円	その他取崩額	損金算入のもの	36	円
繰入額 損金経理をした納税充当金	31	20,431,000		損金不算入のもの	37	
	32				38	
計（31）+（32）	33	20,431,000		仮払税金消却	39	
取崩額 法人税額等（5の③）+（10の③）+（15の③）	34	8,853,200		計（34）+（35）+（36）+（37）+（38）+（39）	40	10,005,200
事業税及び特別法人事業税（19の③）	35	1,152,000		期末納税充当金（30）+（33）-（40）	41	20,431,000

通算法人の通算税効果額の発生状況等の明細

事業年度		期首現在未決済額①	当期発生額②	当期中の決済額 支払額③	受取額④	期末現在未決済額⑤
・　・	42	円	円	円	円	円
・　・	43					
当期分	44		中間 / 確定			
計	45					

1 大企業の場合

所得税額の控除に関する明細書

事 業 年 度	令和 6 ・ 4 ・ 1 令和 7 ・ 3 ・ 31	法 人 名	税研コンサルティング株式会社（大企業）

別表六（一）　令六・四・一以後終了事業年度分

区　　　　　分		収 入 金 額 ①	①について課される所得税額 ②	②のうち控除を受ける所得税額 ③
公社債及び預貯金の利子、合同運用信託、公社債投資信託及び公社債等運用投資信託（特定公社債等運用投資信託を除く。）の収益の分配並びに特定公社債等運用投資信託の受益権及び特定目的信託の社債的受益権に係る剰余金の配当	1	円 65,300	円 10,000	円 10,000
剰余金の配当（特定公社債等運用投資信託の受益権及び特定目的信託の社債的受益権に係るものを除く。）、利益の配当、剰余金の分配及び金銭の分配（みなし配当等を除く。）	2			
集団投資信託（合同運用信託、公社債投資信託及び公社債等運用投資信託（特定公社債等運用投資信託を除く。）を除く。）の収益の分配	3			
割 引 債 の 償 還 差 益	4			
そ　　　　の　　　　他	5			
計	6	65,300	10,000	10,000

剰余金の配当（特定公社債等運用投資信託の受益権及び特定目的信託の社債的受益権に係るものを除く。）、利益の配当、剰余金の分配及び金銭の分配（みなし配当等を除く。）、集団投資信託（合同運用信託、公社債投資信託及び公社債等運用投資信託（特定公社債等運用投資信託を除く。）を除く。）の収益の分配又は割引債の償還差益に係る控除を受ける所得税額の計算

個別法による場合	銘　　柄	収 入 金 額	所 得 税 額	配当等の計算期間	(9)のうち元本所有期間	所有期間割合 $\frac{(10)}{(9)}$ (小数点以下3位未満切上げ)	控除を受ける所得税額 (8)×(11)
		7	8	9	10	11	12
		円	円	月	月		

銘柄別簡便法による場合	銘　　柄	収 入 金 額	所 得 税 額	配当等の計算期末の所有元本数等	配当等の計算期首の所有元本数等	$\frac{(15)-(16)}{2又は12}$ (マイナスの場合は0)	所有元本割合 $\frac{(16)+(17)}{(15)}$ (小数点以下3位未満切上げ) (1を超える場合は1)	控除を受ける所得税額 (14)×(18)
		13	14	15	16	17	18	19
		円	円					円

そ の 他 に 係 る 控 除 を 受 け る 所 得 税 額 の 明 細

支払者の氏名又は法人名	支払者の住所又は所在地	支払を受けた年月日	収 入 金 額 20	控除を受ける所得税額 21	参　　　　考
		・　・	円	円	
		・　・			
		・　・			
		・　・			
		・　・			
計					

第8章　具体的なケース

交際費等の損金算入に関する明細書

事業年度	令和　6・　4・　1 令和　7・　3・31	法人名	税研コンサルティング株式会社（大企業）

別表十五　令六・四・一以後終了事業年度分

支　出　交　際　費　等　の　額 （8の計）	1	円 1,825,000	損　金　算　入　限　度　額 （2）又は（3）	4	円 0
支出接待飲食費損金算入基準額 （9の計）× $\frac{50}{100}$	2	0	損　金　不　算　入　額 （1）－（4）	5	1,825,000
中小法人等の定額控除限度額 （（1）と（（800万円× $\frac{12}{12}$ ）又は（別表十五付表「5」））のうち少ない金額）	3	0			

支　出　交　際　費　等　の　額　の　明　細

科　　　　　目	支　　出　　額	交際費等の額から 控除される費用の額	差引交際費等の額	(8)のうち接待飲食費の額
	6	7	8	9
交　際　費	円 1,825,000	円	円 1,825,000	円
計	1,825,000	0	1,825,000	

306

1 大企業の場合

別表十六(六) 令六・四・一以後終了事業年度分

繰延資産の償却額の計算に関する明細書	事業年度	令和 6・4・1 令和 7・3・31	法人名	税研コンサルティング株式会社（大企業）

I 均等償却を行う繰延資産の償却額の計算に関する明細書

							合　計
繰　延　資　産　の　種　類	1	入会金					
支　出　し　た　年　月	2	令 6・4	・	・	・		・
支　出　し　た　金　額	3	円 500,000	円	円	円		円 500,000
償　却　期　間　の　月　数	4	月 60	月	月	月		月
当期の期間のうちに含まれる償却期間の月数	5	12					
当期分の普通償却限度額 (3)×$\frac{(5)}{(4)}$	6	円 100,000	円	円	円		円 100,000
租税特別措置法適用条項	7	（ 条 項）	（ 条 項）	（ 条 項）	（ 条 項）		（ 条 項）
特　別　償　却　限　度　額	8	外 円	外 円	外 円	外 円		外 円
前期から繰り越した特別償却不足額又は合併等特別償却不足額	9						
合　計 (6)+(8)+(9)	10	100,000					100,000
当　期　償　却　額	11	500,000					500,000
償　却　不　足　額 (10)-(11)	12						
償　却　超　過　額 (11)-(10)	13	400,000					400,000
前　期　か　ら　の　繰　越　額	14						
同上のうち当期損金認容額 ((12)と(14)のうち少ない金額)	15						
差引合計翌期への繰越額 (13)+(14)-(15)	16	400,000					400,000
翌期に繰り越すべき特別償却不足額 ((12)と((8)+(9))のうち少ない金額)	17						
当期において切り捨てる特別償却不足額又は合併等特別償却不足額	18						
差引翌期への繰越額 (17)-(18)	19						
翌期への繰越額の内訳　・　・	20						
当　期　分　不　足　額	21						
適格組織再編成により引き継ぐべき合併等特別償却不足額 ((12)と(8)のうち少ない金額)	22						

II 一時償却が認められる繰延資産の償却額の計算に関する明細書

						合　計
繰　延　資　産　の　種　類	23					
支　出　し　た　金　額	24	円	円	円	円	円
前期までに償却した金額	25					
当　期　償　却　額	26					
期末現在の帳簿価額	27					

307

第8章　具体的なケース

一括償却資産の損金算入に関する明細書

事業年度	令和 6・4・1 令和 7・3・31	法人名	税研コンサルティング株式会社（大企業）

別表十六(八)　令六・四・一以後終了事業年度分

							令5・4・1 令6・3・31	(当期分)
事業の用に供した事業年度	1	・・ ・・	・・ ・・	・・ ・・	・・ ・・	令 5・4・1 令 6・3・31	(当期分)
同上の事業年度において事業の用に供した一括償却資産の取得価額の合計額	2	円	円	円	円	円 3,600,000	円 2,400,000
当期の月数 (事業の用に供した事業年度の中間申告の場合は、当該事業年度の月数)	3	月	月	月	月	月 12	月 12
当期分の損金算入限度額 $(2) \times \dfrac{(3)}{36}$	4	円	円	円	円	円 1,200,000	円 800,000
当期損金経理額	5						2,400,000
差引　損金算入不足額 $(4)-(5)$	6					1,200,000	
差引　損金算入限度超過額 $(5)-(4)$	7						1,600,000
損金算入限度超過額　前期からの繰越額	8					2,400,000	
同上のうち当期損金認容額 $((6)と(8)のうち少ない金額)$	9					1,200,000	
翌期への繰越額 $(7)+(8)-(9)$	10					1,200,000	1,600,000

1 大企業の場合

05006A22

受付印

令和　年　月　日

○○県税事務所長　　殿

所在地
本店又は支店等の場合は本店所在地を併記
○○県△△市××1-1-1

（電話　　　局番　　　）

（ふりがな）ぜいけんこんさるてぃんぐ
法人名　税研コンサルティング株式会社（大企業）

（ふりがな）
代表者氏名　田中　真裕子　　経理責任者氏名

この申告の基礎	
法人税の令による	の修更正・決定による。
事業種目	コンサルティング業
期末現在の資本金の額又は出資金の額（解散日現在の資本金の額又は出資金の額）	200000000
同上が1億円以下の普通法人のうち中小法人等に該当しないもの	非中小法人等
期末現在の資本金の額及び資本準備金の額の合算額	200000000
期末現在の資本金等の額	200000000

令和 6 年 4 月 1 日から令和 7 年 3 月 31 日までの事業年度分の 道府県民税 の 確定 申告書
事業税・特別法人事業税

第六号様式（提出用）

（事業税）　（所得割）

摘要	課税標準	税率/100	税額
所得金額総額 ㉘	10264100 0		
年400万円以下の金額 ㉙	4000000	1.00	40000
年400万円を超え年800万円以下の金額 ㉚	4000000	1.00	40000
年800万円を超える金額 ㉛	9464100	1.00	946400
計 ㉙+㉚+㉛ ㉜	10264100 0		1026400
軽減税率不適用法人の金額 ㉝	0 0	1.00	0 0
付加価値額総額 ㉞			
付加価値額 ㉟	0 0	1.20	0 0
資本金等の額総額 ㊱			
資本金等の額 ㊲	0 0	0.50	0 0
収入金額総額 ㊳			
収入金額 ㊴	0 0		0 0

合計事業税額 ㉜+㉟+㊲+㊴又は㉝+㉟+㊲+㊴ ㊵		1026400
事業税の特定寄附金税額控除額 ㊶	仮装経理に基づく事業税額の控除額 ㊷	
差引事業税額 ㊸	1026400	既に納付の確定した当期分の事業税額 ㊹	400000
租税条約の実施に係る事業税額の控除額 ㊺		この申告により納付すべき事業税額 ㊸-㊹-㊺ ㊻	626400
㊻の内訳 所得割 ㊼	626400	付加価値割 ㊽	0 0
資本割 ㊾	0 0	収入割 ㊿	0 0
㊻のうち見込納付額 51		差引 ㊻-51 52	626400

（特別法人事業税）

摘要	課税標準	税率/100	税額
所得割に係る特別法人事業税額 53	1026400	260.0	2668600
収入割に係る特別法人事業税額 54	0 0		0 0
合計特別法人事業税額 （53+54） 55			2668600
仮装経理に基づく特別法人事業税額の控除額 56		差引特別法人事業税額 55-56 57	2668600
既に納付の確定した当期分の特別法人事業税額 58	1040000	租税条約の実施に係る特別法人事業税額の控除額 59	
この申告により納付すべき特別法人事業税額 57-58-59 60	1628600	60のうち見込納付額 61	1628600
差引 60-61 62			

所得金額の計算の内訳		
所得金額（法人税の明細書（別表4）の(34)） 63		10264100 0
加算 損金の額に算入した所得税額及び復興特別所得税額 64		
損金の額に算入した海外投資等損失準備金勘定への繰入額 65		
減算 益金の額に算入した海外投資等損失準備金勘定からの戻入額 66		
外国の事業に帰属する所得以外の所得に対して課される外国法人税額 67		
仮計 63+64+65-66-67 68		10264100 0
繰越欠損金額等若しくは災害損失金額又は債務免除等があった場合の欠損金等の当期控除額 69		
法人税の所得金額（法人税の明細書（別表4）の(52)） 70		10264100 0
法第15条の4の徴収猶予を受けようとする税額 71		
還付請求中間納付額 72		

（道府県民税）

摘要	課税標準	税率/100	税額
（使途秘匿金税額等）法人税法の規定によって計算した法人税額 ①		23812712
試験研究費の額等に係る法人税額の特別控除額 ②		
還付法人税額等の控除額 ③		
退職年金等積立金に係る法人税額 ④		
課税標準となる法人税額 ①-②-③+④ ⑤		23812000
2以上の道府県に事務所又は事業所を有する法人における課税標準となる法人税額 ⑥		0 0
法人税割額 （⑤又は⑥×18.0/100） ⑦		4286616
道府県民税の特定寄附金税額控除額 ⑧		
税額控除超過額相当額の加算額 ⑨		
外国関係会社等に係る控除対象所得税額等相当額の控除額 ⑩		
外国の法人税等の額の控除額 ⑪		
仮装経理に基づく法人税割額の控除額 ⑫		
差引法人税割額 ⑦-⑧-⑨-⑩-⑪-⑫ ⑬		4286600
既に納付の確定した当期分の法人税割額 ⑭		92800
租税条約の実施に係る法人税割額の控除額 ⑮		
この申告により納付すべき法人税割額 ⑬-⑭-⑮ ⑯		3335800
算定期間中において事務所等を有していた月数		12 月
均等割額 130,000円×12/12 ⑰		130000
既に納付の確定した当期分の均等割額 ⑱		65000
この申告により納付すべき均等割額 ⑰-⑱ ⑲		65000
この申告により納付すべき道府県民税額 ⑯+⑲ ⑳		4008000
⑳のうち見込納付額 ㉑		4008000
差引 ⑳-㉑ ㉒		

東京都の特別区分の場合の記載欄：
特別区分の課税標準額 ㉓		
同上に対する税額 ㉓×8.4/100 ㉔		
市町村分の課税標準額 ㉕		0 0
同上に対する税額 ㉕×6.0/100 ㉖		

法人税の期末現在の資本金等の額	200000000
法人税の当期の確定税額	23802700
決算確定の日	令和 7 ・ 6 ・ 20
解散の日	・　・
残余財産最後の分配又は引渡しの日	・　・
申告期限の延長の処分（承認）の有無	事業税 有・無　法人税 有・無
法人税の申告書の種類	青色・その他
この申告が中間申告の場合の計算期間	・　・ から ・　・ まで
翌期の中間申告の要否	要・否　国外関連者の有無 有・無
還付を受けようとする金融機関及び支払方法	

関与税理士名

（電話）

309

第8章　具体的なケース

第二十号様式（提出用）

| 市町村処理欄 | 受付年月日 | 整理番号 | 事務所No.004 | 管理番号 | 申告区分 |
| | 通信日付印 | 確認 | | | |

受付印

令和　年　月　日

△△市長　　　　　　殿　　　　　　　法人番号　　　　　申告年月日

所在地	○○県△△市××1-1-1	この申告の基礎	1. 法人税の令和 [ ] 年 [ ] 月 [ ] 日 修正申告書の提出による。 2. 法人税の令和 [ ] 年 [ ] 月 [ ] 日 更正・決定・再更正による。
（本市町村が 生活保護の場 合日本国内 在地と併記）			
	（電話　　局　　番）	事業種目	コンサルティング業
（ふりがな）	ぜいけんこんさるてぃんぐ	期末現在の資本金の額 又は出資金の額	十億 百万 千 円 200000000
法人名	税研コンサルティング株式会社（大企業）	期末現在の資本金の額及び 資本準備金の額の合算額	200000000
代表者 氏名	田中　真裕子	経理責任者 氏名	期末現在の 資本金等の額	200000000

令和 **6** 年 **4** 月 **1** 日から令和 **7** 年 **3** 月 **31** 日までの事業年度分の市町村民税の　確定　申告書 ※

摘　要		課税標準	税率(100)	税額
（使途秘匿金税額等）				
法人税法の規定によって計算した法人税額	①	23812712		
試験研究費の額等に係る法人税額の特別控除額	②			
還付法人税額等の控除額	③			
退職年金等積立金に係る法人税額	④			
課税標準となる法人税額及びその法人税割額　①+②-③+④	⑤	23812000	7.2/100	1714400
2以上の市町村に事務所又は事業所を有する法人における課税標準 となる法人税額及びその法人税割額　（⑨/㉕×⑳）	⑥	000	/100	
市町村民税の特定寄附金税額控除額	⑦			
税額控除超過額相当額の加算額	⑧			
外国関係会社等に係る控除対象所得税額等相当額の控除額	⑨			
外国の法人税等の額の控除額	⑩			
仮装経理に基づく法人税割額の控除額	⑪			
差引法人税割額　⑤-⑦+⑧-⑨-⑩-⑪又は⑥-⑦+⑧-⑨-⑩-⑪	⑫			1714400
既に納付の確定した当期分の法人税割額	⑬			556800
租税条約の実施に係る法人税割額の控除額	⑭			
この申告により納付すべき法人税割額　⑫-⑬-⑭	⑮			1157600
均等割額	算定期間中において事務所等を有していた月数	⑯ 12 月	160,000円×⑯/12	⑰	160000
	既に納付の確定した当期分の均等割額		⑱	80000
	この申告により納付すべき均等割額　⑰-⑱		⑲	80000
この申告により納付すべき市町村民税額　⑮+⑲		⑳		1237600
⑳のうち見込納付額		㉑		1237600
差　引　⑳-㉑		㉒		0

当該市町村内に所在する事務所、事業所又は寮等		分割基準	当該市町村の均等割額の税率
名称	事務所、事業所又は寮等の所在地	当該法人の全従業者数㉓/のうち当該市町村分の従業者数㉔	適用区分 ㉕/当該市町村分に用いる従業者数
本店	○○県△△市××1-1-1		4,8
合　計		㉓ 人 ㉔ 人	㉕ 4,8

指定都市に申告する場合の⑰の計算	区名	月数	従業者数	均等割額
			人	0.0
				0.0
				0.0
				0.0
				0.0
				0.0
				0.0

決算確定の日	令和 7・6・20	法人税の申告書の種類	青色・その他
解散の日	・・		
残余財産の最後の分配又は引渡しの日	・・	翌期の中間申告の要否	要・否
法人税の期末現在の資本金等の額	200,000,000 円		
中間申告の場合の計算期間	・・から・・	法人税の申告期限の延長の処分の有無	有・無
還付を受けようとする金融機関及び支払方法	金融機関名	支店名	預金種目	口座番号	
還付請求税額		十億 百万 千 円
法第15条の4の徴収猶予を受けようとする税額		

※従業者数は必ず記載してください。

310

2 　中小企業の場合

　中小企業では、一般的に、税務に準じた会計処理を行う傾向にあるため、税務で認められない会計処理は行わないという特徴があります。したがって、収益認識会計基準、金融商品会計基準、税効果会計基準などの会計基準についても、税務で認められない会計処理は通常行いません。その結果、法人税の所得計算における税務調整は少なく、シンプルな申告書となるのが一般的です。

　1.の大企業の場合と基本的に同じ前提としますが、資本金1,000万円の中小企業者とします。

【前提】（中小企業）

（基本情報）

・会社名：税研コンサルティング株式会社

・本社　 ：○○県△△市××１−１−１（本社以外に事業所無し）

・代表者：代表取締役　田中　真裕子

・株主　 ：田中真裕子　　　　　　　　　200株

　　　　　　AAA ホールディングス㈱　800株　（合計1,000株）

　　　　　　（資本金１億円、被支配会社ではない。）

・資本金：1,000万円

・期末従業員数：20人

・決算期：３月（消費税は税抜経理）

・決算の締め：５月上旬

・定時株主総会日：令和７年５月20日

311

第8章　具体的なケース

（1）　決算整理（納税充当金以外）

下記の決算整理以外は、すべて完了しているとします。

①　不良債権に対する貸倒引当金の計上

滞留債権について内容確認を行ったところ、Ａ株式会社に対する売掛金1,000,000円について売掛先からの回収が難しい状況に陥っており、回収可能額はゼロと見込まれます。

なお、法人税ではこの貸倒引当金の繰入は認められないと判断されます。

【決算処理】

一般的に、中小企業では税務の取扱いに準じた会計処理を行います。このケースでは、この不良債権に対する個別貸倒引当金の繰入は法人税では認められない状況にありますが、一方で、法定繰入率を使った一括貸倒引当金繰入限度額が300,000円（売掛金50,000,000円×$\frac{6}{1,000}$）と計算されるため、同額の繰入を行うこととしました。

> 貸倒引当金繰入額　300,000　／　貸倒引当金　300,000

【法人税】

個別貸倒引当金の繰入は法人税では認められない状況にありますが、中小法人等に該当するため、一括貸倒引当金繰入限度額までの損金算入が可能となります。法定繰入率を使った一括貸倒引当金の繰入限度額まで繰入を行い、繰入額を損金算入しています。

②　少額の減価償却資産

当期に取得して事業供用した10万円以上20万円未満の固定資産の取得価額の合計額2,400,000円は消耗品費として処理されています。当社では、10万円以上30万円未満の固定資産は費用処理して、税務上は租税特別措置法第67条の5の適用により損金にすることとしています。

【決算処理】

取得等のときに消耗品費として処理されており、決算では特別な会計処理はありません。

―

【法人税】

法人税では、租税特別措置法第67条の5（中小企業者等の少額減価償却資産の取得価額の損金算入の特例）を適用して、年間300万円までは損金経理することで損金となります。ただし、別表16(7)の作成が必要です。

③　投資有価証券の時価評価

当期に取得して保有するB上場株式（簿価5,000,000円）の当期末時価は5,800,000円になっています。

【決算処理】

中小企業では、一般的に時価評価は行いません。したがって、含み益について評価差額金は計上しません。

―

【法人税】

法人税では、その他有価証券は原価評価をします。時価評価の会計処理はされていませんので、所得計算上の税務調整はありません。

④　投資有価証券の減損

従来より継続して保有しているC株式（非上場株式、簿価2,000,000円）について業績の悪化から1株当たりの純資産額が取得時の30％まで低下しています。今後の回復の見込みについては不明です。

【決算処理】

一般的に、中小企業では税務の取扱いに準じた会計処理を行います。このケースでは回復の見込みが不明であり、有価証券の評価損の損金算

第8章　具体的なケース

入は認められないため、減損の処理は行いません。

―

【法人税】

　法人税では回復の見込みが不明の場合には、有価証券の評価損の損金算入は認められません。減損処理はされていませんので、所得計算上の税務調整はありません。

⑤　**同業者団体の入会金**

　当期の期首に同業者団体に加入し、入会金（返還されないものである。）500,000円を支払っています。この支出について検討した結果、資産性がないと判断して支払手数料として処理しています。この入会金は法人税では繰延資産に該当し、5年間で定額償却することとされています。

【決算処理】

　支出時に費用処理していますが、税務上は繰延資産に該当するため、費用処理ではなく資産に計上して、税務上の償却期間5年で定額償却します。

| 長期前払費用 | 500,000 | / | 支払手数料 | 500,000 |
| 長期前払費用償却 | 100,000 | / | 長期前払費用 | 100,000 |

【法人税】

　法人税では、この入会金は繰延資産に該当し、5年間で定額償却する必要があります。5年の定額償却で会計処理を行っていますので、所得計算上の調整はありません。

⑥　**資産除去債務**

　当期首にオフィスの賃借契約を締結しました。契約には退去時に原状回復義務がある旨が記載されています。原状回復費用の見積額を現在価

2 中小企業の場合

値に割り引いた金額は2,400,000円です。

【決算処理】

　一般的に、中小企業では税務の取扱いに準じた会計処理を行います。資産除去債務（原状回復費用）は、費用の見積り計上であるため、法人税では認められません。したがって、一般的に会計処理は行いません。

【法人税】

　資産除去債務に関する会計処理は見積りに過ぎないため、法人税では認められません。会計処理されていませんので、所得計算上の税務調整はありません。

(2)　消費税の処理

　消費税の処理は、基本的に大企業でも中小企業でも同様です。

　(1)の決算整理後の貸借対照表上、消費税に関する勘定科目の残高は下記のようになっています（大企業の場合と同様。）。

【現在の B/S】

貸借対照表

資産の部		負債の部	
仮払税金（中間消費税）	275,000,000	未払消費税等	一
仮払消費税等	213,764,092	仮受消費税等	500,498,449

　中小企業の場合、この段階で必ず消費税申告書を作成して納付税額を算出し、それを基に消費税仕訳を行います。

　このケースでは申告書を作成して納付税額が11,736,200円（申告書は大

315

第8章　具体的なケース

企業の場合を参照（284ページ））と算定されていますので、この金額を未
払消費税等として計上します（大企業の場合と同様。）。

【消費税仕訳】

仮受消費税等	500,498,449	仮払消費税等		213,764,092
雑損失	1,843	仮払税金（中間消費税）		275,000,000
		未払消費税等		11,736,200

・未払消費税等として計上する金額は、申告書の納付税額と一致させま
す。
・貸借差額が少額な場合、雑収入又は雑損失として処理します。

　上記の消費税仕訳の起票後の貸借対照表の消費税に関する勘定科目の
残高は、次のようになります（大企業の場合と同様。）。

【消費税仕訳後の B/S】

貸借対照表

資産の部		負債の部	
仮払税金（中間消費税）	—	未払消費税等	11,736,200
仮払消費税等	—	仮受消費税等	—

(3)　法人税申告書の作成

　消費税の処理後、次は、法人税申告書を作成し法人税等の額を確定し
て決算書に計上します。消費税処理後の勘定科目の残高は下記のように
なっているとします。

2　中小企業の場合

【現在の B/S、P/L】

貸借対照表

資産の部		負債の部	
仮払税金	―	未払法人税等	0
貸倒引当金	△300,000	未払消費税等	11,736,200

損益計算書

・・・	・・・
交際費	1,825,000
・・・	・・・
税引前当期純利益	100,000,000
法人税等	12,480,400
当期純利益	87,519,600

① 前期の納付税額（大企業の場合と同様）

　前期の確定申告により納付した税額は下記のとおりです。なお、前期は納付税額と同額の未払法人税等を計上していたため、納付後は未払法人税等の残高がゼロになっています。

（前期確定申告による納付税額）

確定申告で納付した法人税額		7,424,000円
〃	地方法人税	764,600
〃	事業税（所得割）	320,000
〃	特別法人事業税	832,000
〃	法人県民税	139,200
〃	法人市民税	525,400
	合計	10,005,200

第8章　具体的なケース

②　当期の中間納付税額（大企業の場合と同様）

中間納付額及び源泉所得税は、法人税等として処理しています。

（法人税等の内訳）

中間納付した法人税額		9,280,000円
〃	地方法人税	955,800
〃	事業税（所得割）	400,000
〃	特別法人事業税	1,040,000
〃	法人県民税	157,800
〃	法人市民税	636,800
預金利息に対する源泉所得税		10,000　（預金利息65,300円）
合計		12,480,400

③　法人税等の算定

一般的に、中小企業の場合、法人税等の算定は法人税申告書を作成して税額を算出します。そして、納付税額と同額を未払法人税等として計上します。過不足なく計上するのが一般的です。

なお、この段階では、損益計算書の当期純利益は確定していませんが、この段階の当期純利益をスタートにして申告書を作成して税額を算出します。

申告書を作成して算出した納付税額の一覧表は下記のとおりです。

【納付税額一覧表】

	年間税額	中間納付額	差引 （確定申告税額）
法人税（源泉所得税含む）	21,942,600	9,290,000	12,652,600
地方法人税	2,260,000	955,800	1,304,200
事業税（所得割）	6,610,500	400,000	6,210,500
特別法人事業税	2,445,800	1,040,000	1,405,800
法人県民税（法人税割）	394,900	147,800	247,100

法人県民税（均等割）	20,000	10,000	10,000
法人市民税（法人税割）	1,316,500	611,800	704,700
法人市民税（均等割）	50,000	25,000	25,000
合計	35,040,300	12,480,400	22,559,900

（注）　法人県民税と法人市民税の法人税割と均等割の内訳を大企業の場合から変更しています。

　この段階で作成した別表1、別表4、地方税申告書は下記のとおりです。

第8章　具体的なケース

OCR入力用 ・この用紙はとじこまないでください。
・この用紙は機械で読み取ります。折ったり汚したりしないでください。　（法）　　F B 0 6 1 3

令和　年　月　日
△△　税務署長殿

納税地　○○県△△市××1-1-1
電話（　　　）　－

（フリガナ）　ゼイケンコンサルティング
法人名　税研コンサルティング株式会社（中小企業）

法人番号

（フリガナ）
代表者　田中　真裕子

代表者
住所　○○県××市△△1-2-3

事業種目　コンサルティング業
期末現在の資本金の額又は出資金の額　10,000,000

青色申告　一連番号

令和 0 6 年 0 4 月 0 1 日　事業年度分の法人税　確　定　申告書
令和 0 7 年 0 3 月 3 1 日　課税事業年度分の地方法人税　確　定　申告書

所得金額又は欠損金額（別表四「52の①」） 1	9 7 4 0 8 0 0 0
法人税額 (48)＋(49)＋(50) 2	2 1 9 4 2 6 5 6
法人税額の特別控除額（別表六(六)「5」） 3	
税額控除超過額相当額等の加算額 4	
課税土地譲渡利益金額 5	0 0 0
同上に対する税額 (62)＋(63)＋(64) 6	
課税留保金額（別表三(一)「4」） 7	0 0 0
同上に対する税額（別表三(一)「8」） 8	
法人税額計 (2)－(3)＋(4)＋(6)＋(8) 9	2 1 9 4 2 6 5 6
10	
仮装経理に基づく過大申告の更正に伴う控除法人税額 11	
控　除　税　額 12	1 0 0 0 0
差引所得に対する法人税額 (9)－(10)－(11)－(12) 13	2 1 9 3 2 6 0 0
中間申告分の法人税額 14	9 2 8 0 0 0
差引確定/中間申告の場合はその法人税額/税額とし、マイナスの (13)－(14) 場合は(22)へ記入 15	1 2 6 5 2 6 0 0
所得の金額に対する法人税額 28	2 1 9 4 2 6 5 6
課税留保金額に対する法人税額 29	
課税標準法人税額 (28)＋(29) 30	2 1 9 4 2 0 0 0
地方法人税額 (53) 31	2 2 6 0 0 2 6
税額控除超過額相当額の加算額（別表六(二付表六)「14の計」） 32	
課税留保金額に係る地方法人税額 (54) 33	
所得地方法人税額 (31)＋(32)＋(33) 34	2 2 6 0 0 2 6
35	
仮装経理に基づく過大申告の更正に伴う控除地方法人税額 36	
外国税額の控除額 (37) 37	
差引地方法人税額 (34)－(35)－(37) 38	2 2 6 0 0 0 0
中間申告分の地方法人税額 39	9 5 5 8 0 0
差引確定/中間申告の場合はその地方法人税額/税額とし、マイナスの (38)－(39)場合は(42)へ記入 40	1 3 0 4 2 0 0

控除税額の計算 所得税の額（別表六(一)「6の③」） 16	1 0 0 0 0
外国税額（別表六(二)「23」） 17	
計 (16)＋(17) 18	1 0 0 0 0
控除した金額 (12) 19	1 0 0 0 0
控除しきれなかった金額 (18)－(19) 20	0
所得税額等の還付金額 (20) 21	
中間納付額 (14)－(13) 22	
欠損金の繰戻しによる還付請求税額 23	
計 (21)＋(22)＋(23) 24	
この申告が修正申告である場合のこの申告により納付すべき法人税額又は減少する還付請求税額 (67) 25	0 0
欠損金の当期控除額 26	
翌期へ繰り越す欠損金額（別表七(一)「5の合計」） 27	
外国税額の還付金額 (67) 41	
中間納付額 (39)－(38) 42	
計 (41)＋(42) 43	
この申告が修正申告である場合のこの申告により納付すべき地方法人税額 44	0 0
剰余金・利益の配当（剰余金の分配）の金額	0 7 0 5 2 0

決算確定の日　0 7 0 5 2 0

2　中小企業の場合

所得の金額の計算に関する明細書(簡易様式)

| 事業年度 | 令和 6・4・1　令和 7・3・31 | 法人名 | 税研コンサルティング株式会社(中小企業) |

別表四(簡易様式)　令六・四・一以後終了事業年度分

区　　分		総　額 ①	処分 留　保 ②	処分 社外流出 ③
当期利益又は当期欠損の額	1	87,519,600 円	87,519,600 円	配当　　　　　　円 その他
加算　損金経理をした法人税及び地方法人税(附帯税を除く。)	2	10,235,800	10,235,800	
損金経理をした道府県民税及び市町村民税	3	794,600	794,600	
損金経理をした納税充当金	4			
損金経理をした附帯税(利子税を除く。)、加算金、延滞金(延納分を除く。)及び過怠税	5			その他
減価償却の償却超過額	6			
役員給与の損金不算入額	7			その他
交際費等の損金不算入額	8			その他
通算法人に係る加算額(別表四付表「5」)	9			外※
	10			
小　　計	11	11,030,400	11,030,400	外※　　　　　0 　　　　　　0
減算　減価償却超過額の当期認容額	12			
納税充当金から支出した事業税等の金額	13	1,152,000	1,152,000	
受取配当等の益金不算入額(別表八(一)「5」)	14			※
外国子会社から受ける剰余金の配当等の益金不算入額(別表八(二)「26」)	15			※
受贈益の益金不算入額	16			※
適格現物分配に係る益金不算入額	17			※
法人税等の中間納付額及び過誤納に係る還付金額	18			
所得税額等及び欠損金の繰戻しによる還付金額等	19			※
通算法人に係る減算額(別表四付表「10」)	20			※
	21			
小　　計	22	1,152,000	1,152,000	外※　　　　　0 　　　　　　0
仮　　計 (1)+(11)-(22)	23	97,398,000	97,398,000	外※　　　　　0 　　　　　　0
対象純支払利子等の損金不算入額(別表十七(二の二)「29」又は「34」)	24			その他
超過利子額の損金算入額(別表十七(二の三)「10」)	25	△		※　　△
仮　　計 ((23)から(25)までの計)	26	97,398,000	97,398,000	外※　　　　　0 　　　　　　0
寄附金の損金不算入額(別表十四(二)「24」又は「40」)	27			その他
法人税額から控除される所得税額(別表六(一)「6の③」)	29	10,000		その他　10,000
税額控除の対象となる外国法人税の額(別表六(二の二)「7」)	30			その他
分配時調整外国税相当額及び外国関係会社等に係る控除対象所得税額等相当額(別表六(五の二)「5の②」)+(別表十七(三の六)「1」)	31			その他
合　　計 (26)+(27)+(29)+(30)+(31)	34	97,408,000	97,398,000	外※　　　　　0 　　　　10,000
中間申告における繰戻しによる還付に係る災害損失欠損金額の益金算入額	37			※
非適格合併又は残余財産の全部分配等による移転資産等の譲渡利益額又は譲渡損失額	38			※
差　引　計 (34)+(37)+(38)	39	97,408,000	97,398,000	外※　　　　　0 　　　　10,000
更生欠損金又は民事再生等評価換えが行われる場合の再生等欠損金の損金算入額(別表七(三)「9」又は「21」)	40	△		※　　△
通算対象欠損金額の損金算入額又は通算対象所得金額の益金算入額(別表七の二「5」又は「11」)	41			
差　引　計 (39)+(40)±(41)	43	97,408,000	97,398,000	外※　　　　　0 　　　　10,000
欠損金等の当期控除額(別表七(一)「4の計」+(別表七(四)「10」)	44	△		※　　△
総　　計 (43)+(44)	45	97,408,000	97,398,000	外※　　　　　0 　　　　10,000
残余財産の確定の日の属する事業年度に係る事業税及び特別法人事業税の損金算入額	51	△	△	
所得金額又は欠損金額	52	97,408,000	97,398,000	外※　　　　　0 　　　　10,000

第8章　具体的なケース

05006A22

受付印

令和　　年　　月　　日

△△県税事務所長　　殿

所在地	○○県△△市××1-1-1
（ふりがな）	ぜいけんこんさるてぃんぐ
法人名	税研コンサルティング株式会社（中小企業）
（ふりがな）	（ふりがな）
代表者氏名	田中　真裕子	経理責任者氏名

令和　6　年　4　月　1　日から令和　7　年　3　月　31　日までの事業年度分の　道府県民税　の　確定　申告書
事業税・特別法人事業税

（事業税）

摘要	課税標準	税率(100)	税額
所得割 所得金額総額	97408000		
年400万円以下の金額	4000000	3.50	140000
年400万円を超え年800万円以下の金額	4000000	5.30	212000
年800万円を超える金額	89408000	7.00	6258500
計	97408000		6610500
軽減税率不適用法人の金額	000	7.00	00
付加価値割 付加価値額総額			
付加価値額	000		00
資本割 資本金等の額総額			
資本金等の額	000		00
収入割 収入金額総額			
収入金額	000		00
合計事業税額			6610500

（道府県民税）

（使途秘匿金税額等）		
法人税法の規定によって計算した法人税額 ①		21942656
試験研究費の額等に係る法人税額の特別控除額 ②		
還付金額等の控除額 ③		
退職年金等積立金に係る法人税額 ④		
課税標準となる法人税額 ⑤		21942000
⑥		
法人税割額 ⑦		394956
道府県民税の特定寄附金税額控除額 ⑧		
税額控除超過額相当額の加算額 ⑨		
外国関係会社等に係る控除対象所得税額等相当額の控除額 ⑩		
外国の法人税等の額の控除額 ⑪		
仮装経理に基づく法人税割額の控除額 ⑫		
差引法人税割額 ⑬		394900
既に納付の確定した当期分の法人税割額 ⑭		147800
租税条約の実施に係る法人税割額の控除額 ⑮		
この申告により納付すべき法人税割額 ⑯		247100
均等割額 算定期間中において事務所等を有していた月数 ⑰		12 月
20,000円×⑰/12 ⑱		20000
既に納付の確定した当期分の均等割額 ⑲		10000
この申告により納付すべき均等割額 ⑳		10000
この申告により納付すべき道府県民税額 ㉑		257100
㉑のうち見込納付額 ㉒		
差引 ㉓		257100

（特別法人事業税）

摘要	課税標準	税率(100)	税額
所得割に係る特別法人事業税 ㊼	6610500	37.0	2445800
収入割に係る特別法人事業税 ㊽	00		
合計特別法人事業税額（㊼+㊽）			2445800

法人税の期末現在の資本金等の額		10000000
法人税の当期の確定税額		21932600
決算確定の日	令和　7・5・20
解散の日	・・

所得金額の計算の内訳				
所得金額（法人税の明細書（別表4）の(34)）	㊽		97408000
加算 損金の額に算入した所得税額及び復興特別所得税額	㊾		
損金の額に算入した海外投資等損失準備金勘定への繰入額			
減算 益金の額に算入した海外投資等損失準備金勘定からの戻入額			
外国の事業に帰属する所得以外の所得に対して課された外国法人税額			
仮計			97408000
繰越欠損金額等若しくは災害損失欠損金額又は債務免除等があった場合の欠損金額の当期控除額			
法人税の所得金額（法人税の明細書（別表4）の(52)）			97408000
法第15条の4の徴収猶予を受けようとする税額 ⑦		
還付請求中間納付額 ㊲		

申告期限の延長の処分（承認）の有無	事業税　有・無　法人税　有・無
法人税の申告書の種類	青色・その他
この申告が中間申告の場合の計算期間	・・～・・
翌期の中間申告の要否	要・否
国外関連者の有無	有・無

322

2　中小企業の場合

第二十号様式（提出用）

| | 発信年月日 | 通信日付印 確認 | 管理番号 | 事務所コード | 管理番号 | 申告区分 |

| 受付印 | | 令和　　年　　月　　日 | | 法人番号 | | 申告年月日 |
| | | △△市長　　　　　　　殿 | | | | 年　月　日 |

所在地 本店所在地・支店等の場合は本店所在地を併記	○○県△△市××1-1-1	この申告の基礎	1. 法人税の令和　年　月　日の修正申告書の提出による。 2. 法人税の令和　年　月　日の更正・決定・再更正による。
	（電話　　局　　番）	事業種目	コンサルティング業
（ふりがな）ぜいけんこんさるてぃんぐ		期末現在の資本金の額又は出資金の額	10000000
法人名 税研コンサルティング株式会社（中小企業）		期末現在の資本金の額及び資本準備金の額の合算額	10000000
（ふりがな） 代表者 氏名 田中　真裕子	（ふりがな）経理責任者氏名	期末現在の資本金等の額	10000000

令和 6 年 4 月 1 日から 令和 7 年 3 月 31 日までの 事業年度分の市町村民税の 確定 申告書 ※

	摘　　　要		課税標準	税率(100)	法人税割額
	（使途秘匿金税額等）	①			
	法人税法の規定によって計算した法人税額		21942656		
	試験研究費の額等に係る法人税額の特別控除額	②			
	還付法人税額等の控除額	③			
	退職年金等積立金に係る法人税額	④			
	課税標準となる法人税額及びその法人税割額　①+②-③+④	⑤	21942000	6.0/100	1316520
	2以上の市町村に事務所又は事業所を有する法人における課税標準となる法人税額及びその法人税割額 (⑤/㉓×㉕)	⑥	000	/100	
	市町村民税の特定寄附金税額控除額	⑦			
	税額控除超過額相当額の加算額	⑧			
	外国関係会社等に係る控除対象所得税額等相当額の控除額	⑨			
	外国の法人税等の額の控除額	⑩			
	仮装経理に基づく法人税割額の控除額	⑪			
	差引法人税割額　⑤-⑦+⑧-⑨-⑩-⑪又は⑥-⑦+⑧-⑨-⑩-⑪	⑫			1316500
	既に納付の確定した当期分の法人税割額	⑬			611800
	租税条約の実施に係る法人税割額の控除額	⑭			
	この申告により納付すべき法人税割額　⑫-⑬-⑭	⑮			704700
均等割額	算定期間中において事務所等を有していた月数	⑯ 12 月	50,000円×⑯/12	⑰	50000
	既に納付の確定した当期分の均等割額			⑱	25000
	この申告により納付すべき均等割額　⑰-⑱			⑲	25000
	この申告により納付すべき市町村民税額　⑮+⑲			⑳	729700
	⑳のうち見込納付額			㉑	
差　引　　⑳-㉑				㉒	729700

当該市町村内に所在する事務所、事業所又は寮等		分割基準	
名　称	事務所、事業所又は寮等の所在地	当該法人の全従業者数	通用区分に用いる従業者数
		当該市町村分の従業者数	
本店	○○県△△市××1-1-1	人	2.0 人
合　　計		㉓ 人 ㉔	㉕ 2.0 人

	区　名	月数	従業者数	均等割額	決算確定の日	令和 7 ・ 5 ・ 20	法人税の申告書の種類	青色・その他
指定都市に申告する場合の⑰の計算			人	0 0	解　散　の　日	・　・	翌期の中間申告の要否	要・否
				0 0	残余財産の最後の分配又は引渡しの日	・　・		
				0 0	法人税の期末現在の資本金等の額	10,000,000	法人税の期限内申告の延長の処分の有無	有・無
				0 0	この申告が中間申告の場合の計算期間	・　・から ・　・まで		
				0 0	還付を受けようとする金融機関及び支払方法	金融機関名 支店名 預金種目 口座番号		
				0 0	還　付　請　求　税　額			
				0 0	法第15条の4の徴収猶予を受けようとする税額			

※従業者数は必ず記載してください。

第8章　具体的なケース

(4)　未払法人税等の計上

上記の申告書の納付税額を基に未払法人税等の計上（納税充当金の繰入）仕訳を起こします。

【未払法人税等の計上仕訳】

法人税等　　　22,559,900　/　未払法人税等　　　22,559,900

未払法人税等の計上（納税充当金の繰入）仕訳の起票後の貸借対照表、損益計算書は下記のようになります。中小企業では、一般的に税効果会計を適用しませんので、これによって決算数値は確定します。

【最終の B/S、P/L】

貸借対照表

資産の部		負債の部	
仮払税金	―	未払法人税等	22,559,900
貸倒引当金	△300,000	未払消費税等	11,736,200

損益計算書

・・・	・・・
交際費	1,825,000
・・・	・・・
税引前当期純利益	100,000,000
法人税等	35,040,300
当期純利益	64,959,700

324

⑸　税効果会計の適用

　一般的に、中小企業では税効果会計は適用していません。

⑹　法人税申告書の完成

　法人税申告書を作成し、それに基づいて未払法人税等の計上（納税充当金の繰入）をすると、申告書を作成したときから当期純利益など一部の決算数値が変わってきます。具体的には、未払法人税等、法人税等、そして当期純利益の金額が変わっています。

　法人税申告書別表4のスタートとなる当期純利益は、損益計算書の最終値となる当期純利益である必要がありますので、数値が修正された部分を申告書に反映する必要があります。

　なお、決算数値の変更によって申告書の一部修正を行いますが、前に作成した申告書の所得金額や税額には変更はありません。

　修正後の法人税申告書の完成版は下記のようになります。

第8章　具体的なケース

OCR入力用	: この用紙はとじこまないでください。 : この用紙は機械で読み取ります。折ったり汚したりしないでください。	（法）	F B 0 6 1 3

納税地　○○県△△市××1-1-1
電話（　　　）　　－

（フリガナ）　ゼイケンコンサルティング
法人名　税研コンサルティング株式会社（中小企業）

法人番号

（フリガナ）
代表者　田中　真裕子

代表者
住所　○○県××市△△1-2-3

令和　△△　税務署長殿

事業種目　コンサルティング業　10,000,000

青色申告　一連番号

令和 06 年 04 月 01 日　事業年度分の法人税　確定 申告書
令和 07 年 03 月 31 日　課税事業年度分の地方法人税　確定 申告書

		所得金額又は欠損金額 （別表四「52の①」）	1	9 7 4 0 8 0 0 0		控除税額の計算	所得税の額 （別表六（一）「6の③」）	16	1 0 0 0 0
		法人税額 (48)＋(49)＋(50)	2	2 1 9 4 2 6 5 6			外国税額 （別表六（二）「23」）	17	
		法人税額の特別控除額 （別表六（六）「5」）	3				計 (16)＋(17)	18	1 0 0 0 0
		税額控除超過額 相当額等の加算額	4				控除した金額 (12)	19	1 0 0 0 0
この申告書による法人税額の計算	土地譲渡税額	課税土地譲渡利益金額 （別表三（二）「24」等）	5	0 0 0			控除しきれなかった金額 (18)－(19)	20	0
		同上に対する税額 (62)＋(63)＋(64)	6			この申告による還付金額	所得税額等の還付金額 (20)	21	
	留保金	課税留保金額 （別表三（一）「4」）	7				中間納付額 (14)－(13)	22	
		同上に対する税額 （別表三（一）「8」）	8	0 0 0			欠損金の繰戻しに よる還付請求税額	23	
		法人税額計 (2)－(3)＋(4)＋(6)＋(8)	9	2 1 9 4 2 6 5 6			計 (21)＋(22)＋(23)	24	
			10						
		仮装経理に基づく過大申告の 更正に伴う控除法人税額	11						
		控除税額	12	1 0 0 0 0		この申告が修正申告である場合のこの申告により納付すべき法人税額又は減少する還付請求税額 (67)		25	0 0
		差引所得に対する法人税額 (9)－(10)－(11)－(12)	13	2 1 9 3 2 6 0 0		欠損金等の当期控除額 （別表七（一）「4の計」＋（別表七（四）「10」）		26	
		中間申告分の法人税額	14	9 2 8 0 0 0 0		翌期へ繰り越す欠損金額 （別表七（一）「5の合計」）		27	
		差引確定/中間申告の場合はその 法人税額/税額とし、マイナスの (13)－(14)/場合は(22)へ記入	15	1 2 6 5 2 6 0 0					
	課税標準法人税額の計算	所得の金額に対する法人税額 (28)＋(29)	28	2 1 9 4 2 6 5 6			外国税額の還付金額 (67)	41	
		課税留保金額に 対する法人税額 (8)	29			この申告による還付金額	中間納付額 (39)－(38)	42	
		課税標準法人税額 (28)＋(29)	30	2 1 9 4 2 0 0 0			計 (41)＋(42)	43	
		地方法人税額 (53)	31	2 2 6 0 0 2 6					
この申告書による地方法人税額の計算	税額控除超過額相当額の加算額 （別表六（二）付表六「14の計」）		32						
	課税留保金額に係る地方法人税額 (54)		33						
	所得地方法人税額 (31)＋(32)＋(33)		34	2 2 6 0 0 2 6		この申告が修正申告である場合のこの申告により納付すべき地方法人税額 (61)		44	0 0
			35			剰余金・利益の配当 （剰余金の分配）の金額			
	仮装経理に基づく過大申告の 更正に伴う控除地方法人税額		36			残余財産の最後の分配又は引渡しの日	決算確定の日	07 05 20	
	外国税額の控除額 (34)－(35)－(36)		37						
	差引地方法人税額 (34)－(35)－(37)		38	2 2 6 0 0 0 0					
	中間申告分の地方法人税額		39	9 5 5 8 0 0					
	差引確定/中間申告の場合はその 地方法人税額/税額とし、マイナス (38)－(39)/の場合は(42)へ記入		40	1 3 0 4 2 0 0					

税理士署名

2 中小企業の場合

事業年度等	令和　6・4・1 令和　7・3・31	法人名	税研コンサルティング株式会社 (中小企業)

別表一次葉　令六・四・一以後終了事業年度等分

法　人　税　額　の　計　算

(1)のうち中小法人等の年800万円相当額以下の金額 ((1)と800万円×12/12のうち少ない金額)又は(別表一付表「5」)	45	8,000,000	(45) の 15 % 相 当 額	48	1,200,000
(1)のうち特例税率の適用がある協同組合等の年10億円相当額を超える金額 (1)−10億円×12/12	46	000	(46) の 22 % 相 当 額	49	
そ の 他 の 所 得 金 額 (1)−(45)−(46)	47	89,408,000	(47) の 23.2 % 相 当 額	50	20,742,656

地　方　法　人　税　額　の　計　算

所得の金額に対する法人税額 (28)	51	21,942,000	(51) の 10.3 % 相 当 額	53	2,260,026
課税留保金額に対する法人税額 (29)	52	000	(52) の 10.3 % 相 当 額	54	

こ　の　申　告　が　修　正　申　告　で　あ　る　場　合　の　計　算

法人税額の計算	この申告前の	法 人 税 額	55		地方法人税額の計算	この申告前の	確 定 地 方 法 人 税 額	58	
		還 付 金 額	56	外			還 付 金 額	59	
							欠 損 金 の 繰 戻 し に よ る 還 付 金 額	60	
	この申告により納付すべき法人税額又は減少する還付請求税額 ((15)−(55))若しくは((15)+(56))又は((56)−(24))		57	外 00		この申告により納付すべき地方法人税額 ((40)−(58))若しくは((40)+(59)+(60))又は(((59)−(43))+((60)−(43の外書)))		61	00

土　地　譲　渡　税　額　の　内　訳

土 地 譲 渡 税 額 (別表三(二)「25」)	62	0	土 地 譲 渡 税 額 (別表三(三)「21」)	64	00
同 上 (別表三(二の二)「26」)	63	0			

地　方　法　人　税　額　に　係　る　外　国　税　額　の　控　除　額　の　計　算

外 国 税 額 (別表六(二)「56」)	65		控 除 し き れ な か っ た 金 額 (65) − (66)	67	
控 除 し た 金 額 (37)	66				

327

第8章　具体的なケース

| 同族会社等の判定に関する明細書 | | | 事業年度 | 令和 6・4・1 / 令和 7・3・31 | 法人名 | 税研コンサルティング株式会社（中小企業） |

別表二　令六・四・一以後終了事業年度分

同族会社の判定	期末現在の発行済株式の総数又は出資の総額	1	内 1,000	特定同族会社の判定	(21)の上位1順位の株式数又は出資の金額	11	
	(19)と(21)の上位3順位の株式数又は出資の金額	2	1,000		株式数等による判定 (11)/(1)	12	%
	株式数等による判定 (2)/(1)	3	% 100.0		(22)の上位1順位の議決権の数	13	
	期末現在の議決権の総数	4	内		議決権の数による判定 (13)/(4)	14	%
	(20)と(22)の上位3順位の議決権の数	5			(21)の社員の1人及びその同族関係者の合計人数のうち最も多い数	15	
	議決権の数による判定 (5)/(4)	6	%		社員の数による判定 (15)/(7)	16	%
	期末現在の社員の総数	7			特定同族会社の判定割合 ((12)、(14)又は(16)のうち最も高い割合)	17	
	社員の3人以下及びこれらの同族関係者の合計人数のうち最も多い数	8					
	社員の数による判定 (8)/(7)	9	%	判定結果		18	同族会社
	同族会社の判定割合 ((3)、(6)又は(9)のうち最も高い割合)	10	100.0				

判定基準となる株主等の株式数等の明細

順位		判定基準となる株主(社員)及び同族関係者		判定基準となる株主等との続柄	株式数又は出資の金額等			
株式数等	議決権数	住所又は所在地	氏名又は法人名		被支配会社でない法人株主等		その他の株主等	
					株式数又は出資の金額 19	議決権の数 20	株式数又は出資の金額 21	議決権の数 22
1		○○県△△市××1-2-3	AAAホールディングス㈱	本人	800			
2		○○県××市△△1-2-3	田中　真裕子	本人			200	

所得の金額の計算に関する明細書（簡易様式）

事業年度	令和 6・4・1 令和 7・3・31	法人名	税研コンサルティング株式会社（中小企業）

別表四（簡易様式）　令六・四・一以後終了事業年度分

区　　分		総　額 ①	処　　分	
			留　保 ②	社　外　流　出 ③
当期利益又は当期欠損の額	1	64,959,700 円	64,959,700 円	配当 その他
加算　損金経理をした法人税及び地方法人税（附帯税を除く。）	2	10,235,800	10,235,800	
損金経理をした道府県民税及び市町村民税	3	794,600	794,600	
損金経理をした納税充当金	4	22,559,900	22,559,900	
損金経理をした附帯税（利子税を除く。）、加算金、延滞金（延納分を除く。）及び過怠税	5			その他
減価償却の償却超過額	6			
役員給与の損金不算入額	7			その他
交際費等の損金不算入額	8			その他
通算法人に係る加算額（別表四付表「5」）	9			外※
	10			
小　計	11	33,590,300	33,590,300	外※ 0 0
減算　減価償却超過額の当期認容額	12			
納税充当金から支出した事業税等の金額	13	1,152,000	1,152,000	
受取配当等の益金不算入額（別表八（一）「5」）	14			※
外国子会社から受ける剰余金の配当等の益金不算入額（別表八（二）「26」）	15			※
受贈益の益金不算入額	16			※
適格現物分配に係る益金不算入額	17			※
法人税等の中間納付額及び過誤納に係る還付金額	18			
所得税額等及び欠損金の繰戻しによる還付金額等	19			※
通算法人に係る減算額（別表四付表「10」）	20			※
	21			
小　計	22	1,152,000	1,152,000	外※ 0 0
仮　計 (1)+(11)-(22)	23	97,398,000	97,398,000	外※ 0 0
対象純支払利子等の損金不算入額（別表十七（二の二）「29」又は「34」）	24			その他
超過利子額の損金算入額（別表十七（二の三）「10」）	25	△		※ △
仮　計 ((23)から(25)までの計)	26	97,398,000	97,398,000	外※ 0 0
寄附金の損金不算入額（別表十四（二）「24」又は「40」）	27			その他
法人税額から控除される所得税額（別表六（一）「6の③」）	29	10,000		その他 10,000
税額控除の対象となる外国法人税の額（別表六（二の二）「7」）	30			その他
分配時調整外国税相当額及び外国関係会社等に係る控除対象所得税額等相当額（別表六（五の二）「5の②」）+（別表十七（三の六）「1」）	31			その他
合　計 (26)+(27)+(29)+(30)+(31)	34	97,408,000	97,398,000	外※ 0 10,000
中間申告における繰戻しによる還付に係る災害損失欠損金額の益金算入額	37			※
非適格合併又は残余財産の全部分配等による移転資産等の譲渡利益額又は譲渡損失額	38			※
差　引　計 (34)+(37)+(38)	39	97,408,000	97,398,000	外※ 0 10,000
更生欠損金又は民事再生等評価換えが行われる場合の再生等欠損金の損金算入額（別表七（三）「9」又は「21」）	40	△		※ △
通算対象欠損金額の損金算入額又は通算対象所得金額の益金算入額（別表七の二「5」又は「11」）	41			※
差　引　計 (39)+(40)±(41)	43	97,408,000	97,398,000	外※ 0 10,000
欠損金の当期控除額（別表七（一）「4の計」）+（別表七（四）「10」）	44	△		※ △
総　計 (43)+(44)	45	97,408,000	97,398,000	外※ 0 10,000
残余財産の確定の日の属する事業年度に係る事業税及び特別法人事業税の損金算入額	51	△	△	
所得金額又は欠損金額	52	97,408,000	97,398,000	外※ 0 10,000

第8章　具体的なケース

利益積立金額及び資本金等の額の計算に関する明細書

事業年度	令和 6・4・1 ～ 令和 7・3・31	法人名	税研コンサルティング株式会社 (中小企業)

別表五(一)　令六・四・一以後終了事業年度分

I　利益積立金額の計算に関する明細書

区分		期首現在利益積立金額 ①	当期の増減 減 ②	当期の増減 増 ③	差引翌期首現在利益積立金額 ①-②+③ ④
利益準備金	1	円	円	円	円
積立金	2				
	3				
	4				
	5				
	6				
	7				
	8				
	9				
	10				
	11				
	12				
	13				
	14				
	15				
	16				
	17				
	18				
	19				
	20				
	21				
	22				
	23				
	24				
繰越損益金(損は赤)	25	300,000,000	300,000,000	364,959,700	364,959,700
納税充当金	26	10,005,200	10,005,200	22,559,900	22,559,900
未納法人税等 未納法人税及び未納地方法人税(附帯税を除く。)	27	△8,188,600	△18,424,400	中間 △10,235,800 確定 △13,956,800	△13,956,800
未払通算税効果額(附帯税の額に係る部分の金額を除く。)	28			中間 確定	
未納道府県民税(均等割を含む。)	29	△139,200	△297,000	中間 △157,800 確定 △257,100	△257,100
未納市町村民税(均等割を含む。)	30	△525,400	△1,162,200	中間 △636,800 確定 △729,700	△729,700
差引合計額	31	301,152,000	290,121,600	361,545,600	372,576,000

II　資本金等の額の計算に関する明細書

区分		期首現在資本金等の額 ①	当期の増減 減 ②	当期の増減 増 ③	差引翌期首現在資本金等の額 ①-②+③ ④
資本金又は出資金	32	10,000,000円	円	円	10,000,000円
資本準備金	33				
	34				
	35				
差引合計額	36	10,000,000			10,000,000

2 中小企業の場合

別表五(二)

租税公課の納付状況等に関する明細書

事業年度	令和 6・4・1 令和 7・3・31	法人名	税研コンサルティング株式会社 (中小企業)

令六・四・一以後終了事業年度分

税 目 及 び 事 業 年 度			期首現在未納税額 ①	当期発生税額 ②	当期中の納付税額 充当金取崩しによる納付 ③	仮払経理による納付 ④	損金経理による納付 ⑤	期末現在未納税額 ①+②-③-④-⑤ ⑥
法人税及び地方法人税		・ ・	1		円			円	円	円
	令 5・4・1 令 6・3・31		2	8,188,600		8,188,600			0
	当期分	中 間	3		10,235,800			10,235,800	0
		確 定	4		13,956,800				13,956,800
	計		5	8,188,600	24,192,600	8,188,600	0	10,235,800	13,956,800
道府県民税		・ ・	6						
	令 5・4・1 令 6・3・31		7	139,200		139,200			0
	当期分	中 間	8		157,800			157,800	0
		確 定	9		257,100				257,100
	計		10	139,200	414,900	139,200	0	157,800	257,100
市町村民税		・ ・	11						
	令 5・4・1 令 6・3・31		12	525,400		525,400			0
	当期分	中 間	13		636,800			636,800	0
		確 定	14		729,700				729,700
	計		15	525,400	1,366,500	525,400	0	636,800	729,700
事業税及び特別法人事業税		・ ・	16						
	令 5・4・1 令 6・3・31		17		1,152,000	1,152,000			
	当 期 中 間 分		18		1,440,000			1,440,000	
	計		19	0	2,592,000	1,152,000	0	1,440,000	
その他	損金算入のもの	利 子 税	20						
		延 滞 金 (延納に係るもの)	21						
			22						
			23						
	損金不算入のもの	加算税及び加算金	24						
		延 滞 税	25						
		延 滞 金 (延納分を除く。)	26						
		過 怠 税	27						
		源泉所得税等	28		10,000			10,000	0
			29						

納 税 充 当 金 の 計 算

期首納税充当金	30	10,005,200 円		損金算入のもの	36	円
繰入額	損金経理をした納税充当金	31	22,559,900	取崩額 その他	損金不算入のもの	37	
		32				38	
	計 (31)+(32)	33	22,559,900		仮払税金消却	39	
取崩額	法人税額等 (5の③)+(10の③)+(15の③)	34	8,853,200		計 (34)+(35)+(36)+(37)+(38)+(39)	40	10,005,200
	事業税及び特別法人事業税 (19の③)	35	1,152,000		期末納税充当金 (30)+(33)-(40)	41	22,559,900

通 算 法 人 の 通 算 税 効 果 額 の 発 生 状 況 等 の 明 細

事 業 年 度		期首現在未決済額 ①	当期発生額 ②	当期中の決済額 支払額 ③	受取額 ④	期末現在未決済額 ⑤
・ ・	42	円	円	円	円	円
・ ・	43					
当 期 分	44		中間			
			確定			
計	45					

331

第8章　具体的なケース

所得税額の控除に関する明細書

事業年度	令和 6 ・ 4 ・ 1 令和 7 ・ 3 ・ 31	法 人 名	税研コンサルティング株式会社 (中小企業)

別表六(一)　令六・四・一以後終了事業年度分

区　　　　分		収　入　金　額 ①	①について課される所得税額 ②	②のうち控除を受ける所得税額 ③
公社債及び預貯金の利子、合同運用信託、公社債投資信託及び公社債等運用投資信託(特定公社債等運用投資信託を除く。)の収益の分配並びに特定公社債等運用投資信託の受益権及び特定目的信託の社債的受益権に係る剰余金の配当	1	円 65,300	円 10,000	円 10,000
剰余金の配当(特定公社債等運用投資信託の受益権及び特定目的信託の社債的受益権に係るものを除く。)、利益の配当、剰余金の分配及び金銭の分配(みなし配当等を除く。)	2			
集団投資信託(合同運用信託、公社債投資信託及び公社債等運用投資信託(特定公社債等運用投資信託を除く。)を除く。)の収益の分配	3			
割 引 債 の 償 還 差 益	4			
そ　　　　の　　　　他	5			
計	6	65,300	10,000	10,000

剰余金の配当(特定公社債等運用投資信託の受益権及び特定目的信託の社債的受益権に係るものを除く。)、利益の配当、剰余金の分配及び金銭の分配(みなし配当等を除く。)、集団投資信託(合同運用信託、公社債投資信託及び公社債等運用投資信託(特定公社債等運用投資信託を除く。)を除く。)の収益の分配又は割引債の償還差益に係る控除を受ける所得税額の計算

個別法による場合	銘　柄	収　入　金　額 7	所　得　税　額 8	配当等の計算期間 9	(9)のうち元本所有期間 10	所有期間割合 $\frac{(10)}{(9)}$ (小数点以下3位未満切上げ) 11	控除を受ける所得税額 (8)×(11) 12
		円	円	月	月		円

銘柄別簡便法による場合	銘　柄	収入金額 13	所得税額 14	配当等の計算期末の所有元本数等 15	配当等の計算期首の所有元本数等 16	$\frac{(15)-(16)}{2}$又は12 (マイナスの場合は0) 17	所有元本割合 $\frac{(16)+(17)}{(15)}$ (小数点以下3位未満切上げ) (1を超える場合は1) 18	控除を受ける所得税額 (14)×(18) 19
		円	円					円

その他に係る控除を受ける所得税額の明細

支払者の氏名又は法人名	支払者の住所又は所在地	支払を受けた年月日	収　入　金　額 20	控除を受ける所得税額 21	参　　考
		・　・	円	円	
		・　・			
		・　・			
		・　・			
		・　・			
計					

2　中小企業の場合

一括評価金銭債権に係る貸倒引当金の損金算入に関する明細書

事業年度	令和　6・4・1 令和　7・3・31	法人名	税研コンサルティング株式会社（中小企業）

別表十一（二）　令六・四・一以後終了事業年度分

			円
当　期　繰　入　額	1		300,000

繰入限度額の計算	期末一括評価金銭債権の帳簿価額の合計額 （22の計）	2	円 50,000,000
	貸　倒　実　績　率 （15）	3	
	実質的に債権とみられないものの額を控除した期末一括評価金銭債権の帳簿価額の合計額 （24の計）	4	円 50,000,000
	法　定　の　繰　入　率	5	$\dfrac{6}{1,000}$
	繰　入　限　度　額 （(2)×(3)）又は（(4)×(5)）	6	円 300,000

繰　入　限　度　超　過　額 （1)-(6)	7	0

貸倒実績率の計算	前3年内事業年度（設立事業年度である場合には当該事業年度）の(2)の合計額	8	円
	$\dfrac{(8)}{\text{前3年内事業年度における事業年度の数}}$	9	
	前3年内事業年度（設立事業年度である場合には当該事業年度）の	売掛債権等の貸倒れによる損失の額の合計額	10	
		別表十一（一）「19の計」の合計額	11	
		別表十一（一）「24の計」の合計額	12	
		貸倒れによる損失の額等の合計額 （10)+(11)-(12)	13	
	$(13)×\dfrac{12}{\text{前3年内事業年度における事業年度の月数の合計}}$	14	
	貸　倒　実　績　率　$\dfrac{(14)}{(9)}$ （小数点以下4位未満切上げ）	15	

一　括　評　価　金　銭　債　権　の　明　細

勘定科目	期末残高	売掛債権等とみなされる額及び貸倒否認額	(16)のうち税務上貸倒れがあったものとみなされる額及び売掛債権等に該当しないものの額	個別評価の対象となった売掛債権及び売掛債権格の不適用等による売掛債権等の額	法第52条第1項第3号に該当する法人の令第96条第9項第6号の金銭債権の額	完全支配関係がある他の法人に対する売掛債権等の額	期末一括評価金銭債権の額 (16)+(17)-(18)-(19)-(20)-(21)	実質的に債権とみられないものの額	差引期末一括評価金銭債権の額 (22)-(23)
	16	17	18	19	20	21	22	23	24
売掛金	円 50,000,000	円	円	円	円	円	円 50,000,000	円	円 50,000,000
計	50,000,000	0	0	0	0	0	50,000,000	0	50,000,000

基準年度の実績により実質的に債権とみられないものの額を計算する場合の明細

平成27年4月1日から平成29年3月31日までの間に開始した各事業年度末の一括評価金銭債権の額の合計額	25	円	債権からの控除割合　$\dfrac{(26)}{(25)}$ （小数点以下3位未満切捨て）　27
同上の各事業年度末の実質的に債権とみられないものの額の合計額	26		実質的に債権とみられないものの額 （22の計）×(27)　28　円

333

第8章　具体的なケース

交際費等の損金算入に関する明細書

事業年度	令和 6・4・1 令和 7・3・31	法人名	税研コンサルティング株式会社（中小企業）

別表十五　令六・四・一以後終了事業年度分

支 出 交 際 費 等 の 額 （8 の 計）	1	1,825,000 円	損 金 算 入 限 度 額 （2）又は（3）	4	1,825,000 円
支出接待飲食費損金算入基準額 （9の計）× $\frac{50}{100}$	2	0	損 金 不 算 入 額 （1）－（4）	5	0
中小法人等の定額控除限度額 （（1）と（（800万円× $\frac{12}{12}$ ）又は（別表十五付表「5」））のうち少ない金額）	3	1,825,000			

支 出 交 際 費 等 の 額 の 明 細

科　　　　目	支　　出　　額	交際費等の額から控除される費用の額	差引交際費等の額	(8)のうち接待飲食費の額
	6	7	8	9
交　　際　　費	1,825,000 円	円	1,825,000 円	円
計	1,825,000	0	1,825,000	

2　中小企業の場合

別表十六(六)　令六・四・一以後終了事業年度分

繰延資産の償却額の計算に関する明細書	事業年度	令和 6・4・1 令和 7・3・31	法人名	税研コンサルティング株式会社 (中小企業)

Ⅰ　均 等 償 却 を 行 う 繰 延 資 産 の 償 却 額 の 計 算 に 関 す る 明 細 書

							合　計
繰 延 資 産 の 種 類	1	入会金					
支 出 し た 年 月	2	令 6・4	・	・	・	・	
支 出 し た 金 額	3	円 500,000	円	円	円	円	円 500,000
償 却 期 間 の 月 数	4	月 60	月	月	月	月	月
当期の期間のうちに含まれる償却期間の月数	5	12					
当期分の普通償却限度額 $(3)\times\dfrac{(5)}{(4)}$	6	円 100,000	円	円	円	円	円 100,000
租税特別措置法適用条項	7	条　　項 (　　)	条　　項 (　　)	条　　項 (　　)	条　　項 (　　)	条　　項 (　　)	
特 別 償 却 限 度 額	8	外　　円	外　　円	外　　円	外　　円	外　　円	
前期から繰り越した特別償却不足額又は合併等特別償却不足額	9						
合　計 $(6)+(8)+(9)$	10	100,000					100,000
当 期 償 却 額	11	100,000					100,000
差引 償 却 不 足 額 $(10)-(11)$	12						
差引 償 却 超 過 額 $(11)-(10)$	13						
償却超過額 前 期 か ら の 繰 越 額	14						
償却超過額 同上のうち当期損金認容額 $((12)と(14)のうち少ない金額)$	15						
償却超過額 差引合計翌期への繰越額 $(13)+(14)-(15)$	16						
特別償却不足額 翌期に繰り越すべき特別償却不足額 $((12)と((8)+(9))のうち少ない金額)$	17						
特別償却不足額 当期において切り捨てる特別償却不足額又は合併等特別償却不足額	18						
特別償却不足額 差引翌期への繰越額 $(17)-(18)$	19						
特別償却不足額 翌期への繰越額の内訳 ・ ・	20						
特別償却不足額 翌期への繰越額の内訳 当 期 分 不 足 額	21						
適格組織再編成により引き継ぐべき合併等特別償却不足額 $((12)と(8)のうち少ない金額)$	22						

Ⅱ　一 時 償 却 が 認 め ら れ る 繰 延 資 産 の 償 却 額 の 計 算 に 関 す る 明 細 書

						合　計
繰 延 資 産 の 種 類	23					
支 出 し た 金 額	24	円	円	円	円	円
前 期 ま で に 償 却 し た 金 額	25					
当 期 償 却 額	26					
期 末 現 在 の 帳 簿 価 額	27					

335

第8章　具体的なケース

少額減価償却資産の取得価額の損金算入の特例に関する明細書	事業年度	令和 6・4・1 令和 7・3・31	法人名	税研コンサルティング株式会社 (中小企業)	別表十六(七)　令六・四・一以後終了事業年度分

資産区分	種　類	1	器具及び備品	器具及び備品	器具及び備品	器具及び備品	器具及び備品
	構　造	2					
	細　目	3	ＰＣ	ＰＣ	ＰＣ	ＰＣ	ＰＣ
	事業の用に供した年月	4	令6・8	令6・8	令6・8	令6・8	6・8
取得価額	取得価額又は製作価額	5	円 160,000	円 160,000	円 160,000	円 160,000	円 160,000
	法人税法上の圧縮記帳による積立金計上額	6					
	差引改定取得価額 (5)−(6)	7	160,000	160,000	160,000	160,000	160,000
資産区分	種　類	1	器具及び備品	器具及び備品	器具及び備品	器具及び備品	器具及び備品
	構　造	2					
	細　目	3	ＰＣ	ＰＣ	ＰＣ	ＰＣ	ＰＣ
	事業の用に供した年月	4	令6・8	令6・8	令6・8	令6・8	令6・8
取得価額	取得価額又は製作価額	5	円 160,000	円 160,000	円 160,000	円 160,000	円 160,000
	法人税法上の圧縮記帳による積立金計上額	6					
	差引改定取得価額 (5)−(6)	7	160,000	160,000	160,000	160,000	160,000
資産区分	種　類	1	器具及び備品	器具及び備品	器具及び備品	器具及び備品	器具及び備品
	構　造	2					
	細　目	3	ＰＣ	ＰＣ	ＰＣ	ＰＣ	ＰＣ
	事業の用に供した年月	4	令6・8	令6・8	平6・8	令6・8	令6・8
取得価額	取得価額又は製作価額	5	円 160,000	円 160,000	円 160,000	円 160,000	円 160,000
	法人税法上の圧縮記帳による積立金計上額	6					
	差引改定取得価額 (5)−(6)	7	160,000	160,000	160,000	160,000	160,000

当期の少額減価償却資産の取得価額の合計額 ((7)の計)	8	円 2,400,000

336

2 中小企業の場合

05006A22

| | 申告年月日 通信日付印 確認 | 整理番号 | 事務所 | 管理・番号 | 申告区分 |

受付印

	令和　年　月　日	法人番号	この申告の基礎		申告年月日

△△県税事務所長　殿

第六号様式（提出用）

法人税の令　の　修正・更正・決定等による。

所在地	○○県△△市××1-1-1	事業種目	コンサルティング業

（電話　　　局　　　番）

期末現在の資本金の額又は出資金の額（解散日現在の資本金の額又は出資金の額） 10000000

（ふりがな）	ぜいけんこんさるてぃんぐ		
法人名	税研コンサルティング株式会社（中小企業）		

同上が1億円以下の普通法人のうち中小法人等に該当しないもの　非中小法人等

期末現在の資本金の額及び資本準備金の額の合算額 10000000

（ふりがな）		
代表者氏名	田中　真裕子	経理責任者氏名

期末現在の資本金等の額 10000000

令和 6 年 4 月 1 日から令和 7 年 3 月 31 日までの事業年度分の 道府県民税・事業税・特別法人事業税 の 確定 申告書

道府県民税

	摘要	課税標準	税率(100)	税額
（事業税）所得割	所得金額総額 ㉘ (㉖+㉗又は別表5⑤)	9740800 0		
	年400万円以下の金額 ㉙	4000000	3.50	140000
	年400万円を超え年800万円以下の金額 ㉚	4000000	5.30	212000
	年800万円を超える金額 ㉛	8940800	7.00	6258500
	計 ㉜ ㉙+㉚+㉛	9740800		6610500
	軽減税率不適用法人の金額 ㉝	000	7.00	00
付加価値割	付加価値額総額 ㉞			
	付加価値額 ㉟	000		00
資本割	資本金等の額総額 ㊱			
	資本金等の額 ㊲	000		00
収入割	収入金額総額 ㊳			
	収入金額 ㊴	000		00
	合計事業税額 ㊵ (㉝+㉟+㊲+㊴又は㉝+㉟+㊲+㊴)			6610500
	事業税の特定寄附金税額控除額 ㊶		仮装経理に基づく事業税額の控除額 ㊸	
	差引事業税額 ㊷ (㊵-㊶)	6610500	既に納付の確定した当期分の事業税額 ㊹	400000
	租税条約の実施に係る事業税額の控除額 ㊺		この申告により納付すべき事業税額 ㊻ (㊷-㊸-㊹-㊺)	6210500
㊻の内訳	所得割 ㊼	6210500	付加価値割 ㊾	00
	資本割 ㊽	00	収入割 ㊿	00
	のうち見込納付額 ⦾		差引 (㊻-⦾)	6210500

特別法人事業税

	摘要	課税標準	税率(100)	税額
所得割に係る特別法人事業税 ⓾		6610500	37.0	2445800
収入割に係る特別法人事業税 ⓾		00		
合計特別法人事業税額 （⓾+⓾） ⓾				2445800
仮装経理に基づく特別法人事業税額の控除額 ⓾		差引特別法人事業税額 (⓾-⓾) ⓾		2445800
既に納付の確定した当期分の特別法人事業税額 ⓾		1040000	租税条約の実施に係る特別法人事業税額の控除額 ⓾	
			⓾のうち見込納付額 ⓾	1405800
差引 (⓾-⓾) ⓾		1405800		

（道府県民税）

（使途秘匿金税額等）法人税法の規定によって計算した法人税額 ①		2194265 6
試験研究費の額等に係る法人税額の特別控除額 ②		
還付法人税額等の控除額 ③		
退職年金等積立金に係る法人税額 ④		
課税標準となる法人税額 ⑤ (①-②-③+④)		2194200 0
2以上の道府県に事務所又は事業所を有する法人における課税標準となる法人税額 ⑥		000
法人税割額 (⑤又は⑥×(100)) ⑦		394956
道府県民税の特定寄附金税額控除額 ⑧		
税額控除超過額相当額の加算額 ⑨		
外国関係会社等に係る控除対象所得税額等相当額の控除額 ⑩		
外国の法人税等の額の控除額 ⑪		
仮装経理に基づく法人税割額の控除額 ⑫		
差引法人税割額 ⑬ (⑦-⑧+⑨-⑩-⑪-⑫)		394900
既に納付の確定した当期分の法人税割額 ⑭		147800
租税条約の実施に係る法人税割額の控除額 ⑮		
この申告により納付すべき法人税割額 ⑯ (⑬-⑭-⑮)		247100
均等割額	算定期間中において事務所等を有していた月数 ⑰	12 月
	20,000円×⑰/12 ⑱	20000
	既に納付の確定した当期分の均等割額 ⑲	10000
	この申告により納付すべき道府県民税均等割額 ⑳ (⑱-⑲)	10000
この申告により納付すべき道府県民税額 ㉑ (⑯+⑳)		257100
㉑のうち見込納付額 ㉒		
差引 ㉓ (㉑-㉒)		257100
東京都	特別区分の課税標準額 ㉔	000
	同上に対する税額 ㉕ (㉔×(100))	
市町村分の課税標準額 ㉖		000
同上に対する税額 ㉗ (㉖×(100))		

所得金額の計算の内訳	所得金額（法人税の明細書（別表4）の（34））	9740800 0
加算	損金の額に算入した所得税額及び復興特別所得税額 ㊴	
	損金の額に算入した海外投資等損失準備金勘定への繰入額 ㊵	
減算	益金の額に算入した海外投資等損失準備金勘定からの戻入額 ㊶	
	外国の事業に帰属する所得以外の所得に対して課された外国法人税額 ㊷	
	仮計 ㊸ (㊴+㊴+㊵-㊶-㊷)	9740800 0
	繰越欠損金額等若しくは災害損失金額又は債務免除等があった場合の欠損金額等の当期控除額 ㊹	
法人税の所得金額（法人税の明細書（別表4）の（52）） ㊺		9740800 0
法第15条の4の徴収猶予を受けようとする税額 ㊻		
還付請求中間納付額 ㊼		

法人税の期末現在の資本金等の額	10000000
法人税の当期の確定税額	21932600
決算確定の日	令和 7 . 5 . 20
解散の日	． ．
残余財産の最後の分配又は引渡しの日	． ．
申告期限の延長の処分（承認）の有無	事業税 有・無　法人税 有・無
法人税の申告書の種類	青色・その他
この申告が中間申告の場合の計算期間	． ． から ． ．
翌期の中間申告の要否	要・否　国外関連者の有無 有・無
還付を受けようとする金融機関及び支払方法	

関与税理士署名

（電話）

337

第8章　具体的なケース

第二十号様式（提出用）

	発信年月日		整理番号	事務所コード	管理番号	申告区分

受付印

令和　年　月　日

△△市長　　　　殿

法人番号　　　　　申告年月日　　年　月　日

所在地
（本店所在地が支店等と合は本店所在地を記載）

○○県△△市××1-1-1

（電話　　　局　　　番）

この申告の基礎

1. 法人税の令和　年　月　日の修正申告書の提出による。
2. 法人税の令和　年　月　日の更正・決定・再更正による。

事業種目　コンサルティング業

（ふりがな）ぜいけんこんさるてぃんぐ

法人名　税研コンサルティング株式会社（中小企業）

期末現在の資本金の額又は出資金の額　10000000

期末現在の資本金の額及び資本準備金の額の合算額　10000000

（ふりがな）たなか　まゆこ　　（ふりがな）

代表者氏名　田中　真裕子　　経理責任者氏名

期末現在の資本金等の額　10000000

令和 6 年 4 月 1 日から令和 7 年 3 月 31 日までの事業年度分の市町村民税の　確定　申告書

摘要		課税標準	税率	法人税割額
（使途秘匿金税額等）				
法人税法の規定によって計算した法人税額	①	21942656		
試験研究費の額等に係る法人税額の特別控除額	②			
還付法人税額等の控除額	③			
退職年金等積立金に係る法人税額	④			
課税標準となる法人税額及びその法人税割額　①+②-③+④	⑤	21942000	6.0/100	1316520
2以上の市町村に事務所又は事業所を有する法人における課税標準となる法人税額及びその法人税割額	⑥	000	100	
市町村民税の特定寄附金税額控除額	⑦			
税額控除超過額相当額の加算額	⑧			
外国関係会社等に係る控除対象所得税額等相当額の控除額	⑨			
外国の法人税等の額の控除額	⑩			
仮装経理に基づく法人税割額の控除額	⑪			
差引法人税割額　⑤-⑦+⑧-⑨-⑩-⑪又は⑥-⑦+⑧-⑨-⑩-⑪	⑫			1316500
既に納付の確定した当期分の法人税割額	⑬			611800
租税条約の実施に係る法人税割額の控除額	⑭			
この申告により納付すべき法人税割額　⑫-⑬-⑭	⑮			704700

均等割額	算定期間中において事務所等を有していた月数	⑯	12 月	50,000円×⑯/12	⑰	50000
	既に納付の確定した当期分の均等割額				⑱	25000
	この申告により納付すべき均等割額　⑰-⑱				⑲	25000

この申告により納付すべき市町村民税額　⑮+⑲	⑳	729700
⑳のうち見込納付額	㉑	
差引　⑳-㉑	㉒	729700

当該市町村内に所在する事務所、事業所又は寮等		分割基準	
名称	事務所、事業所又は寮等の所在地	当該法人の全従業者数	適用区分に用いる従業者数
本店	○○県△△市××1-1-1		2.0
合計			2.0

指定都市に申告する場合の⑰の計算	区名	月数	従業者数	均等割額	決算確定の日	令和 7 . 5 . 20	法人税の申告書の種類	青色・その他
				0.0	解散の日	. .	翌期の中間申告の要否	要・否
				0.0	残余財産の最後の分配又は引渡しの日	. .	法人税の申告期限の延長の処分の有無	有・無
				0.0	法人税の期末現在の資本金等の額	10,000,000円		
				0.0	この申告が中間申告の場合の計算期間	. .		
				0.0	還付を受けようとする金融機関及び支払方法	金融機関名　支店名　預金種目	口座番号	
				0.0	還付請求税額			
				0.0	法第15条の4の徴収猶予を受けようとする税額			

※従業者数は必ず記載してください。

関与税理士署名　（電話）

338

＜著者紹介＞

公認会計士・税理士　伊原　健人

　東北大学経済学部卒業、日産自動車株式会社に入社し、経理部配属となり原価計算を担当、その後 TAC 株式会社入社、税理士講座において法人税法及び税法実務講座を担当する講師として活躍。税理士試験に合格後、公認会計士試験にもチャレンジして合格、現在鳳友コンサルティング株式会社代表取締役、鳳友税理士法人代表社員。

　税務や M&A 案件等、多岐にわたる経営コンサルタント業に従事する一方で、「週刊　税務通信」（税務研究会）などの専門誌・書籍等の執筆、企業研修講師として活躍。著書に「中小企業向け特例税制・適用検討のポイントと手続き」（税務研究会出版局）、「勘定科目逆引きコンパクト辞典」「法人税の実務」「法人税別表4、5㈠㈡書き方完全マスター」（TAC 出版）などがある。

本書の内容に関するご質問は、税務研究会ホームページのお問い合わせフォーム（https://www.zeiken.co.jp/contact/request/）よりお願いいたします。

　なお、個別のご相談は受け付けておりません。

　本書刊行後に追加・修正事項がある場合は、随時、当社のホームページ（https://www.zeiken.co.jp/）にてお知らせいたします。

１人でもできる　決算業務の実務ポイント
　　―決算整理から申告書の作成・提出まで―

令和７年３月10日　　初版第１刷発行　　　　　　　　　　（著者承認検印省略）
令和７年７月25日　　初版第２刷発行

Ⓒ著者　伊　原　健　人

発行所　税 務 研 究 会 出 版 局

週　刊　「税務通信」　発行所
　　　　　「経営財務」

代表者　山　根　　　毅

〒100-0005
東京都千代田区丸の内1-8-2　鉄鋼ビルディング
https://www.zeiken.co.jp/

乱丁・落丁の場合は、お取替え致します。　　　　印刷・製本　三松堂株式会社
ISBN978-4-7931-2864-6